教育部优秀青年教师教学科

U0608538

Management

主 编／徐玖平

基/于/信/息/技/术/平/台/的/项/目/管/理/丛/书

项目时间管理

李跃宇　徐玖平／编著

经济管理出版社
ECONOMY & MANAGEMENT PUBLISHING HOUSE

图书在版编目(CIP)数据

项目时间管理/李跃宇,徐玖平编著.—北京:经济
管理出版社,2008.3 (2020.12 重印)
ISBN 978－7－5096－0189－1

Ⅰ.项… Ⅱ.①李…②徐… Ⅲ.项目管理－时
间学 Ⅳ.F224.5

中国版本图书馆 CIP 数据核字(2008)第 023677 号

出版发行:**经济管理出版社**
北京市海淀区北蜂窝 8 号中雅大厦 11 层
电话:(010)51915602 邮编:100038
印刷:北京玺诚印务有限公司 经销:新华书店

组稿编辑:王光艳 责任编辑:曹 靖
技术编辑:杨国强 责任校对:龙 萧

787mm×960mm/16 21.5 印张 381 千字
2008 年 3 月第 1 版 2020 年 12 月第 6 次印刷
定价:39.80 元
书号:ISBN 978－7－5096－0189－1

编　委　会

主任：

徐玖平　　xujiuping@openmba. com

成员：（按照姓氏笔画由小至大排序）

王　虹　　Wanghong0927@yahoo. com. cn
邓富民　　dengfum@sina. com
代宏坤　　daihongkun@126. com
牟　文　　zhtcht@21cn. com
刘晓红　　lxhdoctor@163. com
李跃宇　　spacelee@mail. sc. cninfo. net
邱小平　　qxp@swjtu. edu. cn
周　鹏　　Zhp163tom@tom. com
黄　勇　　huangyong _ scu@yahoo. com. cn

总　序

　　现代意义下的项目管理是为实现项目的既定目标而对项目各方面所进行的计划、组织、领导、协调和控制等管理活动，是技术与经济仰仗管理来实现的真正结合，是生产力中的软件。它说明了开展项目管理的根本目的是满足或超越项目各方对项目的期望；阐述了进行项目管理的根本手段是运用管理的知识、技能、方法和工具，即如何把握正确方向和如何提高工作效率；它是集科学、艺术为一体的一项复杂的系统工程，通过提出问题、分析问题、采取行动来实现目标的系统流程，其理论基础是系统综合集成理论，其实践方法是系统综合集成技术，其实现方式是系统综合集成工程；它是一个组织从上到下对质量和数量的贯彻，其衡量标准就是在一定的资源约束条件下按时、按质、按量完成项目任务。

　　在人类社会从农业经济社会到工业经济社会，再到信息经济社会的变迁过程中，财富增长模式与管理方式也在不断地发生演变，以不断重复的运营活动为主的财富创造模式逐渐被以一次性、独特性和创新性的项目活动为主的财富创造模式所取代；以稳定、专一、企业主导为特征的职能管理方式正在逐步被以变化、综合、顾客主导为特征的项目管理方式所替代。在这种历史性的变革过程中，组织需要重塑灵活的组织管理模式，创建具备协作精神、效率、责任感、创新意识的管理团队，构建富有执行力的组织文化。

　　在国人喜独善其身、不好分工合作的文化背景下，该如何应对"竞争与合作"这一时代命题提出的挑战，抓住发展的机遇呢？项目管理的理论与技术能帮助管理者来应对这一前所未有的挑战，抢抓这一难得的机遇，从而实现组织的目标。正是基于此，我们获得了教育部优秀青年教师教学科研奖励计划资助，在经济管理出版社的支持下，在参考和借鉴国内外大量项目管理类优秀教材、学习并融会项目管理类优秀教师的经验基础之上，经过多年的酝酿与实际讲授，向读者奉献这套"基于信息技术平台的项目管理丛书"。

　　本套系教材希望的学术目标。梳理古今的项目管理思想理论；构筑系统的项目管理知识体系；提供实践的项目管理技术方法；创建新型的项目管理教材套系。

本套系教材搭建的教学内容。回顾项目管理的发展历程，有助于学生更好地理解项目管理的理论结构；展望项目管理的未来发展，有助于学生更好地把握项目管理的发展方向；探讨项目管理的教材套系，有助于学生有效地解读项目管理的一般原理；描述项目管理的知识体系，有助于学生系统地研习项目管理的基本知识；陈述项目管理的技术框架，有助于学生系统地提高项目管理的操作技能。

本套系教材推出的导学理念。教与学合一：从需要到重要，从讲授到研习；学与练合一：从需求到追求，从优秀到卓越；练与想合一：从做法到想法，从精案到新案；想与干合一：从心动到行动，从理论到实战；古与今合一：从观念到信念，从继承到发展；内与外合一：从理想到梦想，从前沿到超越。

一、学科进展

汉字的"项"和"目"是指人的"颈上"部分。人与人的不同之处主要就表现在这一部分。而"项目"则是指人们所开展的各种具有不同特性的活动，这是中华民族早在造字时期对项目与项目管理的某些实质和特性的认识。项目管理的实践从人类开展社会活动时就已经开始，它的发展是为了满足社会的需要而发展的，从它自己的历史发展脉络来看，能成为管理学门类的单独学科是逻辑与历史的辩证统一。

（一）秉承经典　创建武库

工业革命前，即 18 世纪 60 年代前，就一般意义上讲，人们主要使用直觉和经验开展各种项目的管理工作。但是，也出现过可称上现代意义的项目管理。古代时期的项目管理不仅可以追溯到传说中神农氏尝百草的中药开发项目和大禹治水的水利工程开发项目，而且可以考察到现存的中国都江堰水利枢纽、长城以及埃及的金字塔等世界著名的古代经典系统工程项目。无论是现存古籍的记载，还是残存工程的呈现，均证明了人类早在几千年前就已经开始认识和掌握项目管理的一些规律与方法。只是这些项目管理的知识、技术仅仅局限于以工程项目为主的领域，且重点关注时间、成本、质量等方面的管理。

1. 古代传载

中国春秋战国时期的名著《考工记》记载：凡修筑沟渠堤防，一定要先以匠人一天修筑的进度为参照，再以一里工程所需的匠人数和天数来预测工程劳力，后方可调配人力进行施工。《缉古算经》中记载，在唐朝就已经有了夯筑城台的定额"功"。北宋李诚所著《营造法式》一书全面汇集了北宋以前的建筑项目管理的技术精华，其中的"料例"和"功限"是人类采用定额进行工程项目成本管理的最早计算办法。许多朝代的"工部"都有相应的"定额标准"，甚至有自己的"标准图纸和工艺"规定。实质上，这些是人类早期的项目成本预算、项目施工管理与控制方法的文字记录，也是早期基于"工料定额"的"项目成本"、"项目时间"、"项目控制"、"项目评价"等方面的管理方法。

从工业革命后到新技术革命前，即18世纪60年代后期到20世纪80年代前期，人们开发并使用了适合于工业社会的各种经典的项目管理理论与方法。在工业革命后，由于社会发展的需要，有很多项目需要建设和开发，人们提出并开创了新的项目管理理论和方法。然而，项目管理学科得以迅猛发展并进入新的历史时期，还是在新技术革命以后。

2. 现代装配

人类所有的有组织活动最初都是以某种"项目"形式出现的，而且只有先期"项目"完成后才有后期的项目投入运营。例如，只有先完成开垦荒地的"项目"，才能有每年耕种"项目"的运营；只有先完成都江堰水利工程项目，才能用其来进行日常的防洪、灌溉等项目的运作。项目管理的发展源于其必要性而非需求性。工业革命之初，项目管理的理论和方法发展比较缓慢。直到人类进入20世纪以后，项目管理的理论和方法才开始加快发展和完善。例如，20世纪初美国人亨利·甘特（Henry Gantt）发明了近代项目管理的工具甘特图（Gantt Chart），20世纪40年代到60年代开发的项目计划评审技术（Project Evaluation & Review Technique，PERT）、关键路径法（Critical Path Management，CPM）、项目分解结构（Work Breakdown Structure，WBS）、项目净值管理技术（Earned Value Management，EVM）、项目生命周期管理技术（Project Life Cycle，PLC）等。这些杰出成果，一方面是20世纪70年代以前为项目管理的发展与实践在理论与技术上准备的武库；另一方面，在借鉴运营管理的某些原理和方法的基础上，应用于工程建设项目的成本、时间和质量等方面的管理，为项目管理的职业化奠定了坚实的基础。

在20世纪60年代前后各国先后成立了项目管理协会，尤其重要的是以欧洲国家为主成立的国际项目管理协会（International Project Management Association，IPMA）和以美洲国家为主成立的美国项目管理协会（Project Management Institute，PMI）。这些协会的成立为项目管理的普及、发展、推广以及项目管理知识体系的构建等做出了卓越的贡献。值得注意的是，发达国家的政府部门在项目现代管理理论和方法方面的研究与开发中占据主导地位，创建了许多全新的项目管理方法和工具，这些方法和工具沿用至今。例如，美国海军提出的项目计划评审技术（Program Evaluation and Review Technique，PERT）、美国国防部提出的项目成本与进度管理规范（Cost/Schedule Control System Criteria，C/SCSC）等。

（二）开凿新局　展示超越

进入 20 世纪 80 年代后，随着全球新技术革命和信息时代的到来，由于社会的转型变迁、竞争的日趋激烈，创新成为获取竞争优势的主要手段。各种项目的数量、规模与复杂程度与日俱增，这迫使管理的实践者和研究者去寻找更为科学和有效的项目管理方法与原理。尤其是在信息社会中，创新成为创造财富的主要手段，每一次创新活动在本质上就是一个项目，就需要科学有效的项目管理方法与技术。

1. 引领标准

国际项目管理专业资质基准（IPMA Competence Baseline，ICB）是 IP-MA 开发的一个通用国际标准，其对项目管理资质认证所要求的能力标准进行了定义和评价。ICB 将项目管理能力定义为：知识＋经验＋个人素质，从技术范畴、行为范畴以及环境范畴三个大范畴中挑选出 46 个项目管理能力要素，来阐明在项目中从事计划和控制工作对项目管理专家的能力要求。在 ICB3.0 中，将项目经理的能力要素归类为：20 个技术能力要素，涉及专业人员从事项目管理所进行的工作内容；15 个行为能力要素，涉及管理项目、大型项目和项目组合中个人以及团体之间的人际关系；11 个环境能力要素，涉及项目管理与项目环境，尤其是长期性组织间的交互作用。

美国项目管理协会（PMI）于 1984 年首先提出项目管理知识体系（Project Management Body of Knowledge，PMBOK）的概念，并在第一个基准版本的基础上发布了 PMBOK1.0、PMBOK2.0、PMBOK3.0。PMBOK 分别介绍了将项目管理各种不同要素综合为整体的过程和活动，项目应该包括成功地完成项目所需的全部工作，按时完成所需的各项过程，按照规定预算完成所需进行的费用规划、估算、预算的各项过程，达到其既定质量要求所需实施的各项过程，组织和管理项目团队的各个过程，信息及时而恰当地提取、收集、传输、存储和最终处置而需要实施的一系列过程，与项目风险管理有关的过程，采办或取得产品、服务或成果以及合同管理所需的各过程。

项目管理成熟度模型（Organizational Project Management Maturity Model，OPM³）表达的是一个组织，通常指一个企业具有的按照预定目标和条件成功地、可靠地实施项目的能力，是描述组织如何提高或获得竞争能力的过程和框架，是一个组织项目管理过程成熟度的反映，是一种评价和学习标准。1998 年 PMI 开始启动 OPM³ 计划，John Schlichter 担任计划的主管，在全球招募了来自 35 个国家、不同行业的 100 余位专业人员参与。经过五年的努力，OPM³ 在 2003 年 12 月问世，掀起继能力成熟度模型（the Capability Maturity Model，CMM）震撼后的另一股企业开始追求建立"组织全面性项目管理能力"的风潮。OPM³ 模型的基本构成是最佳实践、能力组成、路径、可见的成果、主要绩效指标、模型的范畴。

英国中央计算机与电信局（Central Computer and Telecommunications Agency，CCTA）在 Simpact Systems 公司 1975 年建立的项目管理方法——项目资源组织管理计划技术（Project Resource Organization Management Planning Technique，PROMPT Ⅱ）的基础上，于 1989 年创立了有效项目管理的结构化方法（Project IN Controlled Environment，PRINCE）。为了适应对所有的项目而不单纯是信息系统的项目管理进行改进和指导的要求，CCTA 在进行深入调研和广泛咨询后，对该方法做了进一步的开发，形成了 PRINCE2。它以数十个项目的经验为基础，汇集了项目经理和项目小组的成功经验和失败教训，其目的是要适用于比信息系统（IS）和信息技术（IT）项目更大范围的所有项目。PRINCE2 是一个公共标准，是被英国政府普遍使用的"事实上"的标准，同时也被英国和国际上许多企业所广泛接受和使用。

《ISO10006 质量管理——管理质量方针》（以下简称 ISO10006）是国际标准化组织（ISO）发布的关于项目质量管理的指导纲要。它概要说明了项目质量管理的原则和实务，阐述了项目管理过程中要交付高质量成果的关键要素。ISO10006 在很大程度上是从 PMI 编写的 PMBOK 发展起来的。ISO10006 建议过程、项目质量的确立和保持需要结构化和系统化的方法，其目标是保证客户和其他项目利益相关方的需求能够被理解并得到满足，同时这一方法还应考虑到组织其他的质量方针。ISO10006 没有推荐项目管理的过程，它所讨论的只是作为一个这样的管理过程的关键要素。

2. 跨越发展

中国在数千年前就已经开始了项目和项目管理的实践并创造了许多好的项目管理方法和实践经验，是传统项目管理的发源地。但自宋朝之后，在各方面开始走下坡路，未能跟上世界工业革命的变革与发展。直至 20 世纪 80 年代，随着现代化管理方法的推广应用，进一步促进了 20 世纪 60 年代华罗庚教授的

"统筹法"在项目管理过程中的应用。此时，项目管理有了科学的系统方法，但主要应用在国防和建筑业，项目管理的任务主要强调的是项目在进度、费用与质量三个目标上的实现。1984 年，在利用世界银行贷款建设的鲁布革水电站饮水导流工程中，日本建筑企业运用项目管理方法对这一工程的施工进行了有效的管理，取得了很好的效果。这给当时中国的整个投资建设领域带来了很大的冲击，人们确实看到了项目管理技术的作用。基于鲁布革工程的经验，1987 年原国家计委、建设部等有关部门联合发出通知，在一批试点企业和建设单位要求采用项目管理施工法，并开始建立中国的项目经理认证制度。1991 年建设部进一步提出把试点工作转变为全行业推进的综合改革，全面推广项目管理和项目经理负责制。如在二滩水电站、三峡水利枢纽建设和其他大型工程建设中，都采用了项目管理这一有效的管理手段、方法、模式。

1991 年 6 月，中国优选法统筹法与经济数学研究会成立了第一个跨地区、跨行业的项目管理研究委员会（Project Management Research Committee, China，C—PMRC），它的成立是中国项目管理学科体系开始走向成熟的标志，为推动中国项目管理事业的发展和学科体系的建立，为促进中国项目管理与国际项目管理专业领域的沟通与交流起到了积极的作用。目前，许多行业也纷纷成立了相应的项目管理组织，如中国建筑业协会工程项目管理委员会、中国国际工程咨询协会项目管理工作委员会、中国工程咨询协会项目管理指导工作委员会等，都是中国项目管理日益得到发展与应用的体现。

有了美国的 PMBOK 与 OPM[3]、英国的 PRINCE2 与国际标准化组织的 ISO10006 等优秀、实用的项目管理知识体系作为模版，项目管理的理论、方法和技术完全被运用到各种一次性、独特性和创新性的任务管理中，有关项目集成管理、项目范围管理、项目风险管理、项目沟通管理等全新的项目专项管理的理论和方法开始出现，由九大项目管理专项知识组成的现代项目管理知识体系得以形成，从而使项目管理进入真正意义上的现代管理阶段。比较成熟的国家项目管理知识体系有：《美国项目管理知识体系》、《英国项目管理知识体系》、《德国项目管理知识体系》、《法国项目管理知识体系》、《瑞士项目管理知识体系》、《澳大利亚项目管理知识体系》等，当然也包括《中国项目管理知识体系》。

（三）洞察趋势　迈向卓越

随着人类社会活动领域与范围的日益扩大，人类社会的经济形态和组织形态将在 21 世纪 10 年代以后发生相应变化。为适应这一变化，项目管理在原有基础之上也将发生相应变动，出现新的发展态势。如项目管理的知识体系将更为完整，其应用范围将更为广泛。

1. 升级结构

未来的项目管理将从定性到定量综合集成方法系统化、具体化，形成一套更具可操作性、行之有效的方法体系和实践工具，实现"人—机"结合、"人—网"结合、以人为主的信息、知识和智慧的综合集成技术。把专家体系、信息与知识体系以及计算机体系有机结合起来，构成一个高度智能化的"人—机"结合与融合的项目管理的综合集成体系。该结构体系不仅有学科和领域的深度，又有跨学科、跨领域的广度，还有跨层次的高度之三维结构，充分体现综合、整体和智能优势，反映出结构体系的学科思想和科学智慧。它必将对现代项目管理产生重大影响，特别是在项目管理向综合性、整体化方向发展中将发挥重要作用。

2. 领衔范式

由于主导经济社会的模式在转变，项目管理范式将成为管理的领衔范式，运营管理范式将退居次要。著名的质量管理学家 W. Edwards Deming（W. 爱德华兹·戴明）在 20 世纪 80 年代提出的质量管理"十四原则"中就明确指出：用项目管理代替传统职能管理。项目管理的各种新思想、新方法层出不穷，如基于项目的管理、企业级项目管理、项目群管理、项目组合管理、项目导向型组织、项目导向型社会、组织项目管理成熟度模型等。各种项目管理软件被开发并应用于实际。作为领衔的管理范式，项目管理本身也在发生转变。其一是知识体系内容将发生很大变化，不再局限于时间、成本、质量，而是拓展为集成管理、范围管理、风险管理、沟通管理、采购管理，等等；其二是应用领域更为宽广，不再局限于工程领域，而是推广到社会生产和生活的各个角落。

3. 职业教育

项目管理的职业化和专业教育体系得以迅猛发展与完善。项目管理职业资格认证体系发展迅速，尤其是 PMI 的项目管理职业认证（Project Management Professional，PMP）和 IPMA 的国际项目管理专业资质认证（International Project Management Professional，IPMP）。另外，美国造价工程师协会（The Association of the American Cost Engineer，AACE）、英国皇家特许测量师协会（Royal Institution of Chartered Surveyors，RICS）等专业协会也都开始或已经建立了项目管理方面的职业资格认证体系。各国的大学相继建立了项目管理专业的教育体系，如美国和欧洲的大学几乎都设有项目管理专业的博士学位和硕士学位。中国的高校也在研究生层次进行项目管理的专业教育，如

2003 年一些高校开始招收项目管理领域工程硕士，不少高校开始试办项目管理专业的本科，个别高校还获得了招收项目管理专业博士的资格。

继承传统、中西结合、超越创新是逐步形成更适合现代社会发展的现代项目管理理论体系、科学方法、技术框架的发展之路，新型的项目管理将更加强调行业项目管理的应用研究，更加强调组织中项目管理的成熟度，将项目管理范式作为企业管理的主要范式，强化企业自身项目管理体系的建设，普及项目管理的职业化与专业化，大力发展项目管理的信息化工作。

二、课程建设

许多人认为项目管理过于工程化，太过实际，知识体系太复杂，因此不少学生畏难该课程体系的学习，从而忽视其重要性。但是，对于有志于成为管理者的人来说，应该清醒地认识到我们在 21 世纪面临的管理环境与任务的复杂与难度，同时站在一定的高度，立足未来的发展，拨雾透析全球经济社会的转型、管理范式的变革。为此，作为管理专业的学生或欲从事管理的人士，要想在未来的管理实践中脱颖而出，带领组织取得成功，就需要系统地接受项目管理方面的训练。项目管理学科的目标就是帮助训练其项目管理式的思维方式、项目管理化的分析方法，并进一步掌握解决项目管理问题的方法和工具。

在 1999 年，由当时国家外专局组织，会同南开大学等单位共同引进和介绍 PMI 的现代项目管理知识体系（Project Management Body of Knowledge, PMBOK）及项目管理职业认证（PMP）。2003 年国务院学位办开始试办项目管理领域工程硕士教育，短短几年时间全国举办项目管理领域工程硕士教育的学校和单位已经达到 96 家。国家自然科学基金、教育部人文社科基金等都对项目管理类课题给予了较多的资助并取得了很好的成果。我们与世界同步开展了关于项目导向型社会、项目导向型组织、项目导向型企业、项目管理成熟度模型以及企业级项目管理理论等国际上最新的现代项目管理理论与方法的研究，四川大学先后在 MBA 层次、本科层次和工程硕士层次开设了项目管理课程，我们承担了这些层次的培养方案设计和教学实施，为该套系教材的出版积累了丰富的教学经验。

21 世纪，科技进步日新月异、社会发展飞速向前、企业竞争日益激烈，这对人才培养提出了更高的要求，集中表现在强调解决实际问题的能力训练。这就要求教师一方面要摒弃过去那种只讲理论而忽视实践能力培养的教学模式，引导学生在理解项目管理的基本理论和方法的基础上，提高其运用方法和工具进行实际项目的管理能力作为教学的首要目标；另一方面必须大幅度提高项目管理类课程的教学效率，以更加新颖、有效的教学手段实现教学目标。我们必须重新审视和思考项目管理的原有教学体系，根据新世纪人才培养的需要，从教学目标、教学内容体系、教学手段三方面对项目管理类课程进行全新的定位和变革。该套系教材基本体现了我们多年来对如何建设 21 世纪的项目管理教学体系的一些想法。它既将"凸显工程、掌握技术、提高素质"作为编写的基本指导思想，又将其作为新世纪项目管理类课程的培养目标始终贯穿于整个套系教材的建设之中。

（一）体系完善　综合论述

近几年来，随着项目管理人才需求市场、教育培训市场等的火热，项目管理领域的出版物增长极快，每年都会有好几十种的成套或单本的教材或专著等出版，其中也不乏国外的项目管理书籍。但是其适用性不够、针对性不强。目前，我国开设项目管理类课程的院校越来越多，作为未来项目管理者，他们需要具备哪些项目管理方面的能力呢？作为讲授项目管理的教师应该传播给学生怎样的知识体系呢？为此，我们深入研究了国内外关于项目管理知识体系的框架，力求构建一个更加符合实际工作的项目管理知识结构。

1. 剖析蓝本　构筑知识体系

项目管理的知识体系是指在现代项目管理中所要使用的各种理论、方法、工具及其之间相互关系的总称。有代表性的项目管理体系有美国项目管理协会（PMI）的项目管理知识体系（PMBOK）和组织项目管理成熟度模型（OPM^3），英国的 PRINCE2、ISO 的 ISO10006，以及中国项目管理研究委员会发起并组织实施的中国项目管理知识体系（C-PMBOK）。

美国项目管理协会（PMI）的项目管理知识体系（PMBOK）结构包括：项目的整体、范围、时间、费用、质量、人力资源、沟通、风险等管理的内容。OPM^3 是描述组织如何提高或获得竞争能力的过程和框架，是美国项目管理协会发布的一种评价和学习标准。OPM^3 包括：586 种最佳实践模型、2109种核心能力、2184 种关键产出，以及一些叙述性的说明、指导手册、自我评估模版和组织项目管理过程的描述。

英国中央计算机与电信局（CCTA）建立的有效项目管理的结构化方法——PRINCE2 包括由项目准备、指导、启动、阶段边界管理、阶段控制、产品交付管理、收尾、计划等组成的有特色的管理过程，涵盖了从项目启动到项目结束过程中进行项目控制和管理的所有活动。国际标准化组织（ISO）发布的

《ISO10006 质量管理——项目管理质量方针》强调项目要高质量地实现需要过程的高质量和产品的高质量。它认为实现高质量是一种管理职责，质量目标的达成是高层管理者的责任。对它的态度和承诺应该渗透给组织内部所有参与项目的层级，每个层级皆应对它们相关的过程和产品负责。

中国项目管理研究委员会在 2001 年、2006 年分别推出了第 1、2 版 C-PMBOK。它以项目生存周期为基本线索，从项目及项目管理的概念入手，按照项目开发的概念、开发、实施及结束四个阶段，分别阐述了各阶段的主要工作、相应的知识内容以及项目管理过程中所需要的共性知识与方法工具。由于 C-PMBOK 模块（共分为 94 个模块）化的特点，在项目管理知识体系的构架上，完全适应了按其他线索组织项目管理知识体系的要求，特别是对于结合行业领域的和特殊项目管理领域知识体系的构架非常实用。各应用领域只需根据自身项目管理的特点加入相应的特色模块，就可形成行业领域的项目管理知识体系。

2. 解析范本　构建教材套系

我们以美国的 PMBOK 和 OPM[3]、英国的 PRINCE2 和 ISO 的 ISO10006 等项目管理知识体系作为蓝本，参考《德国项目管理知识体系》、《法国项目管理知识体系》、《瑞士项目管理知识体系》、《澳大利亚项目管理知识体系》，结合 C-PMBOK 的 94 个模块，全面阐述项目管理的理论方法，搭建合理项目管理知识体系。本套系教材主要为项目管理领域的工程硕士研究生所设计，分为《项目时间管理》、《项目成本管理》、《项目质量管理》、《项目融资管理》、《项目采购管理》、《项目风险管理》、《项目沟通管理》、《项目评价管理》、《项目管理案例》九本。这九本教材较全面、系统地介绍了项目管理的知识体系，非常适合项目管理专业的研究生学习使用。

《项目时间管理》主要内容包括：项目时间管理的概念、项目活动分解与界定、项目活动排序、项目活动工期估算、项目工期计划制订、项目工期计划的控制；《项目成本管理》主要内容包括：项目资源及资源计划编制、成本估算、成本预算、成本控制、成本核算与分析及成本决算与项目审计；《项目质量管理》主要内容包括：项目质量管理概述，项目质量策划，项目质量保证，项目质量控制，项目质量改进，项目质量管理工具与方法，ISO9000 系列标准与质量认证，项目质量管理应用案例等；《项目融资管理》主要内容包括：项目融资基本概念、项目融资的基本框架和运作程序与主要环节、可行性分析、信用保证、投资结构、典型性的融资模式、项目股本资金、准股本资金和债务资金的具体筹措方式、风险管理；《项目采购管理》主要内容包括：项目采购管理基本概念、项目采购管理的一般内容和运作模式、WTO《政府采购协议》和 IT 项目采购、政府采购、国际项目采购等专项采购、在项目实施过程中合同管理经常出现的问题及其处理方法、项目采购案例；《项目风险管理》主要内容包括：项目风险管理的概念、模型、方法及其应用，项目风险识别、项目风险估计、项目风险评价、项目风险规划、项目风险监控、项目群风险管理和项目风险管理案例等；《项目沟通管理》主要内容包括：项目沟通管理的概念及特征、项目沟通计划、信息传播、执行报告和行政总结、项目沟通管理过程中的风险、沟通的技能、项目沟通案例；《项目评价管理》主要内容包括：项目评价的概念、类型、原则，项目运行环境评价、项目技术评价、项目财务评价、项目国民经济评价、项目环境影响评价、项目社会影响评价、项目后评价、项目评价管理案例；《项目管理案例》主要内容包括：文体项目、新产品开发项目、IT 项目、建筑工程项目等经典案例的复原、项目管理软件在案例中的应用等。

（二）面向工程　能力训练

"工程"一词在《辞海》中的解释：一种是指将自然科学原理应用到工农业实践中的学科统称；另一种是指现实的基本建设项目。随着时代的发展，工程一词的含义被泛化为使用基本建设项目的思想、手段、方法等所有项目。项目管理本身就是工程项目管理实践的产物。它强调科学原理在工程中的实际应用；同时也关注理论、方法的研究，以便更好地服务于工程实践。这就决定了本套系教材需要面向工程。但是仅仅介绍方法与理论及其应用，而忽视应用这些理论与方法的人的能力训练，又会导致项目管理的思想、方法、工具无法被应用于实践。因此，本套系教材将着力点放在训练学生运用项目管理的知识、工具和技巧解决项目管理实际问题的能力上。"面向工程、能力训练"是本套系教材的又一特点。

1. 立于工程　超于工程范围

"面向工程"就是以工程项目为背景，但又要超越狭义的基本建设项目；就是以工程方法为手段，但又不仅局限于工程的定量方法；就是以工程思维为模式，但又不囿于呆板、僵化的思考方式；就是以工程意识为归宿，但又不拘于传统工程的点滴经验；就是以工程能力为目标，但又不以此为单一能力培养目标。

因此，本套系教材在案例编写、方法介绍、意识培养等各个方面，以传授学生项目管理知识的一般项目背景、科学定量技术、协调沟通方法、生态环保意识为主，提倡"学习为了实践、服务实际"；在编写案例时，多以工程项目为主，又有一般背景的项目案例；在方法的介绍上，偏重工程定量方法，又有社会科学的定性方法；在目标的追求上，强调提高工程能力，又关注沟通能力等等侧面；在意识的培养上，重视工程意识养成，又兼顾环保等意识的教育。

2. 始于学习　终于能力提升

"能力训练"就是要训练学生的思维能力，尤其是用工程思维的模式、结构等去认识事物的分析能力；就是要训练学生的操作能力，尤其是将项目管理的方法、技术等运用到实践的操作能力；就是要训练学生的创新能力，尤其是用项目管理的体制、机制等去设计项目的创新能力。

为此，本套系教材从编写体例、教师讲授、学生训练等众多方面，以训练学生工程思维能力为主的系统思维能力、逻辑思维能力、结构思维能力、精准思维能力，推崇"思维先于行动、治于行动"；通过案例剖析、问题探讨等方式训练学生的分析能力，以达到"一针见血指问题、拨冗理乱见本质"；通过习题练习、模拟应用等形式训练学生的运用能力，以"练习模拟是基础、成功运用达目的"；通过前沿介绍、难题攻关等模式训练学生的创新能力，以谋"洞察前沿为发展、攻关难题创辉煌"。

为实现"面向工程、能力训练"，我们将"凸显工程、掌握技术、提高素质"的要求作为一个基本原则贯穿于整个套系教材的编写中。为此，力求做到：在学生每完成一部分的学习后，就能够掌握分析和解决项目管理某方面问题的必需知识，形成完整的项目管理思维框架；就能够掌握基本的项目管理工具，具备解决现实项目管理问题的实践能力。

（三）易教好学　平台支撑

项目管理源于工程实践，其本身技术含量较重，方法工具较多，定量分析居多，实践要求较高。这导致项目管理类课程教与学的不易。为此，我们以"易教好学"作为本套系教材编写的目标之一，同时以多类型的平台支撑作为该目标实现的手段与方式。本套系教材把教材作为实现教学目标、承载教学内容、融会教学手段的一个基本载体；改进教学形式和手段，培养学生学习的兴趣，有效实现教学的目标；将教学大纲、教师手册、习题案例、考试测评、教学课件、在线支持等在内的内容丰富、结构严谨、支持完备的教辅材料作为教学支撑体系。

1. 提供支撑　方便教师易教

构建体系完整、内容丰富的支撑体系，提供教学大纲、教师手册、习题案例、考试测评、教学课件、在线支持等在内的教学支撑。为教师得到更多的教学"装备"与教学支持，从繁忙备课的重负中解脱出来，把精力集中到现场教学的组织和控制上。我们在教材编写中：模块化的组织内容，各模块自成体系而又相互联系，教师可以依据教学目标与教学对象的需求进行个性化的调整，从而提高教学效率，增强教学针对性；简明化的编写体例，借鉴国外优秀教材编写规范，教师可以根据套系教材与教辅材料的形式进行系统化的组合，快速设计教学方案，实现教学实用性。

2. 构建平台 有助学生好学

把教材作为实现项目管理教学目标、承载教学内容、融会教学手段的一个基本平台；将网站作为模拟实践、交流沟通、自我测评、快速学习、高效学习、便捷学习的平台，设计了网上自测系统、学生园地、模拟项目管理系统等。我们在教材编写中：由易到难讲知识，力图做到内容的设置和阶梯难度符合学生的认知规律；问题导向述理论，通过引入问题引发学生学习兴趣来推出理论知识点；精选习题帮巩固，以精选习题与经典案例来巩固学生的课堂认知与激发学习主动性；标注文献推深入，以文献标注来引导学有余力的学生深入探索项目管理的相关问题。

总之，本套系教材紧紧围绕"当今社会，一切都是项目，一切也将成为项目"的发展趋势，以信息技术为平台，在项目管理领域的教学上努力做出一些新的探索和实践，希望能够对项目管理在我国的发展有所裨益。当然，事物总是在不断革新和进步中发展，本套系教材的不足之处也有待于读者和同行的指正。真诚地期待您的批评和建议。

来信请发：xujiupingscu@126.com 或 xujiuping@openmba.com。

徐玖平

2007 年 10 月

前　言

　　随着社会的进步和科学技术的发展，企业或组织的很多非重复性工作是通过项目来完成的。在这些独一无二的项目中管理效率对于企业或组织来说是至关重要的。项目的目标可以是将一种新产品或新服务迅速推向市场，也可以是在企业里安装一种新的设备、开发一项新的软件、重新设计一个生产流程或步骤、重新安排一处办公设施、为另一个组织承建一项工程，或在时间很紧的情况下圆满地完成一些工作。因此可以说，项目是为了实现一个目标而有组织地做出一系列的努力。但随着项目活动越来越复杂，随着市场经济竞争的加剧，如何在既定的时间限期内按预定的目标保质保量地完成项目以获取最大的经济效益，就成为企业或组织日益关注和重视的问题，这就促进了项目管理这一学科的建立和发展。

　　项目的进度计划涉及项目的时间管理问题，如果不对项目时间进行科学有效的管理，任其自由进展，往往会造成完工时间延长，人力、物力的浪费；如若盲目追求进度，不顾一切地赶时间、抢进度，又势必会造成成本加大、质量下降，给项目留下无穷隐患。因此，必须以科学的态度来对待项目的时间管理问题，用科学的工具和方法对项目进行有效分解、合理计划、有序实施，使项目进度目标、成本目标和质量目标有机地结合起来，从而获取最好的效益。因此，项目时间管理涉及面广，影响因素很多，其技术性和综合性很强。

　　本书力求按照人们对项目时间管理的认识规律以及项目时间管理的顺序，结合实例对项目时间管理的理论和方法加以介绍，使读者在掌握有关项目时间管理的基本理论和知识以后，能够解决项目时间管理的实际问题。

目前，广泛使用的 Microsoft Project 和 P3 系列软件几乎已经成为了很多企业或组织的标准。虽然本书鼓励大家使用适当的项目管理软件，但并不是一本教授如何使用这些软件的教材。不过，为演示如何使用相关软件，本书引用了大量的计算机项目管理软件和其他软件输出的插图。引用这些插图实例的目的在于展示如何使用这些软件为项目时间管理增加优势和效率。在很多情况下，项目经理使用这些软件便能够对项目时间进行更有效的管理。但仅仅使用这些项目管理软件并不能使您成为一名成功的项目经理，还必须明白隐藏其后的原理和方法。

本书基本按照项目时间管理知识范围的顺序介绍每一个主题，从项目的开始到结束，并按照这个顺序逐步地向前发展。本书含有许多实用的例子，包括一个引入案例，几乎对所有的项目都适合。不仅如此，本书还使用一些基本的插图以确保不论读者的背景领域如何都可以轻松地掌握较关键的问题。

本书在每一章的末尾加入了与本章内容密切相关的本章小结、关键概念及思考题，有助于读者对本章所讲述的有关知识加强理解。

倘若本书能够帮助各行各业的项目经理充分理解项目时间管理的知识精华，能为我国项目管理的发展尽一份绵薄之力，编者将感到莫大的欣慰。

由于编者水平和学识的局限，书中缺点、错误之处在所难免，望广大读者和专家学者提出宝贵的意见和建议并批评指正。

编　者

2008 年 1 月

目　录

第1章

项目管理基本概念

　　项目的概念是什么？项目管理是什么？项目管理应该包括哪些内容？什么是项目时间管理？对于每一个项目，是怎样进行时间进度管理的？如何理解项目时间管理在项目管理体系中的重要性？在项目管理过程中，必须首先明确这些概念。本章主要阐述项目的基本概念及基本特征，项目管理的基本概念及基本内容，项目管理的要素，项目干系人的概念，项目可交付物和工作包的概念，以及重点介绍了项目计划和工作分解结构（WBS）的概念和在项目时间管理中的作用，这些内容是学习项目时间管理的基础。本书还引入了一个典型案例来说明项目时间管理理论方法的具体应用。

1.1　项目的概念及基本特征

　　什么是项目？项目（Project）就是在一定的资源约束条件下，为了完成一个具体的目标而设计的一系列行动步骤。也可以理解为，项目是在一定的时间、一定的资源和一定的成本预算内所要达到预期目标的一个一次性工作，它有明确的目标和实施工作范围，有预先设定的一定的资源。一般来说项目是有明确定义的，即具有开始和结束的一系列事件，项目的目的是要达到一个明确的目标，通常需要多人协作共同完成。

　　项目是我们经常听到或提到的词，一般人理解"项目"这个专业术语会比较模糊。在我们的工作和生活中常会听人说他正在做某个项目，甚至有人会把他所做的一切事情都称之为项目，这通常是对项目概念的误解。从项目的真正意义上来说，项目不应是一个人的事，或者说一个人的事是没必要进行项目管理的；同样，项目也不是多人进行的单一重复性的工作。许多人都认为项目就是大的工程，就是需要许多资源才能做的事情。其实不然，项目有大有小，有繁有简，例如，开发一种新的产品、安排一次婚礼、建造一座建筑物、修复一件古董等，都属于项目的范畴。

　　中国的古长城和埃及的金字塔可以说是最早的"项目"，而真正把项目作为一个系统来进行管理却是由曼哈顿原子弹计划开始的。"项目"如今已经普遍存在于我们的工作和生活当中，并对我们的工作和生活产生着重要的影响。

　　有许多相关组织及学者都给项目下过定义，例如有代表性的美国项目管理协会（Project Management Institute，PMI）认为，项目是为创造特定产品或服务的一项有时限的任务。其中，"时限"是指每一个项目都有明确的起点和终点；"特定"是指一个项目所形成的产品或服务在关键特性上不同于其他相似的产品和服务。

　　到目前为止，尽管不同的组织或个人对项目概念的理解和定义有所不同，但这些定义均从不同程度上揭示了项目的本质特征，并具有一些共同特性，例如项目都有明确的起止时间，都有一些预定目标，都受到成本预算和人力等资源的限制，都要消耗一定的资源，都要为达到目标而付出努力，而且都是临时性、一次性的活动。因此，项目具有一些基本的特征：

　　（1）项目的一次性（短暂性）。项目都有明确的时间框架，有明确的开始时间和结束时间。项目时间的长短由项目任务的多少和复杂性决定,短则几小时或几天,长则可达几十年。如何有效合理地安排项目时间是关系到项目成败的一个关键因素。

(2)项目的独特性。一般来说每个项目都有自己的特点,每个项目都不同于其他项目。项目在此之前从来没有发生过,而且将来也不会在同样条件下再发生。项目所产生的产品、服务或完成的任务与已有的相似产品、服务或任务在某些方面存在明显的差别。

(3)项目的目标性。每个项目要有明确的可度量的目标,而不能是不确定的模糊的目标。项目完成的结果应该是可以依据目标说明书进行判断的,实现了项目的目标,也就意味着项目的结束。为了在一定的约束条件下达到项目目标,项目经理和项目管理人员在项目实施以前必须进行周密的项目计划。事实上,项目实施过程中的各项工作都是为完成项目的预定目标而进行的。

(4)项目的可限制性。项目是受时间限制的。项目的开始时间和结束时间必须符合计划时间要求,总的时间和单个任务的时间应该与项目的目标说明相符合。项目还受到资源、成本、一定性能、质量、数量、技术指标等的限制,例如一个项目所拥有的人员和资金都是有限的。

(5)项目的可预测性。项目的所有任务都是由项目经理和项目管理人员根据时间、资源等约束条件进行管理的,一般来说,可预测项目的风险大小、进度快慢,同时还可以根据项目执行情况预测是成功还是失败。

(6)项目的动态性。项目时间可以持续几个月甚至几年,由于环境或条件会不断地改变,项目会是动态变化的,可能经常发生不能按项目计划预期进行的情况,此时,项目经理和项目管理人员应该做出及时的反应,根据环境变化对项目计划进行调整,否则将不能实现预期的目标。

(7)项目组织的临时性和开放性。项目可以是一个组织中各个层次的任务或努力的结果,它可以只涉及一个人,也可以涉及数万人。项目组织中的成员及其职能在项目的执行过程中会不断地变化,一般来说,项目结束时项目组织将会解散,因此项目组织具有临时性。

综上所述,项目是在一定的时间、人力、资源、环境等约束条件下,为了达到特定的目标所完成的一次性任务或努力。典型的项目可以是新产品或新服务的开发、技术改造与技术革新、组织模式的变革、科学技术研发、系统软件的开发和升级、古建筑物的修复等。

项目是一个过程,是一个动态的概念,因此项目是分阶段的,即项目的形成阶段、早期阶段、中期阶段、结束阶段。在通常情况下,实施项目的组织都是临时性的，项目结束后，项目组织就会解散。

1.2 项目管理的概念及内容

项目管理（Project Management）是指以项目及其资源为对象，运用系统的理论和方法对项目进行高效率的计划、组织、实施和控制，最终获得项目目标交付物的系统管理方法。也可以理解为，项目管理是通过项目经理和项目组织的共同努力，运用系统理论和方法对项目及其资源进行高效率的计划、组织、指导和控制，以实现项目全过程的动态管理和项目目标的综合协调与优化的系统管理方法体系。

项目通常涉及人力、物力、财力和时间等资源问题，而项目经理和项目管理人员的最终目标就是使项目的利润最大化。为了使利润最大化，就必须对项目进行管理。管理就是将人力、物力、财力、时间等各种资源进行合理的计划、组织、协调和控制，使其在项目中发挥最大的效用，避免发生资源浪费或闲置。项目经理和项目管理人员通过对项目的管理，从而使其在实施过程中避免或尽量少地出现问题。

项目管理包括以下基本内容，如表 1—1 所示。

（1）项目评价管理。项目评价管理是为了保证项目的完成，实现项目的目标，并且保证不会偏离项目，造成资源浪费的过程。它包括范围的界定、规划和调整等。

（2）项目时间管理。项目时间管理是为了确保项目最终按时完成所实施的一系列管理过程。它包括具体活动定义、活动排序、活动持续时间估算、进度计划编制及进度计划控制等工作。

（3）项目成本管理。项目成本管理包括确保在批准的预算内完成项目所需要的各个过程。它包括资源规划、费用估算、费用预算和费用控制等工作。

（4）项目风险管理。项目风险管理包括对项目风险的识别、分析和应对过程。它包括风险识别、风险量化、风险应对措施、风险应对控制等工作。

（5）项目融资管理。项目融资管理包括项目的分析与评价、项目的风险识别、项目的融资和信用保证及项目的风险控制等工作。

（6）项目质量管理。项目质量管理包括保证项目满足客户对质量的要求的过程。它包括质量计划、质量控制、质量保证和质量改进等活动。

（7）项目采购管理。项目采购管理是为了从项目实施组织之外获得所需资源或服务所实施的一系列管理措施，包括采购计划、采购与招标、选择资源以及合同的管理等工作。

（8）项目沟通管理。项目沟通管理贯穿于整个项目进程，包括项目启动阶段的客户沟通、计划阶段的沟通、执行和控制阶段的组织沟通以及收尾阶段的客户沟通等工作。

表 1—1　项目管理基本内容

过程 项目管理内容	启动	计划	执行	控制	收尾
项目评价管理	启动				
项目时间管理		活动定义 活动排序 活动持续时间估算 编制进度计划		进度控制	
项目成本管理		资源计划 成本估算 成本预算		成本控制	
项目风险管理		风险识别 风险评估	风险应对	风险控制	
项目融资管理	分析与评价	风险识别	信用保证	风险控制	
项目质量管理		质量计划	质量保证	质量控制	
项目采购管理		采购计划	采购计划 合同管理		合同收尾
项目沟通管理	客户沟通	计划沟通	组织沟通	组织沟通	客户沟通

1.3　项目管理的要素

项目无论大小、任务多少、复杂程度高低，都包括一些项目管理的基本要素。我们对项目管理基本要素的认识是从最初的三要素逐渐发展为四要素、五要素，现代成功的项目管理一般会考虑客户的满意度，因此又发展为项目管理的六要素。

项目管理的三要素包括时间、质量和成本，三者是相互制约的。对于一个具体的项目而言，项目经理和项目管理人员对项目进行管理的目的就是平衡好这三者之间的关系，即快（时间）、好（质量）、省（成本）的有机统一，如图1－1所示。项目的计划活动实际上是如何满足这三个约束条件的书面描述模拟。

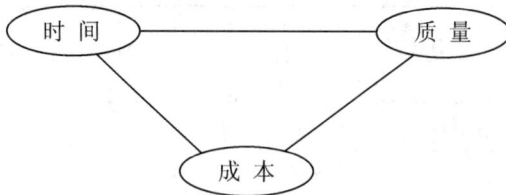

图1－1　项目管理三要素

项目管理的四要素除了包括时间、质量和成本三项以外，还包括了项目范围的相互制约，即项目范围管理，这使得质量、范围可以与成本、时间相互协调。例如范围增减、质量改变都会引起项目成本和时间的相应变化，如图1－2所示。

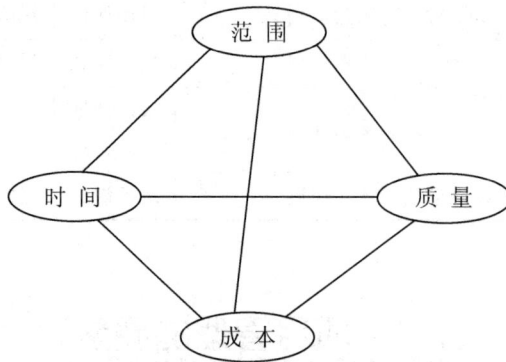

图1－2　项目管理的四要素

项目管理的五要素包括时间、质量、成本、范围和组织的相互制约。在这五个要素中，范围与组织是必不可少的，没有范围就无法编制项目计划，没有组织就无法实施项目计划。而质量、时间和成本是软约束，可以与范围进行不断地调整平衡，五个要素的相互关系如图 1－3 所示。

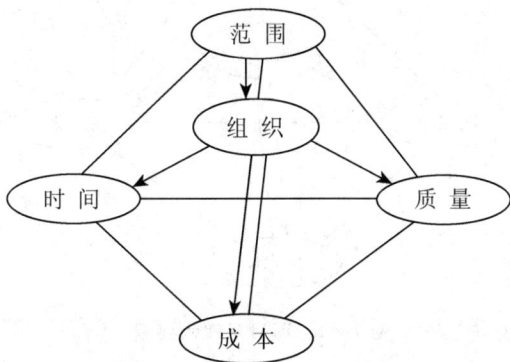

图 1－3　项目管理五要素

项目管理的六要素包括时间、质量、成本、范围、组织和客户满意度的相互制约。客户满意度是项目管理的核心，为了提高客户满意度水平，在项目计划过程中首先需要对客户的需求进行分析，以便准确地描述项目。项目的需求是多种多样的，通常可以分为两类：必须满足的基本需求和附加需求。

基本需求包括项目的进度、质量、成本、范围以及必须满足的法规要求等。附加需求往往是除了基本需求之外的软需求，如实施项目是否有利于环境保护等，也应该列入需求分析之中。

对于同一个项目，不同的项目干系人的需求是各不相同的，有的甚至互相抵触。这就要求项目经理和项目管理人员在进行项目需求分析时对这些不同的需求加以协调，以求得某种折中和平衡，尽可能使各个项目干系人满意。时间、质量、成本、范围、组织和客户满意度间的相互关系如图 1－4 所示。

一般来说，项目管理会涉及这六个基本要素：工作范围（Scope）、时间（Time）、成本（Cost）、质量（Quality）、组织（Organization）及客户满意度（Customer），当然项目管理也会涉及其他要素，如风险（Risk）等。这就要求项目经理和项目管理人员在项目管理过程中认真分析和识别，不断调整各要素之间的平衡，从而在预期的计划时间内完成项目的可交付物和实现项目的目标。

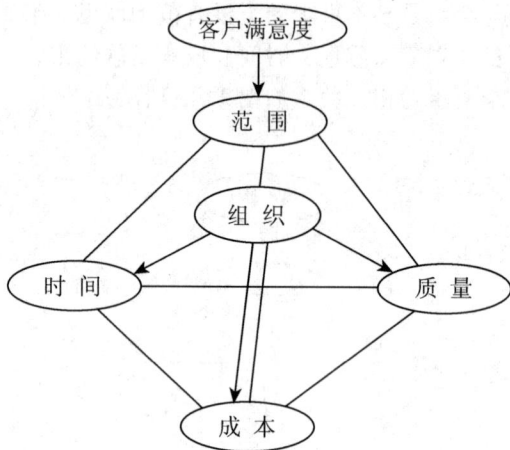

图 1－4　项目管理六要素

1.4　项目计划

　　项目计划工作对项目管理来说是至关重要的。编制一个项目计划实际上是对项目的预先模拟和规划，它包括如何满足上面提到的三个主要项目管理约束要素条件的书面描述。项目计划通常会有三个计划：第一是对性能坐标（工作分解结构后的质量范围说明）的计划；第二是对时间坐标（最好用网络图，但有时是里程碑列表或甘特图）的计划；第三是对成本坐标（费用估算）的计划。因此，项目经理和项目管理人员必须清楚项目计划工作的必要性和重要性，清楚如何编制这些计划，包括项目进度计划在内的一系列文档。

1.4.1　计划的内容

　　项目经理和项目管理人员在编制一个有效的项目计划时应该完成下列任务：

　　（1）确定成功完成项目所需的每一个活动事项。

　　（2）包括对这些活动持续时间安排的时间进度以及相关的里程碑。

（3）定义活动所需的资源，反映出这些资源的需求，确保这些资源在需要的时候都可用以及对它们的管理。

（4）对每项活动都应有成本预算。

（5）包括合理的资源应急储备。

（6）项目计划的参与人员和管理层都是有经验和负责的。

1.4.2　计划的必要性

项目计划可以辅助协调与沟通项目组织成员的工作，为项目经理和项目管理人员监督项目实施过程的各项工作提供基础，是满足项目管理要求所必需的，而且还能够帮助避免项目管理风险。因此，项目计划构成了沟通与协调作用的一系列重要文档，而且它可以激励项目组织成员做得更好。

一般来说，大部分的项目都不是一个人完成的，而是很多人共同努力的结果。在一般情况下，一个项目至少会需要一位技术专家来进行其专长领域的工作。项目计划是告知项目组织中的每个成员自己需要做什么以及别人将要做什么。项目计划是一个信息载体，它代表着项目三个约束要素的各个部分，直到最低的工作包或工作单元。如果负责这些工作包或工作单元的项目组织成员也参与计划制订，那么他们会改善对计划的遵守情况。因此，编制项目计划的一个重要经验就是让项目组织成员自己直接参与项目计划的编制过程。他们应该比任何人都了解所要做的项目工作。

1.4.3　监督的基础

项目计划还为项目经理和项目管理人员对项目实施过程进行监督提供了基础。由于项目环境是会发生变化的，项目的一个典型特征是它通常都不会自动按计划进行。在项目开始的时候，项目经理和项目管理人员不知道项目将在哪里以及如何偏离项目计划。通过对项目进度的监督可以发现与原先项目计划的偏离，这种偏离意味着项目有问题需要解决。如果不纠正这种偏离，那么项目就可能延迟。如果一个项目过多地偏离了项目三个约束要素，其结果很可能导致项目的失败。此时项目经理和项目管理人员应该重新调整项目计划。

项目计划是对项目所有工作的一个详细的描述，它在项目开始之前编制，其目的是阐明如何完成项目的各个方面，通常还会在项目实施过程中修改。项目计划的任何偏离意味着项目将无法实现所希望的项目目标。

从项目管理的角度来看，三个约束要素的三个坐标都应编制相应的计划。但本书主要讨论涉及对性能坐标的计划和对时间坐标的计划内容，对成本维度的计划可参考项目成本管理相关内容。

1.4.4　不确定性和风险问题

编制一个好的项目计划很重要。好的项目计划能帮助项目经理和项目管理人员在项目实施的过程中避免很多问题和风险。但是，项目计划所针对的是未来的事情，也就是说，项目计划是对事情将来如何发展的一种模拟和规划，因此一定存在着不确定性和风险，其中，有的是可以预见的，因而在一定程度上可以控制，但大部分是无法预见的。项目经理和项目管理人员编制项目计划的目标是对于那些可以预见的事情要尽可能地建立信心，模拟和规划项目是能够成功地实现三个约束要素条件的。但是，项目总有各种不确定性、没有预料到的任务与结果、意外的选择等风险，以及令人遗憾的错误。所以，项目经理和项目管理人员如果完全自信项目计划自动能够成功是天真的想法。项目经理和项目管理人员所能做到的是尽可能地把项目计划和估算做好，并要坚持依照其计划执行，努力使项目进度计划朝着目标前进，同时要意识到可能会发生许多完全出乎原先预料的事情，这些事情对项目经理和项目管理人员及项目组织都是一个挑战。

可运用核对项目活动清单来减少不确定性。项目经理和项目管理人员可以使用核对清单、与专家一起对编制项目计划进行彻底的讨论，如果可能，尽量使整个项目组织成员都参与进来，从而降低（但不是消除）这些无法预见的不确定性。当然，即便如此，不确定性依然会存在，因为对于以前没有做过的事情总是有无法预见的因素。要防范这些未知的情形，项目经理和项目管理人员可以在项目计划中加入应急的资源储备，但这些未知情形并不会消除。例如，项目计划再详尽也不能防止雨天而导致的建筑项目延期，也不能消除因汇率波动而造成的成本变化。如果项目经理和项目管理人员之前做过类似的项目，那么跟没有做过的项目相比，就能够将项目计划编制得更好、更加符合实际。

编制项目计划也涉及一些假设，诸如哪些人能够参加项目。由于计划中引入了假设，因此一定要有应急资源储备。好的项目计划最好是定量的，而不是定性的，好的项目计划还要尽可能地做到精确。

另外，也会经常发生项目计划编制得不好的情况。除了努力不够的原因外，几乎所有的不良项目计划都是由于没有很好地理解三个约束要素条件。项目经理和项目管理人员花一些时间来对三个约束要素条件进行理解，并明确对此的理解为什么不同于他人，以及不同之处在哪里是非常有益的。

一个编制项目计划的好方法是，项目经理和项目管理人员一起创建项目的工作分解结构，并通过项目管理软件来确定各个任务之间的相互依赖性，使所有成员都能够看到项目计划并进行共同讨论。

1.4.5　项目计划书

在很多大型的项目中，编制好的项目计划都会形成一本厚的"计划书"或"项目计划书"。项目计划书所涵盖的事项包括很多项议题。它经常描述项目要提交的事项以及这些事项的具体规范。如果需要验收测试的话，它将对其进行详细的描述。总之，这类计划的目的是描述要做什么、谁来做、何时开始、何时完成以及花多少钱完成，换言之，即如何满足项目的三个约束要素。一个典型的项目计划书一般包括下列内容：

(1) 项目概况；

(2) 项目要求；

(3) 项目里程碑；

(4) 工作分解结构；

(5) 每项活动都带有计划时间的活动网络图；

(6) 涵盖所有活动的成本预算；

(7) 项目管理与组织结构图；

(8) 接口定义，包括设施上的支持；

(9) 物流支持；

(10) 验收计划；

(11) 财产控制以及安全性标准；

(12) 客户组织的相关联系人；

(13) 对项目本身的评价。

项目计划可能各不相同，因此，项目计划书有的可以是简单的一页纸，有的则非常复杂。每一种项目都有其适当详细程度的项目计划，每种程度需要多少细节来描述并没有一个统一标准。一般而言，编制项目计划的时间不要超过花在解决问题上的时间，因为毕竟项目计划还没有执行。记住，项目计划的一个基本目的是避免问题。

1.4.6　项目计划要素

项目经理和项目管理人员在编制项目计划时应注意几个要素之间的相互关系及其涉及的相关内容：

（1）完整的工作陈述（SOW）。工作陈述可以由项目的执行者、客户，或者由双方共同起草，若涉及其他干系人还应听取他们的工作陈述。对于一个新产品项目或规划，产品要求决定了其性能规范。性能规范可以利用质量功能展开（QFD）或是类似的规范制定过程由任何一个职能部门的个人或者是某个部门的一个多功能团队来起草。

（2）验收标准。对于所有的可交付物，必须清楚地阐明具体的、可衡量的验收标准。标准的制定基于工作陈述、性能规范和行业领域，并将其作为项目组织的一个明确目标。

（3）性能标准。同样，对于非可交付物也必须制定相应的性能标准。例如，客户可能希望符合 ISO 9000 标准，可能要求满足环境、安全和健康的要求，可能要求遵守特殊的采购方式（例如，使用标准部件或特定的供应商），可能要求遵守特殊的质量标准，或可能假定要保持客户公司的设计标准。

（4）工作分解结构。工作分解结构（WBS）便是从上述三项中引申出来的。它确定了要满足性能规范以及其他标准所必须完成的活动（或工作单元）。大部分工作分解结构直接来自于工作陈述（SOW）性能规范和行业领域本身。但是，验收标准可以规定某些特定的测试条件。因此，可能要求额外的工作分解结构要素，以便为检验完成情况而准备测试设备或其他手段。同样，用于非可交付物的性能标准也可能会要求更多的工作分解结构要素。工作分解结构中的每个要素都必须输入到一个包含关键路径的网络图中。

（5）资源计划。完成工作分解结构（WBS）还需要一份资源计划。资源计划一般包括人力资源和物力资源。由于项目进度依赖于所能够投入的资源，因此这两个计划要素是相互作用的。举例而言，对于一项特定的工作，一位有相关经验的高级人员要比一位没有经验的初级人员完成得更快、更好和更有把握。类似地，如果完成工作时某些资源被过度地使用了，那么资源计划将会变得不切实际而且必须对其进行调整。资源对于一个项目是否可用要取决于优先级以及分配到其他工作的资源的情况。因此，任何项目都可能因其他的活动而延迟。

（6）预算计划。根据将要分配给活动的资源以及为该活动所计划的时间，可以为每项活动创建预算。根据具体情况，可以采用效益—成本计算法或是现金流贴现分析法来证明项目是否能够盈利。

1.4.7　使用计算机软件

任何类型的项目管理软件都允许项目经理和项目管理人员输入数据，使得工作分解结构、进度以及成本预算都能够保持一致。而特定的软件包允许以不同的格式来显示这些数据信息。

由于项目经理和项目管理人员可以方便地运用项目管理软件在项目实施过程中对项目计划不时地进行检查和修改，这就有可能使得项目不同人员之间的版本都各不相同。显然，如果通过局域网（LAN）来检查和修改项目计划，而且数据库有文件锁定的功能，那么项目组织中每个成员都会有相同的项目计划版本。但是，项目经理和项目管理人员可能无法确定关键人员最近是否看了与其相关的项目计划部分，并注意到了会影响其工作的修改之处。

1.4.8　典型问题

在编制项目计划的过程中存在许多普遍性的问题，其中一些问题是由于项目经理和项目管理人员的错误观点造成的。

（1）编制计划的时间。编制项目计划的过程是要花精力和成本的，因此项目组织的某些项目经理和项目管理人员认为编制项目计划会占用过多的时间，不划算。同时，又很难评价应花多少时间编制一个好的计划是合理的，但没有经验的项目经理花的工夫通常都太少。

（2）忽视计划。计划经常被忽视，因为人们可能认为计划是一项与项目无关的管理要求。如果项目经理和项目管理人员希望按照计划执行并保持计划的随时更新，就要编制有切实意义的项目计划，而且要确保每个成员都明白计划的目标和内容。

（3）计划的一致性。关于三个约束要素的每个坐标都需要有一个独立的计划。这三个计划必须相互一致、统一，而且一定不能只由独立的专家小组独自完成（但是现实中经常发生这种情况）。项目管理软件可以帮助，保证计划的一致性。

（4）初步计划。在某些情况下有时需要一个初步的计划，尤其是需要在实际项目工作开始前很早要编制预算的时候。对于很多需要招投标的项目，这种情况尤为普遍。但在很多情况下，项目组织的某些成员不重视初步计划。

（5）盲目乐观。很多活动持续时间及预算，很多资源的数量和使用情况都过于乐观。解决这种盲目乐观问题的有效办法是预留比较现实的应急资源储备。

1.5　项目干系人

一个项目的完成需要许多方面的人员或组织参与才能实现。项目干系人（Stakeholder）是指那些积极参与项目，或者其利益受到该项目积极或消极影响的个人或组织。项目管理过程必须识别项目干系人，确定他们的需求和期望，然后对这些期望进行管理，并施加影响，以确保项目目标的成功实现。

要完全识别出项目干系人通常是十分困难的，因为项目的影响有些是间接的，或者是隐性的。一般情况下，下列人员或组织可能成为项目的干系人：

（1）项目经理——管理项目的负责人；

（2）客户（业主、项目发起人）——以现金或实物为项目提供资金来源，使用项目可交付物或成果的个人或组织，同时客户可能是多层次的；

（3）政府机构——负责项目的审批、监督及指导；

（4）项目承包商或执行人——承接项目满足客户需求的个人或组织；

（5）项目组织内的参与者——组织内部与项目有关的人或部门，包括上层管理人员、项目组织成员、采购部门等；

（6）供应商——为项目提供原材料、设备、工具等物资的个人或组织；

（7）其他金融机构——为项目融通资本的组织，如银行等；

（8）其他受项目结果影响的组织或个人，如周边社区等。

通常，项目经理之外的项目干系人是通过项目经理建立联系的。注意，在有些项目中，上述项目干系人可能只是一个主体，比如项目承包商就是施工单位。

由于项目实施涉及范围一般较广，不同的项目干系人对于项目的期望和要求会有较大的不同，有众多的利害关系，项目干系人之间的利益关系既有一致的一面，也有冲突的一面。如客户希望尽量降低项目的成本或造价，项目时间长度要短，质量要好，项目承包商则希望客户支付尽可能高的成本或造价。因此，项目干系人是影响项目成功的最重要因素之一，对于这些可能发生的利益关系，项目经理必须给予充分的重视。所以，识别、分析哪些是项目干系人，并且明确他们各自的需求和期望是至关重要的，只有这样才能很好地协调项目干系人各方的利益关系，确保项目获得成功。

项目作为一个系统，其协调的范围可以分为内部协调和外部协调。项目内部单位（如业主与承包商、设计机构、项目管理单位、供应商、分包商等）是组成项目系统的有机整体，一般通过直接或间接合同关系相互联系起来。项目内部单位和外部单位一般不存在合同关系，但它们之间的关系有些是社会强制性关系，有些是社会松散的联系等，如项目内部单位与政府部门、司法部门、新闻机构、金融机构、社会团体等的关系。

项目干系人之间的协调大致可以分为以下几类：

（1）人际关系协调。在项目管理工作中，协调项目组织内部的各种人际关系、协调项目组织与相关单位的各种人际关系。

（2）组织关系协调。主要协调项目组织内部的分工与配合。

（3）供求关系协调。协调项目所需人力、资金、设备、材料、技术、信息等资源的供应。

（4）配合关系协调。协调项目干系人（业主、承包商、分包商、材料供应商、设备供应商、设计机构等）在项目中的相互配合关系。

（5）约束关系协调。协调项目与国家和地方政策、法规、制度的关系等。

识别项目相关干系人，明确他们各自的利益关系，协调好他们各自的冲突，是确保项目成功的重要因素之一。

1.6　项目交付物

建立项目的目的是为了获得特定的项目成果，也就是项目可交付物。项目可交付物（Deliverable）就是为了完成项目或其一部分，而必须做出的可测量的、有形的及可验证的任何成果、结果或事项。广义地说，项目的交付物可以初步分为产品和服务两大类，项目本身就是为了完成某种特定的产品或服务。

产品通常是指有形产品，而服务经常被称为无形产品。有形产品和无形产品的根本区别，就在于其能否储存。有形产品可以储存，所以其制造过程和交付过程是可以分离的，我们日常工作、生活中所用到的有形产品，往往都是在工厂制造出来后，经过许许多多的流通环节，才到达最终消费者的手中。而无形产品则不能储存，所以其制造过程和交付过程是不能分离的，例如我们去听音乐会，音乐家的演奏过程，既是制造过程，也是交付过程，消费者得到的是这种过程中的体验。

在项目管理中，项目经理和项目管理人员必须始终都非常关注项目交付物的具体内容及其完成过程。只要完成了全部项目交付物，就意味着覆盖了全部的项目范围。所有的项目活动、项目资源都是为了有效完成这些项目交付物而发生的，项目交付物在很大程度上反映了项目目标的要求。

1.7　工作包

工作包（Work Package）或工作单元（Work Unit）是指对所要完成项目的目标进行分解后得到的相关工作或任务的集合。工作包或工作单元为项目控制提供充分、合适的管理信息，它位于工作分解结构的最底层，也是工作分解结构最低层次的可交付物。

建立项目有效工作包或工作单元的原则如下：

（1）工作包应是可确定的、特定的、可交付的独立单元；

（2）工作包中的工作责任应落实到具体的项目单位或个人；

（3）工作包的大多数工作内容应适用于项目组的相同工作人员，从而提高成员之间的沟通和协调；

（4）工作包应与特定的工作分解结构单元直接相关，并作为其向下的底层扩展；

（5）工作包单元的周期应是最短周期；

（6）应明确本工作包与其他工作包之间的相互关系；

（7）工作包应能确定实际的成本预算、人力和资源需求。

工作包或工作单元是项目编制进度计划，安排进度和控制项目实施过程的基本单元。把任务分解到相对独立的、内容单一的、易于成本核算和检查的工作包，这样更易于分配具体的工作和资源到具体的执行人，这样便于项目经理和项目管理人员更详细和精确地进行绩效考核。

1.8　工作分解结构

工作分解结构（WBS）是项目管理中一种很简便实用的方法，它能将项目分解成小的活动、任务或工作包，甚至工作单元。运用工作分解结构技术通常能够降低项目经理和项目管理人员遗漏某项工作的可能性。换句话说，工作分解结构的目的在于确保所要求完成的全部项目活动都被合乎逻辑地定义并相互联系起来。

1.8.1　基本概念

工作分解结构（Work Breakdown Structure，WBS）是将项目可交付物和活动按照其内在结构的逻辑关系或实施过程的顺序进行逐层分解而形成的结构示意图。使用工作分解结构将项目细分为活动的结构示意图，通过这个结构示意图，可形象地显示出项目的可交付物，这就便于为实现项目目标而进行的所有工作的管理和控制。

工作分解结构实际上是一种项目工作分解技术，是项目在不同细节水平上的概述或描述，是项目分级过程的结果地图，是项目范围和活动定义中最有价值和最常用的工具。利用这个工具，可以方便项目经理和项目管理人员对项目所有可交付物和工作要素进行观察、跟踪、检测和控制。通常，项目分解结构的划分是项目实施以及目标确定过程中不可缺少的环节，同时也是制订总体进度计划和确定项目组织结构形式的一个重要步骤。

工作分解结构将项目目标逐层分解成子项目，子项目再分解成更小的、更易管理和控制的活动，直至到达可进行报告或控制的最低层水平的具体工作包（或工作单元），从而能够更为容易也更为准确地确定这些工作包的成本、资源和进度，以及明确定义其质量的要求。举一个简单的例子：如果项目的具体目标是"周末野餐"，则有以下几项工作要做，比如"联系朋友"、"借烧烤用具"和"买食物"。"买食物"又可以细分为"买生食"、"买饮料"和"买水果"。"买生食"又可以分为"买肉"和"买菜"，至于具体买什么肉和菜由买的那个人自己决定，再往下分就没有任何意义了。这种技术被称为工作分解结构。图1-5给出了"周末野餐"项目分解结构的示例。

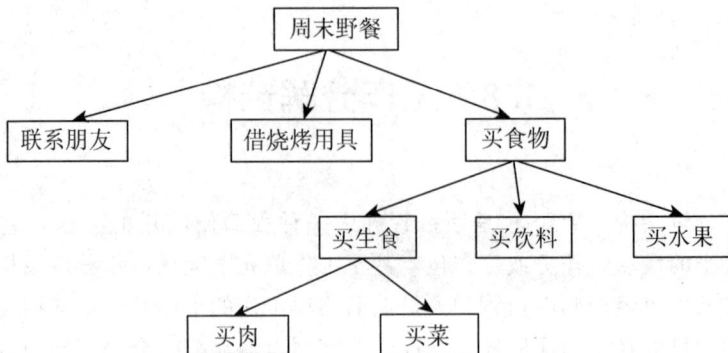

图 1－5 "周末野餐"项目分解结构 WBS 示意图

工作分解结构的形式有点像倒过来的树状结构。工作分解结构一般不能显示项目工作的先后顺序,但是,它能够说明所有项目工作的组织情况及逻辑关系,可以把整个项目联系起来,把项目目标逐步细化为许多可行的,并且是相对短期的任务。因此,工作分解结构具有三个主要优点:

(1) 项目被划分为可执行的活动或工作包,并且这些必须完成的活动或工作包能够被项目组织的所有成员明确和识别。

(2) 时间较短的短期活动或工作包会更加清晰,因而能让项目组织成员感觉更容易实现和控制。

(3) 有了工作分解结构,就可以进行项目的进度、资源和成本等的估算。

在工作分解结构的树状结构中,每一个活动或工作包都是项目的一个具体行动目标"任务",它应该包括下面的一些要素:

(1) 活动过程或内容:表明了活动或工作包的性质,或者是对活动或工作包的描述。

(2) 任务的承担者:如果由多人承担该项活动或工作包,则应进一步对人员的分工和合作进行明确的职责分配。

(3) 活动对象:与活动或工作包紧密相关的对象不仅仅是有形物质的,也可能是无形非物质的。

(4) 完成活动或工作包所需的时间:时间的确定既要为完成每一活动或工作包过程所需的持续时间做出估计,即时间估算,还应当进一步确定出完成每项活动或工作包所需的时间点,例如开始和结束时间。

(5) 完成活动或工作包所需的资源:这种资源是指为完成活动或工作包所需要的材料、设备和设施、资金、人员及资源使用空间等,这在多项活动或工作包正在交叉实施时尤为重要。

　　然而在实践中，这些看似简单的分解却并非易事，在很大程度上要取决于项目经理和项目管理人员对项目目标的理解和具有的经验；对于实际项目来说，这种分解也并非是简单的分割，而要十分重视各部分之间的组织联系和技术联系。这种联系的方式有空间的、时间的和逻辑的联系。

1.8.2　分解思路

　　工作分解结构（WBS）图是将项目按照其内在逻辑结构或实施过程的顺序进行逐层分解而形成的结构示意图。它可以将项目分解到相对独立的、内容单一的、易于成本核算与检查的活动或工作包，并能把各活动或工作包在项目中的地位与构成直观地表示出来。工作分解结构（WBS）图是实施项目、创造最终产品或服务所必须进行的全部活动的一张清单，也是进度计划、人员分配、资源分配、预算计划的基础依据。

　　对于一个项目系统来说，存在多种分解方式，要使各子系统相互关联并且能够综合构成项目系统的整体。项目是一个系统，项目工作分解结构的目的是将项目的进程、范围和组织这三种结构形式综合考虑。显然，项目就有多种分解的方式，但主要分解方式有以下几种：

　　（1）按照项目组织结构进行分解；

　　（2）按照项目的范围构成进行分解，即根据交付物、二级交付物进行分解；

　　（3）按照项目实施的阶段进行分解。

　　实际上，工作分解结构的第一个层次按某种方式分解后，第二个层次或其他层次往往要以另外一种方式分解。那么，到底采用哪种方式进行分解合理呢？具体的分解方式应该考虑下面三个因素：

　　（1）哪一种更高级的标志会最有意义？

　　（2）任务将如何分配？

　　（3）具体的工作将如何去做？

　　根据以上三个要点可初步有效判断分解项目的办法。另外，工作分解结构的每个框或圈中的文字标识最好能够统一，要么全用"动词＋名词"，如"编制软件"；要么全用"名词＋动词"，如"软件编制"。

1.8.3 分解层次

这里讨论的问题是项目经理和项目管理人员应将项目工作分解结构（WBS）分解到多细或什么层次才合理或合适呢？

建立一个工作分解结构并没有一个标准模式，也不存在一个标准的层数。原则上，运用工作分解结构（WBS）分解到能够合理地分配给相应的项目小组或某个项目组织成员管理和控制就行。通常而言，至少要显示 3～4 个层次，但有时也需要显示 5 个或 10 个层次甚至更多。比如长江三峡建设项目是一个非常大的项目，就没有必要一开始就分解到具体的项目组织成员，而只要分解为若干个子项目即可，子项目的经理再在他那个层次进一步细分。一般来讲，一幅树状结构的工作分解结构图分解到 3～5 个层次即可，若超过 5 个层次则建议项目经理和项目管理人员将项目再划分为若干个小项目。这样，不同层次的项目对应不同层次的项目经理，不同层次的项目经理关心各自的工作分解结构。

要强调的是，工作分解结构中活动的层次应该谨慎确定。项目中的活动或工作包划分得越多，每个活动或工作包的规模和花费就会越小。当然，活动或工作包越多，项目组织成员就要花更多的时间和金钱来安排和管理这些活动或工作包之间的协调关系。工作分解结构划分活动或工作包的规模相对小、时间相对短及成本相对小，就能够提高项目实施状态监控的准确性。相反，如果只有一个活动或工作包，虽然不需要任何协调的费用，但活动本身却会规模相对大、时间相对长及成本相对高。因此，需要根据经验找到这个合适的划分层次平衡点。

一般来讲，应该将项目分解成足够小的工作包，使得每个工作包都容易理解。如果工作分解结构的每项活动能够更接近于以前已有的经验，那么编制的进度计划的时间和成本估算就会更现实、更准确。

在决定工作分解结构的一个活动规模多大才算合适的时候，另外一个需要考虑的因素是应当能够将活动作为其负责人或执行人的一项责任，以及与他们的相关经验所匹配。工作分解结构中的每一项底层活动都必须指定而且能够指定直接负责的人（通常是执行经理），这个人要对这项活动负主要责任。在任何情况下，工作分解结构都可以阐明项目各个层次级别的组织责任。表 1—2 总结了影响工作分解结构分解层次大小应考虑的事项以及其他重要因素。

表 1-2　影响分解层次大小的因素

影响因素	采用较细较小的活动	采用较粗较大的活动
管理工作	能够花更多的时间来创建工作分解结构	不想花太多时间来创建工作分解结构
活动数量	希望更多的细节	不想要很多细节
费用的授权	希望在特定时间段内限制财务或资源的开支	执行经理们以前的项目经验表明他们对费用和资源的使用都很谨慎
活动持续时间	希望通过鼓励尽快完成任务	可以等待更长的时间，直到完成任务
监督的准确性	希望或要求更高的准确性	可以容忍不那么准确
项目组织对类似工作有无经验	项目组织的经验很少或没有经验	项目组织对任务所要求的工作有专业经验
执行经理的技能	用的是一位没有经验的人员	用的是一位有经验的人员

工作分解结构定义了活动或工作包，对于具体的执行者来说，这些活动或工作包将与相应的持续时间、资源和预算紧密联系在一起，可以将工作分解结构的编码和持续时间、资源或预算信息标示在上面。因此，最好使最底层活动或工作包的工作量相对小、时间相对短。对于一些承包合同项目，工作分解结构的布局和编号还可以根据客户的要求而定。

总的来说，要构建一个有效的工作分解结构，最好基于有形的、可交付的事项，既包括软件方面的也包括硬件方面的。

1.8.4　分解步骤

运用工作分解结构把项目分解的过程可以归纳为以下步骤：

（1）项目定义——在项目生命周期内，分析项目可交付物和活动的特点，根据完整的规格描述和详细说明对项目所有的最终可交付物进行明确定义，从而完整、清楚地明确项目的目标和范围。在项目定义中，也必须同时明确各项目进度阶段的项目子目标是确定的，这些子目标能显示项目实施过程中的一个完整的项目实现过程。

（2）设定详细程度——应对工作分解结构中的活动所需要规划的不同详细程度，以及划分层数进行认真考虑。这种目标和结构的层次性确定往往与项目组织所处的层次相关。一般来说，较高的管理层对活动详细程度要求较低。

（3）活动或工作包——确定活动或工作包（Work Package），保证所有的活动或工作包可以进行管理、监测以及分配。

（4）工作分解结构——将已确定的活动或工作包按照一定的逻辑关系分解成一个分级的树状结构，并对每一个活动或工作包进行命名及编码。同时项目的工作分解结构应该考虑到项目的组织结构、实施的过程、项目可交付物的结构以及项目的成本结构。

（5）可交付物结构——对项目成果做结构性描述，是对于子项目或组成部分的分解图表，包括硬件、软件、服务和信息。

（6）项目的成本图表——项目分解结构的编码体系一般以现有的项目组织成本图表为主。考虑成本图表的原因，主要是因为工作分解结构的最底层若能对应成本报表的明细科目，则有利于项目的成本核算和成本控制。

（7）责任矩阵——分析项目工作分解结构中的各个活动或工作包与项目组织结构之间的相互关系，将这些活动或工作包分派给相应的组织或某个人来完成，具有明确的开始时间点和结束时间点、相应的预算、资源和一定的时间限制。把项目工作分解结构中的活动作为职能矩阵的一维坐标，而组织结构作为另一维坐标，就形成了责任（工作）分配矩阵，设计责任矩阵是进行项目组织层次设计时的一个重点，即从目标控制的角度考虑如何将活动组合，把项目活动分解并打成几个工作包，每一工作包的大小和工作包之间的界面就是组织设计的内容。

（8）组织结构——项目组织结构图中应当包括要参与本项目的所有组织和个人，如有必要，还应包括项目实施环境中的各关键干系人。

（9）关键线路径进度计划——前面8个步骤得到的初步结果形成了编制详细进度计划的基础。项目工作分解结构并不包括活动的时间估算、资源的使用以及逻辑关系，它与进度计划相互独立，后者应是项目工作分解结构确定后的下一步工作。

（10）控制性总体计划——将综合项目工作分解结构中的第2层或第3层单元作为总体计划，这是概括性的计划，进一步的细化工作将编制一个项目的关键线路径进度计划。一般来说，在项目实施中，控制性总体计划是面向项目决策层或项目管理上层，而关键线路径进度计划则是由项目管理基层和项目实施层制订并实施的。

（11）报告和控制系统——通过设定项目的报告和控制系统，使活动集成为一个项目整体，从而站在项目总体目标的高度对项目进行组织和管理。

1.8.5　分解方法

分解一个项目工作分解结构有四种方法：自上而下法、集思广益法（头脑风暴法）、两者结合法以及采用原先的模板法。

（1）自上而下法。所谓自上而下法是指对项目的分解先从总体考虑，分为几个大部分，然后逐层分解。这种方法的优点是层次分明，缺点是有可能遗漏一些小的活动。这种方法适宜采用树状表现形式或列表表现形式。树状表现形式，又称为组织结构图形式，具体例子如图 1－6 工作分解结构图所示。

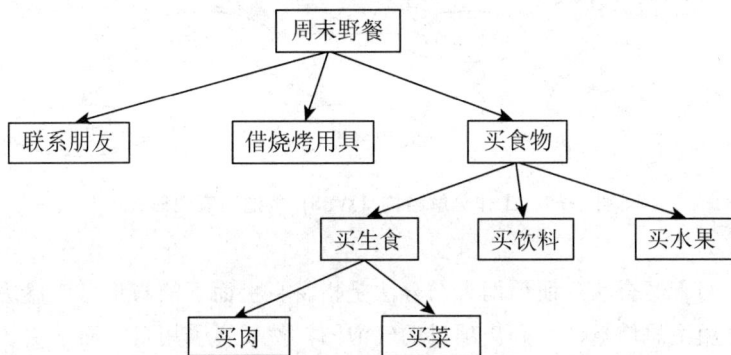

```
                          ┌─────────┐
                          │ 周末野餐 │
                          └─────────┘
           ┌──────────────────┼──────────────────┐
     ┌─────────┐        ┌───────────┐       ┌────────┐
     │ 联系朋友 │        │ 借烧烤用具 │       │ 买食物 │
     └─────────┘        └───────────┘       └────────┘
                               ┌──────────────┼──────────────┐
                          ┌────────┐     ┌────────┐     ┌────────┐
                          │ 买生食 │     │ 买饮料 │     │ 买水果 │
                          └────────┘     └────────┘     └────────┘
                       ┌────────┴────────┐
                  ┌────────┐        ┌────────┐
                  │ 买肉   │        │ 买菜   │
                  └────────┘        └────────┘
```

图 1－6　工作分解结构（WBS）树状表现形式

列表表现形式，又称缩进图形式，如表 1－3 所示的家庭搬迁项目的工作分解结构表。

表 1－3　工作分解结构（WBS）列表表现形式

任务序号			任务名称
1	10	100	搬迁
		101	选择搬迁服务机构
		102	与搬运工讨论大致的细节
	11	110	打包
		111	盘点并规划所有财产
		112	决定要保留哪些家具物品
		113	将物品分类
		114	将物品装箱

（2）集思广益法（又叫头脑风暴法）。是指先不考虑层次，让项目组织成员畅所欲言，将所有想到的活动都列出来，然后再用线条将它们关联起来。这种方法不容易漏项，但不够直观，适宜采用气泡图的表现形式。气泡图表现形式，如图1－7科研结题报告项目的工作分解结构图所示。

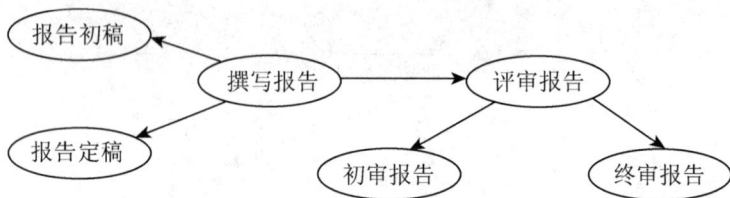

图1－7　工作分解结构（WBS）气泡图表现形式

（3）两者结合法。所谓两者结合法是指将自上而下法与集思广益法结合起来，先采用集思广益法，画出项目的气泡图，然后再采用自上而下法，整理成树状结构图或列表表现形式。由此可知，该方法综合了上述两种方法的优点，既不漏活动项，又层次分明。一般说来，树状结构图或列表表现形式适合给项目的外部用户看，气泡图适合项目组织内部使用。

上述工作分解结构表现形式各有其优缺点：树状结构工作分解结构图层次分明、非常直观，但是既不容易修改，也较难展示项目的全貌。因为一旦修改层次就不清楚了，而超过5个层次的项目不适宜用一张纸画完。

列表形式不够直观，但优点是能反映项目全貌，比如三峡建设这样的大项目，可以印制三峡项目的工作分解结构手册。手册的表现形式就需要采用列表形式。

气泡图形式的工作分解结构图优点是可以任意修改、添加，箭线可随意弯曲；缺点是不够直观，较难反映项目全貌。

（4）采用原先的模板法。是指将做过的成功项目的工作分解结构（WBS）予以抽象，形成某一类项目的模板。很多情况下一个项目组织在进行项目工作分解结构时不需要从头做起，有些项目是具有相似性的，在新项目进行工作结构分解时，应尽可能在模板库中查找已进行过的项目的工作分解结构模板，直接调出相应模板，然后进行相应的添加、删除或修改即可。一个典型的工作分解结构可从以前的项目到新项目都能用，虽然每个项目是唯一的，但是工作分解结构经常能被"重复使用"，多数项目间在某种程序上是具有相似性的。例

如，从每个阶段看，许多项目中给出的组织形式都有相同或相似的生命周期和
因此而形成的相同或相似的工作细节要求。

在实践中，许多应用领域都有标准或半标准的工作分解结构模板，例如，
图 1－8 中展示的是 Microsoft Project 2003 项目管理软件本机模板里的软件开
发模板的一部分。

	❶	任务名称	工期	开始时间	完成时间	前置任务	资源名称
1		⊟ 项目范围规划	3.5 工作日	2006年7月7日	2006年7月12日		
2	▦	确定项目范围	4 工时	2006年7月7日	2006年7月7日		管理人员
3		获得项目所需资金	1 工作日	2006年7月7日	2006年7月10日	2	管理人员
4		定义预备资源	1 工作日	2006年7月10日	2006年7月11日	3	项目经理
5		获得核心资源	1 工作日	2006年7月11日	2006年7月12日	4	项目经理
6		项目范围规划完成	0 工作日	2006年7月12日	2006年7月12日	5	
7		⊟ 分析/软件需求	14 工作日	2006年7月12日	2006年8月1日		
8		行为需求分析	5 工作日	2006年7月12日	2006年7月19日	6	分析人员
9		起草初步的软件规范	3 工作日	2006年7月19日	2006年7月24日	8	分析人员
10		制定初步预算	2 工作日	2006年7月24日	2006年7月26日	9	项目经理
11		工作组共同审阅软件规范/	4 工时	2006年7月26日	2006年7月26日	10	项目经理,分析人员
12		根据反馈修改软件规范	1 工作日	2006年7月27日	2006年7月27日	11	分析人员
13		确定交付期限	1 工作日	2006年7月28日	2006年7月28日	12	项目经理
14		获得开展后续工作的批准(	4 工时	2006年7月31日	2006年7月31日	13	管理人员,项目经理
15		获得所需资源	1 工作日	2006年7月31日	2006年8月1日	14	项目经理
16		分析工作完成	0 工作日	2006年8月1日	2006年8月1日	15	
17		⊟ 设计	14.5 工作日	2006年8月1日	2006年8月21日		
18		审阅初步的软件规范	2 工作日	2006年8月1日	2006年8月3日	16	分析人员

图 1－8　软件开发工作分解结构模板

1.8.6　基本原则

在进行项目计划、项目实施和管理工作过程中，有关的细节内容有很大一
部分都是通过工作分解结构来识别和提供的。为了确定项目参与人员的职责范
围、进行项目的时间和资源估算、建立项目工作关键路径、实现项目资源分
配，以及提供风险规避方案，每一个项目干系人或组织，包括项目经理、项目
组织成员、技术指导、客户和供应商代表，在确定项目交付物并完成项目工作
描述之后，都应该开始制作自己的工作分解结构图。在进行工作分解结构时应
遵守以下基本原则：

（1）项目中的活动或工作包都必须是确定的；

（2）一般情况下，复杂的活动都应该分解成两个以上的工作包或工作
单元；

（3）在建立工作分解结构时，所有的活动应具有一定的层级关系；

（4）在建立工作分解结构时，应显示出活动之间的内在逻辑关系；

（5）在建立工作分解结构时，所确定的活动或工作包应该是可以进行管理、测量以及分配的独立的活动或工作包；

（6）在工作分解结构中，最低层的活动或工作包一般表示了项目的过程；

（7）活动之间的所有联系不需要在工作分解结构中全部显示。

1.8.7　WBS 编码

工作分解结构（WBS）能够以编码的形式表示出来，这样有利于简化信息传递和便于识别和交流。例如编制一个家庭搬迁项目，在其工作分解结构中分解了 3 个层次，所以工作分解结构编码用 3 位数表示。左起第 1 位数表示家庭搬迁项目，第 2 位数表示两个子项目（搬迁和打包），依此类推，该项目用编码形式表示的工作分解结构如下：

100　搬迁

101　选择搬迁服务机构

102　与搬运工讨论大致的细节

110　打包

111　盘点并规划所有财产

112　决定要保留哪些家具物品

113　将物品分类

114　将物品装箱

由于工作分解结构编码中的每一位数字表示一个分解层次，故有：左起第 1 位数字之后都为零的编码表示整个项目；第一位数字相同，第 2 位数不同，后面数字全为零的编码表示各子项目，其总和构成整个项目；前两位数字相同，第 3 位数字不同，后面数字为零的编码表示各子项目分解成的工作任务，其总和构成项目的某一子项目，依此类推。在现代项目管理软件中，工作分解结构编码一般可自动生成，如图 1—9 所示为 Microsoft Project 2003 项目管理软件自动生成的工作分解结构编码。

在制定工作分解结构编码时，责任和成本预算也可用同一编码数字制定出来。就责任来说，第 1 位数字可代表最大的责任者——项目经理，第 2 位数字可代表各子项目的负责人，第 3 位和第 4 位数字代表 2 级、3 级工作包的相应负责人，依此类推。

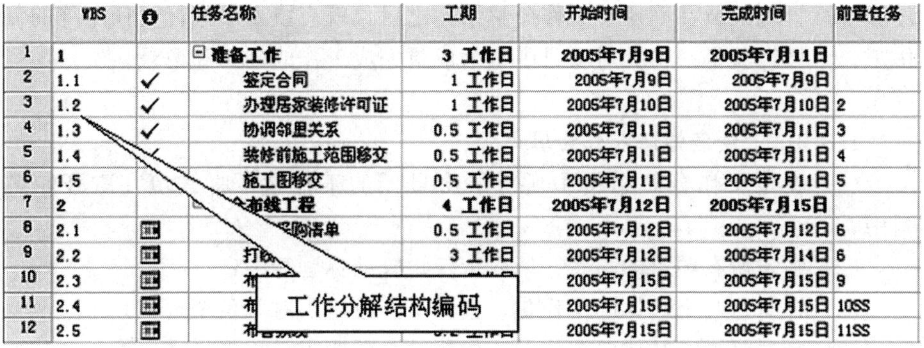

	WBS	❶	任务名称	工期	开始时间	完成时间	前置任务
1	1		☐ 准备工作	3 工作日	2005年7月9日	2005年7月11日	
2	1.1	✓	签定合同	1 工作日	2005年7月9日	2005年7月9日	
3	1.2	✓	办理居家装修许可证	1 工作日	2005年7月10日	2005年7月10日	2
4	1.3	✓	协调邻里关系	0.5 工作日	2005年7月11日	2005年7月11日	3
5	1.4		装修前施工范围移交	0.5 工作日	2005年7月11日	2005年7月11日	4
6	1.5		施工图移交	0.5 工作日	2005年7月11日	2005年7月11日	5
7	2		☐ 布线工程	4 工作日	2005年7月12日	2005年7月15日	
8	2.1	▦	采购清单	0.5 工作日	2005年7月12日	2005年7月12日	6
9	2.2	▦	打	3 工作日	2005年7月14日	2005年7月14日	6
10	2.3	▦	布		2005年7月15日	2005年7月15日	9
11	2.4	▦	布		2005年7月15日	2005年7月15日	10SS
12	2.5	▦	布		2005年7月15日	2005年7月15日	11SS

工作分解结构编码

图 1－9　Microsoft Project 2003 项目管理软件生成的工作分解结构编码

1.8.8　责任矩阵

　　一般而言，在完成项目工作分解结构后，紧接着应该建立完整的责任矩阵（Responsibility Matrix，RM）。责任矩阵（有时也称为线性责任图）就是描述应由谁来负责项目或活动中的什么事情，责任矩阵这个概念在前面内容已经提到。

　　项目管理中的角色和责任必须分派给适当的项目参与者。分派应根据项目管理范围而定，一般可以借助于责任矩阵说明。责任矩阵在大型项目中可以在不同层次上进行编制，在较高层次上的责任矩阵可以用来描述哪一个部门或单位负责工作分解结构中的某一子项目或任务，而在较低层次上的责任矩阵可以用于某一部门内部，将具体活动的角色和责任分配给具体的执行个人。人员配备计划中的大多数角色和责任都将分派给参与该项目工作的人（项目经理、项目管理人员、执行经理以及其他参与者）。

　　在制作责任矩阵时，首先要了解责任矩阵对项目的重要性，然后要能够描述出不同类型责任矩阵的特点，并掌握其建立原则和技术方法。虽然在实际工作中，完成责任矩阵的建立工作并没有明确的时间约束，但在项目时间管理中，如果缺乏清晰的工作指派和分配，不但无法保证项目任务的按时完成，同时也使每个项目组织成员都不能清晰地说明他当前的工作进度，对他们的绩效评价也不易进行。

　　为了使项目组织成员清晰地了解项目中每一个任务的责任承担情况，并能在相互之间对于项目任务内容进行有效的沟通，项目组织核心管理层、项目经理和项目管理人员在确定了工作分解结构之后，就应该着手进行责任矩阵的制作工作，最终获得一份针对项目中每个成员完成工作的分析和记录。

1.8.8.1 责任矩阵制作步骤

（1）确定工作分解结构中所有层次最低的工作包，将其填在责任矩阵列中；

（2）确定所有项目参与者，填在责任矩阵的标题行中；

（3）针对每一个具体的工作包，指派个人或组织对其负全责；

（4）针对每一个具体的工作包，指派其余的职责承担者；

（5）检查责任矩阵，确保所有的参与者都有责任分派；同时所有的工作包都已经确定了合适的责任承担人。

1.8.8.2 责任代号的意义

在实践中，已总结出标识项目责任的一些有代表性的代号，即责任代号，用以描述各个层次责任承担人的责任。

（1）责任代号。在责任矩阵中，对每一个任务，在分配给不同的团队成员时，都会有不同的代号，这是因为成员所承担的责任有所不同。只要是合理的安排，一个项目组织成员可以分配一个以上的任务，但尽可能不要使用同一个代号来做分配。

（2）具体责任代号的意义（见表1—4）。

表1—4　责任代号示例

"I"	Initiate（总指挥）	有权决定任务是否可以开始，此时，所有必需的文字工作和必要的沟通都已经完成
"G"	General Responsibility（主要负责人）	对任务负全责，有权做出相应的决策，可分派工作给其他人；在不需要分派工作的情况下，所有工作都是由主要负责人一人完成
"S"	Sub-contracting（次要负责人）	对主要负责人分配的工作负责任
"A"	Approval（审批）	有权批准任务结束，并确定交付物符合验收标准

续表

"F"	Follow or Monitor （监督人）	至少安排一个人，对分配下来的工作进行监督
"E"	Exception （意外事件处理负责人）	当意外事件发生时，有权对如何解决做出决策
"P"	Participating （参与人员）	完成分派的工作并对其负责，但无权做出相应的决策

表 1－5 为某公司某项目的责任矩阵的示例。

表 1－5　××公司××项目责任矩阵

I、G、S、A、F、E 任务	人/组织						
	张冬梅	吴微	王小春	……	质监所	工厂	资料库
确定候选材料							
A. 资料收集	G						S
B. 联系供应商	G						
实验室评估							
C. 设计实验室测试	G				S		
获得材料							
D. 发出材料订单	G	A	A				
E. 供应商发出材料	G						
F. 进行实验	G				S		
G. 性能测试	G	F	E		S		
材料选择							
H. 分析实验数据	G	F			S		
I. 完成报告	G	A	A			A	

1.9 引入案例

本书引入一个典型案例来说明项目时间管理理论方法的具体应用。通过贯穿于全书各部分的案例分析，读者可深入理解项目时间管理各部分知识的具体实际运用。详细内容见附录。

·本章案例·

"厂房隧洞工程"项目

李勇是一个有十年项目管理经验的项目经理，公司领导要他负责公司承建的××水电站"厂房隧洞工程"项目。通过公司领导和相关部门的介绍，李勇了解到项目的基本背景情况如下：该工程项目位于我省某河流的上游，是一项以灌溉和城市供水为主，兼有发电、防洪、环境保护、旅游等综合利用为目的的大型水利枢纽工程。大坝为面板堆石坝，最大坝高156m，正常蓄水位77m，总库容为11亿 m^3，为不完全调节水库。电站总装机为800MW，平均发电量34亿 kW·h。本工程项目主要包括：地面主、副厂房，开关站及附属建筑物，尾水河道的整治，大坝量水堰及进厂公路，四条引水隧洞土建，一条冲砂放空洞土建，进水塔砼浇筑，导流洞封堵及泄洪洞改建，泄洪洞、冲砂洞、引水洞金属结构及其附属电气设备的安装，压力钢管制作及安装等内容。

李勇又仔细查阅了勘探部门和设计部门的一些技术资料，对该工程项目的详细情况有了进一步的了解：

1. 施工条件

河流的径流主要由降雨形成，其次为地下水和高山融雪补给。电站水文特性为：径流年际变化小，年内分配不均，洪枯流量比大，水位变幅不大（坝址河段常年枯水位变幅4.6～6.4m）。电站附近5～10月为丰水期，11月至次年4月为枯水期。

河流上游属高原气候区和盆地亚热带气候区，不仅具有大分区气候特征，也具有地方性气候特点。坝区多年平均气温15.2℃，极端最高、最低气温分别是：34℃、−5℃。多年平均降雨量为1265.8mm，最大、最小年降雨量分别是1605.4mm、713.5mm。年平均蒸发量921.5mm，年平均相对湿度80.7％。年平均日照1030h。霜期96天，霜日26天，无霜期269天。全年平均风速 1.8m/s，最大风速 17m/s，最大积雪深度 16mm。水文气象资料见表 1—1～表 1—4。

2. 工程及水文地质条件

工程地址位于河流右岸条形山脊下河漫滩上。厂基覆盖层厚 5～17m，为河床漂卵石夹砂，结构较松软，局部具架空结构。表部有 1～3m 人工堆积块碎石土层，下伏基岩顶板高程为 725～750m，岩性为：T33xj12①～T33xj12④层及 T33xj13①层的中厚层状含煤中细粒砂岩及煤质页岩。其中砂岩占 63.4%，粉砂岩占 27.2%，煤质页岩占 9.4%。砂岩致密坚硬，砂岩表部 3～4m 因风化卸荷显著，岩芯获得率较低。粉砂岩及泥质粉砂岩一般呈薄层状；煤质页岩岩性软弱，受层间剪切错动，形成两条铅直厚分别为 9m、11m 左右的鳞片岩带。

表 1—6　水库工程分期洪水成果表（1937～2000 年）

时段（月）	均值 m³/s	设计流量 m³/s						
		0.33%	1%	2%	3.3%	5%	10%	20%
1	174	247	237	228	221	216	205	195
2	143	199	190	184	176	174	167	159
3	186	296	277	266	253	247	233	216
4	450	1080	945	860	797	747	653	558
5	981	2150	1910	1760	1640	1540	1370	1200
1～3	193	299	282	270	259	251	247	220
6～9	2470	7130	6030	5350	4850	4440	3760	3070
10	848	1770	1590	1470	1370	1300	1170	1030
11	425	744	689	646	621	595	548	502
12	243	360	340	328	316	306	292	272

表 1—7　工程所在地（1971～2000 年）年最大风速和风向

年份	最大风速	风向	年份	最大风速	风向
1971	13.3	2G	1973	11.0	NNW
1972	14.3	ENE	1974	12.3	NNW

续表

年份	最大风速	风向	年份	最大风速	风向
1975	17.0	NW	1988	11.3	ENE
1976	12.0	WNW	1989	13.3	NW
1977	15.3	NNE	1990	13.0	WNW
1978	10.7	ENE	1991	11.7	WNW
1979	20.7	WSW	1992	10.3	WNW
1980	10.0	NW	1993	9.3	ENE
1981	11.0	WNW	1994	11.3	WNW
1982	12.0	ENE	1995	10.3	SSW
1983	11.0	WNW	1996	9.7	WNW
1984	12.7	NW	1997	9.0	2G
1985	11.0	WNW	1998	7.7	SSW
1986	13.0	NW	1999	11.0	NW
1987	11.0	2G	2000	10.3	WNW

　　主厂房纵轴线方向为N39°34′47″E，基面高程720m，厂基覆盖层较浅，基岩顶板高程725～750m，厂基均能置于弱卸荷岩石上。存在的问题是厂基砂岩致密坚硬，强度较高，薄层状粉砂岩与泥质粉砂岩强度较低，尤其是L9、L102条层间剪切破碎带，岩性软弱，压缩变形较大，厂基存在较大不均匀变形。

　　尾水渠下部为砂页岩，上部为冲积形成的漂卵石夹砂，均能满足底板的承载要求。

表1-8　各月大于某级雨量出现的天数（1969～1980年）

雨量分级	1	2	3	4	5	6	7	8	9	10	11	12	全年
HQ≥0.5mm	19	19	19	19	19	19	19	19	19	19	19	19	228
HQ≥2mm	19	19	19	19	19	19	19	19	19	19	19	19	228
HQ≥10mm	1	5	15	18	19	19	19	19	19	19	13	0	166
HQ≥20mm	0	0	3	14	14	15	19	19	17	10	1	0	112

续表

雨量分级	1	2	3	4	5	6	7	8	9	10	11	12	全年
HQ≥30mm	0	0	0	5	8	8	19	19	13	50	0	0	77
HQ≥50mm	0	0	0	2	2	4	15	17	4	0	0	0	44
HQ≥100mm	0	0	0	0	0	0	6	6	0	0	0	0	12

表 1－9　各月某级雨量出现天数（1969～1980 年）

雨量分级	1	2	3	4	5	6	7	8	9	10	11	12	全年
50～100mm	0	0	0	2	2	4	9	11	4	0	0	0	32
30～50mm	0	0	0	3	6	4	4	2	9	5	0	0	33
20～30mm	0	0	3	9	6	7	0	0	4	5	1	0	35
10～20mm	1	5	12	4	5	4	0	0	2	9	12	0	54
2～10mm	18	14	4	0	0	0	0	0	0	0	6	19	62
0.5～2mm	0	0	0	0	0	0	0	0	0	0	0	0	0

厂房后坡为凹槽地形，自然边坡 30°～37°，坡高 120m 左右，基岩为 T33xj13①～T33xj14①层的含煤中细粒砂岩与粉砂岩互层夹煤质页岩，岩层形状 N60°～65°E/NW40°～50°，与坡向成 60°左右交角。

3. 交通条件

已经建成永久和临时主干线交通线路，厂址距铁路火车站 15km。厂区内已经修好多条施工道路。交通条件较好。

4. 承包条件

（1）业主负责办理工地范围内的征地和移民，向承包人提供施工用地。

（2）工程开采当地材料需矿产资源税、水资源税、矿产资源补偿费、河道采砂管理费，由业主承担。

（3）本工程所需的钢筋、钢板、钢绞线、水泥、火工材料、柴油业主按固定价格供应，在合同期内，固定价格不变。

（4）电力供应由业主将 10kV 主线架至施工场地，承包方自带变压器、无功补偿装置自行接线。

（5）业主向承包人提供现场测量基准点、基准线程水准点及有关技术资料。

（6）业主提供弃渣场。

（7）业主提供 4 个砂石料场，分别位于：坝址上游右岸 1km 处和 3km 处；坝址下游右岸 4km 处；坝址下游右岸 12km 处。

5. 项目主要工程内容

（1）场地清理与清除；

（2）开挖区的排水和水流控制；

（3）建筑物基础表面的处理工作；

（4）尾水渠、GIS 室、护岸工程及量水堰的开挖、支护和混凝土施工；

（5）主、副厂房开挖及砼施工；

（6）厂房尾水闸门及其埋件、门机和相关运行设备的安装、试验、运行和维护；

（7）消防系统的供应、安装及调试；

（8）主、副厂房及其他辅助生产房屋等项目的建筑；

（9）进厂永久公路的路面改造；

（10）接地系统的供应和安装；

（11）观测仪表的提供、率定、安装和保护；

（12）砂石加工系统及砼拌和系统的安装、运行、维护；

（13）引水隧洞进水口基础 830m 高程以下的开挖、支护和砼浇筑；

（14）引水隧洞进水口基础 760m 高程以下的开挖、支护和砼浇筑；

（15）引水隧洞进水塔的施工；

（16）1、2、3、4 号引水隧洞的开挖、支护、衬砌和灌浆；

（17）1、2、3、4 号引水隧洞压力钢管的供货、加工、安装和涂漆；

（18）1、2、3、4 号引水隧洞压力钢管的砼回填、衬砌和灌浆；

（19）引水隧洞排水廊道的引水隧洞的开挖、支护、衬砌；

（20）1、2 号泄洪排砂洞进水塔的施工；

（21）1、2 号泄洪排砂洞龙抬头段开挖、支护、衬砌和灌浆；

（22）1、2 号导流隧洞龙抬头后渐变段及出口挑坎的改造；

（23）1、2 号导流洞的封堵和灌浆及导流隧洞与泄洪洞结合段的修补；

（24）1、2 号泄洪排砂洞的开挖、支护和衬砌；

（25）冲砂放空洞进口的开挖、支护、衬砌和灌浆；

（26）1、2 号泄洪排砂洞、冲砂放空洞、引水隧洞的闸门及其埋件、门机、启闭机和相关运行设备的安装、试验、运行和维护；

（27）1、2 号导流隧洞的封堵闸门及其埋件、门机、启闭机和相关运行设备的安装、试验、运行和维护；

（28）拆除导流洞封堵闸门启闭机并移至过程区的规定地点；

（29）临时房屋的修建。

6. 主要施工工程量

主要工程施工工程量见表 1—10。

表 1—10　施工工程量

工程名称	厂房项目	引水洞项目	工程名称	厂房项目	引水洞项目
砂卵石开挖	218223m³	115000 m³	预埋件	10.5T	
石方明挖	122562 m³	587000 m³	砖砌体	8337 m³	
注浆锚杆	150 根	50000 根	回填	242792 m³	137000 m³
灌浆	12508m	115300m	浆砌石	4803 m³	
混凝土	181986.5 m³	447500 m³	反滤料	258 m³	
钢筋制安	4148.2T	23000T	岩石钻排水孔	531m	
预应力钢筋	20.85T		路面碎石填筑	3850 m³	
金结安装	424T	7436T	接地镀锌扁钢	9850m	

讨论题

1. 项目经理李勇应该如何着手对该项目进行管理？

2. 项目经理李勇找了哪些相关人员了解项目情况？

3. 项目经理李勇是如何整理出项目的主要工程内容的？

· 本章小结 ·

本章介绍了项目和项目管理的基本概念及基本特征，项目的基本内容、项目管理的要素、项目计划、项目干系人、项目交付物和工作包等重要概念，这些概念是学习项目时间管理的重要基础。本章还对项目计划和工作分解结构及其特点等一些基本问题作了较为全面的介绍和讨论。首先介绍了计划和工作分解结构的定义和作用；在明确了项目计划和工作分解结构的重要性之后，详尽地描述了项目计划的编制，包括编制的依据、内容、程序及编制计划时应注意的问题；其次介绍了编制项目计划的基本工具，包括工作分解结构的分解思路、分解层次、分解步骤、编制方法、基本原则、WBS 编码和责任分配矩阵。这些内容是后面章节内容的基础性知识。全面掌握本章的基本概念是学好本书的基础。

· **关键概念** ·

项目的概念　项目管理的概念　项目管理的要素　项目计划　项目干系人
项目交付物　工作包　工作分解结构　WBS 编码　责任矩阵

· **思考题** ·

1. 什么是项目管理，怎样理解这一概念？它与一般的管理有何不同？

2. 项目干系人主要包括哪些方面？

3. 写出在某个居民区建造一个咖啡厅的项目干系人列表。

4. 试用一个实例说明项目计划能解决的问题有哪些？

5. 试编制在某一居民区建造一个咖啡厅项目的工作结构分解图和责任矩阵图。

第2章

项目范围管理

　　项目范围管理就是对项目应该包括什么和不应该包括什么进行相应的定义、描述和控制。项目范围管理的首要目标是尽可能明确地定义向最终用户提供的可交付物，从而使项目计划的目标集中和明确。项目范围管理主要包括：确定项目的需求，对项目进行描述，运用相应的工具和方法对项目的范围计划、范围定义、范围核定和范围变更进行管理和控制。

笔记栏

2.1 项目范围概述

实际上项目经理和项目管理人员在进行项目时间管理之前，在明确了项目的预定目标后，还必须开展一系列的工作或活动，这些必须开展的工作或活动就构成了项目的工作范围，即是说一个项目开始的首要工作就是对项目进行范围管理。为使项目时间管理的知识有系统性和连贯性，本书在介绍项目时间管理之前将先介绍项目范围和项目范围定义的相关概念和方法。

项目范围（Project Scope）是指为了成功地实现项目所有目标所必须完成的、全部且最少的工作。这个定义包括以下两层含义：

全部的——指实现该项目目标所进行的"所有工作"，任何工作都不能遗漏，否则将无法最终完成项目的所有目标，导致项目范围"萎缩"（Project Scope Shrink）。

最少的——指完成该项目目标所规定的"必要的、最少量"的工作，不进行此项工作就无法最终完成项目。工作范围不包括那些超出项目可交付物需求的多余工作，否则将导致项目范围"蔓延"（Project Scope Creep）。

例如，在引入案例——"居室装修工程项目"中，由业主提供的材料可知住宅总面积为 136 平方米，层高 2.8 米，户型规格为跃层（式）3 室 3 厅 1 厨 2 卫，带屋顶花园，而业主居室装修的目标是"居室装修成中式风格，居室装修时间长度少于 52 天，居室装修费用少于 10 万元"，这个目标是一个比较笼统的概念，家装公司的项目经理还需要根据该项目目标来确定项目的具体工作，即界定项目的范围。该项目的装修工程范围可能包括：

（1）上层主卧室：20.16 平方米；下层大书房：17.55 平方米；下层小书房：10.89 平方米。

（2）客厅：20.16 平方米；餐厅：12.87 平方米；休息厅：12.87 平方米。

（3）下层客卫生间：5.04 平方米；上层主卫生间：6.93 平方米。

（4）厨房：6.93 平方米。

（5）阳台：3.74 平方米。

（6）过道：2.8 平方米。

（7）屋顶花园：33.64 平方米。

通过对该"居室装修工程项目"范围的界定，家装公司的项目经理就能初步明确项目所要完成的各项主要工作。

　　但注意，在此还要区分产品范围和项目范围的概念。"范围"（Scope）一词可能指产品或服务范围，也可能指项目范围。产品范围（Products Scope）是指客户对项目最终产品或服务所期望包含的特征和功能的总和；项目范围是为了交付满足产品范围要求的产品或服务所必须完成的全部工作的总和。简单地说，项目就是做什么，如何做，才能交付该产品。项目范围是以产品范围为基础而确定的，产品范围对产品要求的深度和广度决定了项目工作范围的深度和广度。产品范围的完成情况是参照客户的要求来衡量的，而项目范围的完成情况则是参照项目计划来衡量的。

　　可见，项目范围的定义以组成的所有产品或服务范围定义为基础，但是又不限于产品或服务范围，它还包括为实现这些产品或服务范围而必须要做的管理工作，如项目的进度管理、成本管理、质量管理等。

2.2　项目范围管理概述

　　项目范围管理（Project Scope Management）是对项目所要完成的工作范围进行管理和控制的过程和活动，包括确保项目能够按要求的范围完成所涉及的所有过程，如描述一个新项目、编制项目范围计划、定义项目范围、由项目干系人核定项目范围、对项目范围变更进行控制等，它实质上是一种功能管理。

　　项目范围管理主要是通过以下步骤实现的：

　　（1）把客户的需求转变为对项目可交付物的定义。

　　（2）根据项目目标与工作分解结构，把项目可交付物的定义转化为对项目工作范围的说明和描述。

　　（3）通过工作分解结构，定义项目工作范围。

　　（4）项目干系人认可并接受项目范围。

　　（5）授权与执行项目工作，并对项目实施过程进行控制。

　　图 2—1 说明了项目范围管理的工作过程。尽管图 2—1 对每个独立的工作过程作了明确的界定，但在实践中它们是以各种形式重叠并相互影响的。

笔记栏

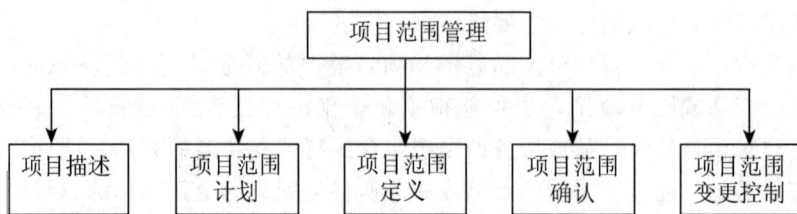

图 2-1 项目范围管理的过程

项目范围管理在项目管理中具有十分重要的作用：

（1）为项目实施提供工作范围的框架。项目范围管理最重要的作用就是为项目实施提供了一个项目工作范围的边界和框架，并通过该边界和框架去规范项目组织的行动。在澄清了模糊的项目工作范围和条件之后，可以减少不必要的工作及未来项目可交付物不明确的风险。

（2）提高资金、时间、人力和其他资源估算的准确性。项目的具体工作内容明确以后，项目组织就可以依据各项具体工作来规划其所需的资金、时间、人力和其他资源，这样对整体和各项工作的需求估计就会准确很多。

（3）确定进度测量和控制的基准，便于对项目的实施进行有效的控制。项目范围是项目计划的基础，项目范围确定了，就为项目计划的执行和控制确定了基准，从而可以采取相应的纠正偏差措施。

（4）有助于清楚地分派任务。一旦项目范围界定了，也就确定了项目的具体工作任务，为进一步分派任务奠定了基础。

定义了项目的范围也就建立了项目计划的基础。项目范围是对项目结果或使命的定义，即定义了用户/客户需要的产品或服务。尽管范围定义是非常基本的要点，但它却经常被忽视，即便是管理良好的大公司项目主管也如此。有研究结果明确显示，不良定义的范围或使命是项目成功的障碍。

2.3　项目描述

一般情况下，项目描述是一份图表式的项目文件，是对所有项目干系人（Stakeholder）最终形成的统一意见的综合描述。项目究竟需要做些什么，在项目描述中都会进行详细的说明。在项目实施过程中，如何进行授权，如何实现相关的承诺，如何完成项目计划以及如何提供实施项目所必需的信息，通过项目描述能够使这些问题更加清晰透明。

在进行项目计划过程中，对项目进行描述是第一步工作。要圆满完成这一部分工作，除了需要了解项目描述中具体包括哪些内容之外，更重要的是要清楚项目客户的真正需求，要进行合理的需求分析。

为了恰当地反映出项目客户以及项目管理层的真正需求，对于每一个需要为项目提供服务的个人或组织，包括项目经理、项目管理人员、项目组织成员、客户以及供应商代表，在项目交付物确认之后，都应该开始进行自己的项目描述，并在项目工作正式开始之前完成。在项目描述中，要清楚地说明交付物是什么，有多少，什么时候完成，以及一些其他的相关信息。项目描述的主要工作如表 2－1 所示。

表 2－1 项目描述的主要工作

输　入	工具和方法	输　出
项目目标		项目章程
项目交付物说明		项目说明书
项目选择的标准	项目方案选择的方法	项目经理选派
项目约束及假设前提	专家判断法	项目制约因素的确定
历史资料		项目假设条件的确定

2.3.1　项目描述的步骤

在对项目进行描述的时候一般可按以下步骤进行：

（1）整理现存的所有项目文件，如项目战略计划等。

（2）研究项目目标、项目交付物说明、交付物验收标准、项目选择的标准、项目约束和假设前提、相关历史资料及可能遇到的风险等。

（3）对于项目可能出现的所有结果，项目所有干系人应尽可能一起进行讨论并确认。

（4）编制、完善项目描述的结果，并在项目整个生命周期实施过程中对其进行维护。如有必要应进行项目描述的调整和修改。

笔记栏

2.3.2 描述的关键信息

项目描述的内容会涉及多方面的信息，其中，有一些内容对计划和管理一个项目来说是非常重要的，具体如表 2-2 所示。

表 2-2 项目的关键信息

序 号	关键信息内容
1	项目名称
2	项目目标
3	项目交付物说明
4	交付物验收标准
5	主要里程碑
6	项目约束及假设前提
7	项目选择的标准
8	项目主要工作的描述
9	历史资料
10	客户检查

下面对表 2-2 中主要项目关键信息作进一步介绍，以加深对项目描述的关键信息的理解。

2.3.2.1 项目目标

项目目标指项目的客户期望在项目结束时所能够实现的项目结果，项目范围定义首先是定义满足客户需要的主要目标。例如，某大学为对期末本科考试成绩进行结果数据分析，决定委托软件公司开发一套成绩管理信息系统项目，这种成绩管理信息系统能自动统计平均成绩，成绩的标准方差及分布，项目应在一年内完成，成本不超过 50 万元。另一个例子是某公司设计和开发一种便携式的 MP3 播放器系统，要求在 15 个月内完成，成本不超过 100 万元。明确项目的目标是项目成功的重要保证，项目组织应该根据自身条件以及资源的获取能力，对能否实现项目目标、满足客户需求做出客观、合理的判断。

项目目标的确定有一个由一般到具体逐渐细化的过程，特别是对于 R&D（研发）项目。由于 R&D 项目具有很强的不确定性，甚至在项目进展过程中也有可能发生意想不到的结果，因此，开始时项目的目标可能比较一般化，随着时间的推移而逐渐明确，甚至可能重新确定。

描述项目目标要遵循 SMART 准则。当客户提出需求和想法，并依此需求明确了项目的目标、说明等事项时，原则上一个项目的雏形便诞生了。描述项目目标一般有以下几个原则可以遵循，如表 2－3 所示。这几个原则的首字母合在一起为 SMART，所以又称为 SMART 准则。

表 2－3　描述项目目标的 SMART 准则

Specific 具体的	项目至少有一个明确界定的目标，至少有一个期望的交付物。一个项目的目标通常依照工作范围、进度计划和成本来定义。
Measurable 可测量的	项目目标的交付物都是以具体到可以测量的数据为基础的条件来限定，如大小、数量、颜色、重量、速度等物理参数和操作参数都是可以测量的。
Achievable 可实现的	项目的交付物应该是通过努力可以达到和完成的，一个完不成的项目目标是毫无意义的。
Relevant 相关的	项目的实施要通过完成一系列相互关联的任务，也就是许多不重复的任务以一定的顺序实施，以便达到项目目标。
Traceable 可跟踪的	项目的过程是可以通过文档、信息系统来监控和跟踪的，而不应该是一旦完成就什么也不存在了。无法跟踪会使项目失控，是十分危险的。

因此，项目目标必须是明确、具体的，尽量用定量化的语言来描述，保证项目目标容易被沟通和理解，使每个项目组织成员确信项目目标通过努力是能够达到的，并能使每个项目组织成员结合项目目标确定个人的具体目标，把责任落实到人，只有这样才能起到很好的激励作用。

2.3.2.2　可交付物说明

可交付物说明是对项目所要完成的结果的特征和功能进行说明的文件。必须清楚定义项目的可交付物（项目生命周期内的期望产出）及验收标准。可交付物说明的主要内容包括：可交付物的特点、可交付物同项目目的之间的关系以及为什么要实施该项目、获得该可交付物等。例如，某信息系统软件研发项目，项目早期设计阶段的可交付物可能是软件规格说明列表；在第二个阶段可交付物可能是软件代码和技术手册；下一个阶段可能是检验软件原型；最终阶段可能是最终检验和批准的软件。可交付物说明并非一成不变，随着项目的进行，项目成果的轮廓以及各项功能的定位日趋明确，可交付物说明需要逐步细化，甚至会随项目环境和实施情况的变化而相应变更，但是这种变更必须经过项目干系人的一致认可。可交付物一般包括时间、质量或成本估算等验收标准。技术要求也是常见的验收标准。例如，个人计算机的技术要求可能是有能力接收 120 伏的交流电或 240 伏的直流电，而不需要任何变压器或用户开关。又例如"119"紧急系统具备识别打入者的电话号码以及电话地点的能力。可交付物说明对项目计划编制有重要作用，也是下一步工作的基础性文件。

2.3.2.3 里程碑

里程碑是项目在某一点上及时发生的一种突出事件，通常不消耗时间和资源。里程碑进度计划仅显示项目工作进度的主要段落，它表示项目事件、成本和资源的大致一致的初步估计。里程碑进度计划的建立使用了可交付物作为一种平台，以识别工作的主要阶段和终止日期——例如，便携式的 MP3 播放器系统研发在第二年的 4 月 1 日结束。里程碑应是项目自然的、重要的控制点。里程碑应很容易让所有项目的参与者和干系人识别。里程碑进度计划应明确工作的主要阶段由哪些主要的组织或人员负责，并提供必要的资源和技术专家。组织单位可以是内部的，也可以是外部的。

2.3.2.4 项目约束及假设前提

项目范围的约束及假设前提应加以明确定义，否则会导致错误的预期和将资源与时间花费在错误的事情上。约束的例子如：将由客户而不是项目的承包人收集数据；将建造一座房屋，但不包括风景设计或安装安全设备；将安装一种软件，但不提供培训。

当一个项目按照合同执行时，由合同条款定义的约束因素，在范围定义中通常是重要的考虑因素。对于每一个项目，都必须至少具备时间、成本和质量的三重约束，这些约束是经过项目所有干系人共同讨论得到的。项目管理的目标就是要在满足这些约束的前提下，获得客户需要的项目可交付物。存在项目约束通常会阻碍或延误项目活动的开始时间，结果是项目计划网络上显示的时差减少、进度安排灵活性降低、实施并行活动的数目降低，以及项目延误的可能性增加。

项目约束的类型主要包括：技术或逻辑约束、物理约束、资源约束（人、财、物）等。

（1）技术或逻辑约束。这些约束通常是项目活动发生所必须遵循的次序。项目网络图就体现了技术约束。构造房屋的项目网络要显示顺序发生的三种活动：①灌注地基；②构造框架；③加盖屋顶。开发新软件的项目网络图必须将活动①设计、②编程和③检验作为一个序列放在网络中。换句话说，逻辑上不能在①完成之前进行②，如此等等。

（2）物理约束。在一些不常见的情况下，物理约束可能会导致通常并行发生的活动受到契约或环境条件的约束。例如，船舱的改造可能由于空间限制而只能允许一个人来完成一种活动。处理物理约束的方法类似于处理资源约束所用的那些方法。

（3）资源约束。没有资源或资源不足可以让技术约束发生巨大的改变。资源约束种类一般包括人员、原材料、设备、资金等。当然时间也是一种资源约束。项目经理和项目管理人员在编制项目计划时可能会假设有充分的资源，将项目活动安排为并行进行。但是，并行活动往往会增加产生资源冲突的可能性。例如，假设计划一次婚礼接待项目，主要包括四项活动：①计划；②雇用乐队；③装饰礼堂；④采购饮料食品。每个活动需要 1 天。活动②、③和④可以由不同的人并行完成，彼此之间没有技术依赖关系。然而，如果必须由一个人完成所有活动，则资源约束就要求活动必须以先后次序完成。显然，后果可能是这些活动的延迟以及完全不同的项目网络关系安排。注意，资源依赖关系的优先级比技术依赖关系高，但不能违反技术依赖关系；也就是说，雇人、装饰和采购现在要按先后次序发生而不是并行发生，但它们都必须在婚礼可以开始之前完成。

即使对于小的项目计划，时间和资源约束之间的相互关系和互动也是很复杂的。在项目开始之前对这些相互关系的考察经常揭露出令人吃惊的约束问题。在中等复杂项目中没有考虑资源可用性的项目经理和项目管理人员常常在已经延迟并难以纠正的时候认识到这一问题。资源的缺乏会显著地改变项目依赖关系、完成日期和项目成本。项目经理和项目管理人员必须仔细地安排资源，以保证资源在正确的时候有正确的数量可供使用。最好能在项目计划阶段的早期认识到资源约束问题，而在这一阶段进行相关修正还是来得及的，这些修正仅需要项目活动的资源需求和可支配性信息来进行资源的进度安排。

2.3.2.5　项目选择的标准

项目的备选方案可能不止一个，这就需要项目经理、项目管理人员及项干系人建立一套评价体系作为项目选择方案的标准。项目选择的标准一般根据项目最终成果的性质和客户的要求来决定，同时还要考虑经济效益、社会效益，以及项目环境等。具体方法请参阅项目评价管理相关内容。

2.3.2.6　历史资料

在项目范围定义过程中，应该充分借鉴以前项目选择、决策和计划的相关历史资料，以及以前项目执行情况的资料，为本项目的选择和决策提供参考。对于项目经理和项目管理人员来说，以前项目的历史资料中相关的错误或省略的东西应该对本项目极具有其特殊的价值。

2.3.2.7　客户检查

这里主要指客户对项目可交付物期望的理解和意见一致，客户能否得到他对可交付物的期望？项目定义是否明确了关键的交付物、成本预算、时间和性能要求？限制和例外的问题是否得到了考虑？在所有这些问题上的明确沟通，对于避免索赔或误解是必不可少的。范围检查表通常用于内部或外部客户对项目范围定义的检查。

2.3.3　其他相关信息

根据项目的特点，如有必要，还有一些内容也应包括在项目描述中，具体如表2－4所示。

表2－4　项目范围定义的其他相关信息

1	因为项目及其结果会受到影响的人或组织
2	在项目中的主要责任承担者
3	项目资源需求
4	项目优先权
5	项目工作中可能存在的风险

图2－2给出了引入案例"居室装修工程项目"中的具体项目描述示例。

项目描述

项目名称：居室装修工程

目标：对总面积为 136 平方米跃层（式）3 室 3 厅 1 厨 2 卫，带屋顶花园的居室住宅进行中式风格装修

项目经理：王岩

项目交付物：

1. 综合布线，门窗安装

2. 屋顶花园装修

3. 厨房装修

4. 下层客卫生间装修，上层主卫生间装修

5. 下层小书房门装修，下层大书房门装修

6. 上层主卧室装修

7. 客厅、餐厅、过道及休息厅装修

8. 阳台装修，楼梯安装

验收标准：

按城市房屋装修质量技术标准

居室装修时间长度：≤52 天

居室装修费用：≤10 万元

工作描述：

研究居室平面结构图

实地考察居室实际结构

向业主推荐过去成功的装修方案并讨论本项目装修方案

设计居室装修方案

编制居室装修计划

进行居室装修

居室装修验收

开始日期：2006 年 7 月 1 日

主要里程碑：

开始时间：2006 年 7 月 1 日

完成时间：2006 年 8 月 22 日

交付时间：2006 年 8 月 24 日

图 2－2　居室装修工程项目描述示例

　　总而言之，与客户的密切联系对于建立满足客户所有要求的项目定义来说是必要的。明确的范围定义能确保项目经理、项目管理人员及项目干系人知道

笔记栏

范围的任何变动。明确的项目范围定义是建立工作分解结构的首要条件，也是建立项目进度计划的基础。范围定义应尽可能简明，但要完整；对于小项目来说，一般 1～2 页就够了。

2.3.4　项目描述的方法

项目描述的方法主要有以下两种：

（1）项目方案选择法，如净现值法、内部收益率法、投资回收期法、效益分析法和要素加权分析法等。详见项目评价管理的内容。

（2）专家判断法，如专家评分法和德尔菲法等，将在后面章节内容介绍。

2.3.5　项目描述的输出

对项目范围进行描述后，通常可以得到以下输出信息：

（1）项目章程。项目章程就是正式承认项目存在的文件，它可以是一个专门的文件，也可以是企业需求说明书、可交付物说明书、签订的合同等替代文件。项目章程赋予了项目经理利用企业资源从事其有关活动的权力。项目章程是由项目的客户或者项目组织所属的上级领导组织的决策者签发的。项目章程示例见附录 3 引入案例——居室装修工程项目的居室装修合同书。

（2）项目说明书。项目说明书是说明项目总体情况的文件，主要包括项目的实施动机、项目目的、项目总体情况的相关描述、项目经理的责任和权利等。

（3）项目经理选派。项目应该尽早选定项目经理并且在计划开始前指派到位。优秀的项目经理往往是项目成功的关键因素。项目经理既可以来自于企业内部，也可以来自于职业项目经理人市场，还可以由咨询公司推荐。在选派项目经理的同时，还要明确项目经理的责、权、利，并建立适当的激励和约束机制。

（4）项目约束因素的确定。约束因素就是限制项目组织行动的因素，例如项目的预算将会限制项目组织的人员配备和进度安排等。

（5）项目假设条件的确定。制订项目计划时一般会假设某些因素是真实和符合现实的，这些因素就是假设条件。作项目计划时，一般假定项目所需的资源都会及时到位，但是现实情况可能不会这么理想，因此，假设条件通常包含一定的风险。

笔记栏

2.4　项目范围计划

一般认为，项目范围计划（Project Scope Planning）就是以项目的实施目标为基础，确定项目范围并编写项目范围说明书的过程。项目范围说明书（Project Scope Statement）说明了进行该项目的目的、项目的基本内容和结构，规定了项目文件的标准格式，其形成的项目结果核对清单（或范围检查表）既可作为评价项目各阶段成果的依据，也可作为项目计划的基础。项目范围说明书是项目组织和项目客户之间对项目的工作内容达成共识的结果。项目范围计划的主要工作如表 2—5 所示。

表 2—5　项目范围计划的主要工作

输　　入	工具和方法	输　　出
项目章程 项目说明书 项目经理选派 项目约束因素的确定 项目假设条件的确定	交付物分析 项目方案识别技术 专家判断法	项目范围说明书 项目范围管理计划

2.4.1　范围计划的输入

项目范围计划的输入就是项目描述的输出结果，即项目章程、项目说明书和项目假设条件的确定等，在此不再赘述。

2.4.2　范围计划的工具和方法

在进行项目范围计划时项目经理和项目管理人员可应用以下工具和方法：

（1）交付物分析法。对项目可交付物进行分析可加深对项目结果的理解。一般可从项目交付物的功能和特性着手分析，反向推导项目的工作范围，目的是使项目组织更明确项目范围，减少不必要的工作。对项目结果进行分析时，可以综合运用不同的分析方法，例如系统工程、价值工程、功能分析等技术，以达到指导项目范围计划制订的目的。

（2）项目方案识别技术。项目方案识别技术一般指用于提出项目目标方案的所有技术，如头脑风暴法，目的是针对项目的每个问题提出尽可能多的备选方案，在此注重的是方案的数量而不是方案的质量。将所有备选方案都记录下来以后，再运用各种经济评价方法，找出最佳方案，从而根据该方案制订项目的范围计划。

（3）专家判断法。专家判断法即利用各领域的专家来帮助项目组织制订范围计划，专家可以是来自各领域的具有专业知识和技能的人员，也可以来自咨询公司、行业协会等。

2.4.3　范围计划的输出

项目经理和项目管理人员在运用上面的工具和方法对项目范围进行计划后可得到以下项目范围计划的输出结果。

2.4.3.1　项目范围说明书

确定项目范围，其输出需要编写正式的项目范围说明书，并以此作为未来项目实施的基础，它有助于项目干系人之间达成共识。具体来看，范围说明书一般应该包括以下内容：

（1）项目的合理性说明：解释为什么要进行这一项目。项目合理性说明为将来提供评估各种利弊关系和识别风险的基础。

（2）项目目标的定量标准：确定项目成功所必须满足的某些数量标准。项目目标至少应包括成本、时间进度和技术性能或质量标准。项目目标应当有属性（如费用）、衡量单位（如货币单位元，平方米等）和数量（如150万）。未被量化的目标往往具有风险。

（3）项目的可交付物：一份主要的、具有归纳性层次的项目产品或服务清单，这些产品或服务完全、满意的交付标志着项目的完成。例如，某一软件开发项目的主要可交付物可能包括可运行的电脑程序、用户手册等。

（4）项目目标的实现程度，因为项目是一个创新性的活动，因此这个程度不是一成不变的，而是随项目的实施进展和外界环境的变化发生相应的变动。

（5）辅助说明，包括已识别的假设条件和约束因素等。

有了项目的范围说明书，就能形成项目的基本框架，使项目所有干系人能够系统地、逻辑地分析项目关键问题及项目形成中的相互作用要素，使得项目的干系人能就项目的基本内容和结构达成一致，并能形成项目结果核对清单（或范围检查表），作为项目评估的一个工具，在项目终止以后或项目最终报告完成以前使用，以此作为评价项目成败的依据。表 2－6 是项目范围说明书的示例。

表 2－6　项目范围说明书的示例

项目范围说明书		
项目信息	（提供项目名称、客户名称、项目经理以及项目发起人姓名等与项目相关的一般信息）	
项目名称		填表人
项目经理		日　期
项目发起人		更新日期
项目的交付物 （描述项目的可交付物，如产品或服务的指标，以及完成项目的评价标准）		
实施项目的方法 （详细描述完成项目的具体方法和过程，所需资源情况，以及项目范围变更管理的方法）		
项目的工作范围 （确定项目需要完成工作的详细描述，包括相关的过程）		
例外的工作范围 （确定不属于本项目范围的工作，包括其他相关的业务要求）		

2.4.3.2　建立项目优先级

项目管理各要素（时间、成本、范围等）之间的相互关系不是一成不变的。例如，有时有必要在项目的性能和范围上妥协以换取项目快速或低成本的完成。往往项目所需时间越长，它就越昂贵。不过，成本和进度之间并不总是正相关的，有时候项目成本可以通过使用更便宜但效率更低的劳动力或设备来降低，但这会延长项目所需时间。类似的，项目经理常常被迫通过增加额外工时（从而提高项目原始成本）来加速或"压缩"特定的关键活动。

项目经理的首要工作之一是管理项目各要素（时间、成本、范围等）之间的权衡。为了做到这一点，项目经理必须定义和理解项目优先级的性质，他们需要和所有项目干系人进行充分的讨论，以建立每个要素间权衡标准的相对重要性。对项目各要素间权衡的一种有用的技术是建立项目的优先级矩阵，识别何种标准受到限制，何种应得到加强，何种可以接受。对此有下面三个概念要建立：

（1）受限——原始参数是固定的，如项目必须满足完工日期、规格要求和项目范围或者预算。

（2）加强——给定项目的范围，哪些标准应加以最优化呢？在时间和成本情形中，这通常意味着利用或者减少成本或缩短时间长度的机会。反之，对于范围，加强意味着增加项目的价值。

（3）接受——对于何种标准，不满足原始参数是可以容忍的？必须做出权衡的时候，是否允许进度放缓，降低项目的范围和性能，或者超出预算。

图2-3展现了开发新型MP3播放器的优先级矩阵。由于新型MP3播放器投放市场的时间对于销售很重要，项目经理得到指示要利用任何缩短完工时间的机会，这样做的时候，超出预算是可接受的，尽管不是所希望的。同时，MP3播放器原来的性能规格以及可靠性标准是不能打折扣的。

图2-3　项目优先级矩阵

总而言之，为项目建立一种决策优先级矩阵是一项有用的工作（注意，这一矩阵在项目中期遇到任何问题或者必须做出决策时也是有用的）。它提供了一种平台来和所有干系人一起明确建立优先级，这样可以产生共同的期望，避免误解。优先级信息对于项目计划过程是非常关键的，其中可以对范围、进度计划和预算分配加以调整。最后，矩阵提供了一种基础来控制和评价进度，这样可以采取纠偏行动。不过，需要提请注意的是：在特定项目实施过程中，优先级可能会发生变化。如客户可能突然需要项目提前一个月完成，或者高层管理人员的新指示可能强调要主动进行成本节省。项目经理必须时刻加以注意，以便预期和确认优先级的变动，并进行适当的调整。

2.4.3.3 项目范围管理计划

项目范围管理计划描述了对项目范围如何进行管理，项目范围怎样变更才能与项目要求相一致等问题。该文件包括以下内容：

（1）说明如何控制项目的范围以及项目范围的变更；

（2）说明如何识别项目范围变更并对其进行分类；

（3）对项目范围的稳定性进行评价，即项目范围变化的可能性、频率和幅度。

在描述项目时，项目所有干系人就应对项目范围变更的显著性水平做出概念上的界定，例如，项目组织和客户约定项目落后于进度计划一个月或超过预算 2 万元可能是可以接受的，但不能更多。项目成本计划只允许有 20% 的偏差，那么，如果实际成本已经超过计划成本的 30%，并且没有任何挽救的可能，此时项目相应的计划就应进行调整，项目的范围也需随之变更。类似的，提前一个月结束项目可能受到欢迎，但此后成本维持应是首要目标。项目经理可以对项目范围计划加以约束、优化或接受任何一个标准的项目范围变更，但很可能有着自然的限制。表 2—7 给出了引入案例"居室装修工程项目"中的项目范围计划示例。

表 2—7 "居室装修工程项目"中的项目范围计划示例

序号	范围名称	范围内容	时间长度
1	综合布线工程	电话线、视频线、音频线、网络线及监控线安装铺设	5 天
2	门窗工程	卧室门、窗；大书房门、窗；小书房门、窗；厨房门、主卫生间门、屋顶门、客厅门、屋顶窗及休息厅窗安装，门、窗油漆施工	12 天

续表

序号	范围名称	范围内容	时间长度
3	屋顶花园工程	屋顶上地面铺装地砖和墙面铺装墙砖施工	3 天
4	厨房工程	防水层处理，地面铺装地砖和墙面铺装墙砖施工，吊顶施工	10 天
5	下层客卫生间工程	回填炉灰，安装蹲式便池及冲水管具，防水层处理，安装门及门套，地面铺装地砖和墙面铺装墙砖施工工程	13 天
6	上层主卫生间工程	防水层处理，地面铺装地砖和墙面铺装墙砖施工	15 天
7	下层小书房门工程	墙面抹腻子和刷底漆施工	5 天
8	下层大书房门工程	墙面抹腻子和刷底漆施工	7 天
9	上层主卧室工程	墙面抹腻子和刷底漆施工	10 天
10	客厅、餐厅、过道及休息厅工程	墙面抹腻子和刷底漆施工，地面铺装地砖施工	15 天
11	楼梯工程	楼梯安装，油漆施工	2 天

2.5 项目范围定义

　　项目范围定义（Project Scope Definition）就是把项目的主要可交付物划分为更小的、更加容易管理的组成部分。为了达到项目目标，首先需确定所要完成的具体任务。在项目范围计划中，对这些任务进行了概括说明；在项目范围定义中，要将这些任务再逐步细化，直至落实到完成它的每一个人或每一个小组。项目范围定义不但要力求准确、细致，而且要有利于项目资源的合理调配和成本的估算。

　　项目范围定义实际上是一个要发布的文件，项目所有干系人用它来计划和度量项目的成功程度，即范围描述了期望项目结束时用什么来交付给客户。所描述的项目范围应以确定、切实和可以度量的形式定义要达成的结果。

项目范围定义包括分解这个项目主要工作细目的子项目，使它变成更小、更易管理和操作的具体东西。目的是为了：

（1）提高估算成本、时间和资源的准确性；

（2）为绩效测量和控制确定一个评价基准线；

（3）使工作变得更易操作，责任分工更加明确；

（4）正确的项目范围定义是项目成功的关键。

范围定义是通过任务分解实现的，任务分解就是把笼统的、不能具体操作的项目任务细分成较小的且易执行和控制的、包含具体细节的可操作任务。项目任务分解有助于提高项目成本估算、进度和资源估算的准确性，有利于对项目的执行情况进行评价，便于明确项目组织成员的职责和进行资源分配。项目范围定义的主要工作如表 2－8 所示。

表 2－8　项目范围定义的主要工作

输　　入	工具和方法	输　　出
项目范围说明书 项目范围管理计划 历史资料	工作分解结构	项目工作分解结构图 项目工作分解结构词典

2.5.1　范围定义的输入

项目范围定义的输入包括项目范围说明书、项目范围管理计划和可供参考的历史资料等，项目范围定义的输入也就是项目范围计划的输出，在此不再赘述。

但注意，在项目环境中，"范围"（Scope）一词可能指产品范围，也可能指项目范围。产品范围的定义就是对产品要求进行度量，而项目范围的定义在一定程度上是产生项目计划的基础。两种范围的定义要紧密结合，以保证项目的工作结果能够最终交付一个或一系列满足特别要求的产品。

在完成项目工作描述之后，紧接着应该进行项目范围的工作分解。要顺利完成这一部分工作，必须首先了解工作分解结构在项目管理过程中起到的重要作用，然后，要熟悉不同类型和结构的工作分解结构图及其应用，同时，还要熟练掌握制作工作分解结构的技术和工具。

2.5.2　范围定义的工具

如前所述，工作分解结构（WBS）是将项目可交付物和活动按照其内在结构或实施过程的顺序进行逐层分解而形成的结构示意图。通过这个结构示意图，可形象地显示出项目可交付物，便于为实现项目目标而进行的所有工作的管理和控制。

工作分解结构实际上是一种项目工作分解技术，是项目在不同细节水平上的概述，是项目分级过程的结果地图，是项目范围定义中最有价值和最常用的工具。利用这个工具，可以方便项目管理者对项目所有可交付物和工作要素进行观察、跟踪、检测和控制。通常，项目分解结构的划分是项目实施以及目标确定过程中不可缺少的环节，同时也是制订总体控制计划和确定组织结构形式的一个重要步骤。

2.5.3　范围定义的输出

对项目进行范围定义之后，可以得到以下信息输出：

（1）项目工作分解结构（WBS）图。项目工作分解结构图是通过分解技术，将项目任务按照其内在性质和内在结构逐层细化而形成的示意图，呈分级树形结构。该图涵盖了项目的所有工作任务，即确定了项目的整个范围，直观地说明了每个独立的工作任务在项目中的地位。

（2）项目工作分解结构词典。项目工作分解结构词典是对项目工作分解结构进行说明的文件，它详细说明了工作分解结构中所有工作包的重要情况。一般来讲，项目工作分解结构词典应该包含如下几项基本的工作信息：工作细节、前期工作投入、工作产出、人员联系、时间长度、需要的资源、前置和后续工作等。

表2-9给出了引入案例"居室装修工程项目"中的项目工作分解结构列表和词典示例。

表 2－9　"居室装修工程项目"的项目工作分解结构列表和词典示例

序号	范围名称	范围内容	范围备注说明	时间长度
1. 综合布线工程	电话线	主卫生间：接线盒、pvc 管 屋顶花园：接线盒、pvc 管（主卫生间接线盒对通） 客卫生间：接线盒、pvc 管 厨房：接线盒、pvc 管	电话线 长合计：16.798 米	3 天
	视频线	屋顶花园：视频线		
	音频线	厨房：接线盒（与厨房电话同一接线盒）、pvc 管 休息厅：音箱盒 客厅：接线盒×3、pvc 管、转接头 5 个 大书房门：		
	网络线	大书房门：网线盒（小书房接线盒对通）、pvc 管 屋顶花园：（7000）		
	监控线	屋顶花园：接线盒、pvc 管 客厅阳台：接线盒、pvc 管 大书房：接线盒、pvc 管		
2. 门窗工程	门（单位：mm）	卧室门：875×2050×285	门带套（1.5、1.2 木工板，AAA 榉木三厘板，榉木线条，膨胀螺钉，白乳胶，面饰半亚光漆）	
		大书房门：870×2050×270（330）（半透光）		
		小书房门：860×2050×270（340）（半透光）		
		厨房门：770×2040×275（半透光）	门带套（1.5、1.2 木工板，AAA 榉木三厘板，榉木线条，膨胀螺钉，白乳胶，面饰半亚光漆）	
		主卫生间门：770×2050×280（半透光）		
		卫生间门：770×2050×280，pvc 门带套（半透光）		
		屋顶门：防盗门 840×2050；门框 840×2050		
		客厅门：2560×2230		

续表

序号	范围名称	范围内容	范围备注说明	时间长度
2. 门窗工程	窗（单位：mm）	卧室窗：通体地砖，面积：1775（＋80×2）×610（宽）	规格颜色与客厅相同	12 天
		大书房窗：通体地砖面积：1770×630		
		小书房窗：陶瓷地砖面积：1470＋260×70（厚），高 2360	规格颜色与主卫生间相同	
		屋顶窗：陶瓷地砖面积：1445×100×1625（高）		
		休息厅窗：陶瓷地砖面积：830×105×1610（高）		
3. 厨房工程	墙面（单位：mm）	陶瓷光釉面内墙砖，面积：（1770＋3000）×2×3000（2730）（带腰线）	规格：	10 天
	地面（单位：mm）	陶瓷地砖，亚光釉面，面积：1770×3000	规格：300×300	
	吊顶（单位：mm）	铝扣板，白灰色长条形，面积：1770×3000	规格：3000×200	
	阳台（单位：mm）	门：740×2060；窗：390×1080		
		地面：1500×1180；台阶高：350		
4. 卫生间工程	主卫（单位：mm）	陶瓷亚光釉面内墙砖，面积：（3000＋1800）×2850（带腰线），预留热水管（PP-R）孔，窗面积：1140×830	12 天	28 天
		陶瓷亚光釉面地砖，面积：3000×1800 连体式或分体式坐便器，坑距（下水口中心距毛坯墙面距离）：305	3 天	
	客卫（单位：mm）	陶瓷亚光釉面内墙砖，面积：（2120＋1800）×3300（带腰线），窗面积：1130×840×100	10 天	
		陶瓷地砖，亚光釉面，面积：2120×1800 便池，坑距：630 炉渣：2 方	3 天	

续表

序号	范围名称	范围内容	范围备注说明	时间长度
5. 屋顶花园工程（单位：mm）		屋顶陶瓷亚光釉面地砖，面积：6600×3500 面积：2720×1220	规格：	3 天
		雨水管改道：长度：（500＋4200＋3800）	规格：	
		水池管道：长度：（800＋500＋5400＋3800） 水池	规格：	
6. 墙面工程（单位：mm）		卧室，面积：（4500×3900）×2850 腻子找平，石膏装饰角线，乳胶漆		22 天
		休息厅，面积：（3630×2180）×2850 腻子找平，石膏装饰角线，乳胶漆		
		大书房，面积：（3630×4220）×2840 腻子找平，石膏装饰角线，乳胶漆		
		小书房，面积：（3020×3020）×2840 腻子找平，石膏装饰角线，乳胶漆		
		过厅，面积：（930×2730）×2840 腻子找平，乳胶漆		
		客厅，面积：（4520×3920）×3340 腻子找平，石膏装饰角线，乳胶漆		
		门厅，面积：（3600×3300）×2840 腻子找平，石膏装饰角线，乳胶漆		
7. 地面工程（单位：mm）		卧室，实木地板，面积：4500×3900 面饰半亚光漆	规格：	
		休息厅，实木地板，通体地砖，面积 3630×2180；830×1100 面饰半亚光漆	规格：600×600	
		大书房，实木地板，面积：3630×4220 面饰半亚光漆，	规格：	
		小书房，实木地板，面积：3020×3020 面饰半亚光漆，	规格：	
		过厅，通体地砖，面积：930×2730	规格：600×600	

笔记栏

续表

序号	范围名称	范围内容	范围备注说明	时间长度
7. 地面工程（单位：mm）		客厅，通体地砖，面积：4520×3920 台阶：1100×280×160；阳台：3120×1200×140＋120（宽）	规格：600×600	28天
		门厅，通体地砖，面积：3600×3300	规格：600×600	
8. 楼梯工程（单位：mm）		梯板（厚30），数量：16，面积：750（830）×235 台面（厚30），面积：750×750 扶手，长度：2810＋180＋2820＋1610 大梯柱，数量：4，高度：1050	面饰半亚光漆，配件：	2天
		小梯柱，数量：24，高度：800	白色半亚光漆	

2.6 项目范围核定

项目范围核定（Project Scope Verification）是指通过相关项目干系人（倡议者、委托人和顾客等）的行为最终正式认可和接受项目范围的过程。在范围核定工作中，要求对范围定义的工作结果进行审查，确保项目范围包含了所有的工作任务，以保证项目能准确地、满意地完成。如果这个项目已提前终止，这个项目范围核定过程也应该证实并应以书面文件的形式把它的完成情况记录下来。注意，项目范围核定与项目质量控制是不同的，范围核定是有关工作结果的验收问题，而质量控制是有关工作结果正确性的问题。

项目范围核定工作既可以针对一个项目的整体范围进行，也可以针对某个项目阶段的范围进行。项目范围核定要审核项目范围界定工作的结果，确保所有的、必需的工作都包括在项目工作分解结构中，而一切与实现项目目标无关的工作均不包括在项目范围中，以保证项目范围的准确。项目范围核定的主要工作如表2-10所示。

表 2—10　项目范围核定的主要工作

输　　入	工具和方法	输　　出
工作成果 成果说明 项目范围说明书 项目范围管理计划 项目工作分解结构图	项目范围的核检表 项目工作分解结构核检表	对项目范围定义工作的验收

笔记栏

2.6.1　范围核定的输入

相关项目干系人在进行项目范围核定时的输入信息依据主要有：

（1）工作成果。即项目各阶段性交付物的情况，如已经完成或部分完成的可交付物，已经完成或部分完成的工时，已经发生的或将要发生的成本是什么等。工作成果反映项目按计划执行的实际情况。

（2）可交付物说明，即对项目可交付物的全面描述，如项目规格书、项目技术文件或项目图纸等。可交付物说明必须对项目的回顾有帮助作用，能反映项目计划的具体变化情况。

（3）项目范围说明书。

（4）项目范围管理计划。

（5）项目工作分解结构图。

2.6.2　范围核定的工具

显然，项目范围是将项目计划所有元素互联起来的基点。项目范围核定一般会运用包括像评价、审查、测量、测试和考试等这样一系列活动去判断承担的工作任务是否符合项目计划的要求。实际上为了保证项目范围定义的完全性，在项目管理中经常使用以下项目范围核定的常用工具——两种检查表，即表 2—11 所示的项目范围的检查表和表 2—12 所示的项目工作分解结构检查表，实践证明它们在项目范围管理中是十分有效的。

笔记栏

表 2-11　项目范围检查表

序　号	主要检查内容
1	项目目标是否完整和准确
2	项目目标的衡量标准是否科学、合理和有效
3	项目的约束条件、限制条件及技术要求是否真实并符合实际
4	项目的假设前提是否合理，不确定性的程度是否较小
5	项目的风险是否可以接受
6	项目成功的把握是否很大
7	项目的范围定义是否能够保证上述目标的实现
8	项目范围所能产生的收益是否大于成本
9	项目范围定义是否需要进一步开展辅助性研究
10	项目范围定义是否经过客户的检查和确认

表 2-12　项目工作分解结构检查表

序　号	主要检查内容
1	项目目标描述得是否清楚明确
2	项目可交付物的各项成果描述得是否清楚明确
3	项目可交付物的所有成果是否都是为实现项目目标服务的
4	项目的各项成果是否以工作分解结构为基础
5	项目工作分解结构中的工作包是否都是为形成项目某项成果服务的
6	项目目标层次的描述是否清楚，里程碑是否标明
7	项目工作分解结构的层次划分是否与项目目标层次的划分和描述相统一
8	项目工作、项目可交付物与项目目标之间的关系是否一致
9	项目工作、项目可交付物、项目分目标和项目总目标之间的逻辑关系是否正确、合理
10	项目目标的衡量标准是否有可度量的数量、质量或时间指标
11	项目工作分解结构中的工作是否有合理的数量、质量和时间度量指标
12	项目目标的指标值与项目工作绩效的度量标准是否匹配

续表

序　号	主要检查内容
13	项目工作分解结构的层次分解得是否合理
14	项目工作分解结构中各个工作包的工作内容是否合理
15	项目工作分解结构中各个工作包间的相互关系是否合理
16	项目工作分解结构中各项工作所需的资源是否明确、合理
17	项目工作分解结构中各项工作的考核指标是否合理
18	项目工作分解结构的总体协调是否合理

另外还有其他确认项目或者各个阶段可交付物的方法，如观察法、测量法、测试法和检验法等。

运用项目范围检查表和项目工作分解结构检查表，项目经理、项目管理人员和相关项目干系人在进行具体的项目工作分解时，必须明确划分更低层次的细节是否必要和充分。如果没必要，这个组成要素就必须重新修正（增加项目、削减项目或修改项目）。

项目经理和项目管理人员也必须清楚每个项目都有明确的、完整的定义，如果不是，这种描述是否需要修正或扩充？是否每个项目都有适当的进度表？预算和资源能否被分配给特殊的组织单位（如部门、小组或个人）？谁能够担负起完成这个项目的任务？如果没有，责任改派是必要的，为的是提供一个充分的项目管理控制。

2.6.3　范围核定的输出

项目范围核定的输出即是对项目范围定义工作的接受，同时还要编制经相关项目干系人确认并已经接受的项目范围定义和项目阶段性工作成果的正式文件，即项目范围验收文件。这些文件应该及时分发给相关的项目干系人。

项目范围验收文件是项目干系人已经认可了这个项目可交付物或某个阶段的文件，同时，项目干系人也必须为完成这项工作准备条件，做出努力。

如果项目范围没有被相关项目干系人所确认，一般来说则项目宣告终止。

2.7　项目范围变更控制

在项目执行时，进度、费用、质量以及客户需求等各种因素的变更都会导致项目范围的变更；同时，项目范围的变更又会要求上述各方面做出相应的变更。因此，必须对项目进行整体的控制和管理。项目变更控制是对项目存在的或潜在的变更，采用相应的策略和方法予以处理的过程。

项目范围变更控制（Project Scope Change Control）是指当项目范围发生变更时对其采取纠正措施的过程以及为使项目朝着目标方向发展而对某些因素进行调整所引起的项目范围变更的过程。项目范围变更控制的主要工作是分析影响造成项目变更的因素，并尽量使这些因素向有利的方面发展；判断项目变更范围是否已经发生，一旦项目范围变更已经发生，就要采取实际的处理措施。这里强调的是范围变更控制必须与其他控制管理程序（时间控制、成本控制、质量控制及其他控制）结合在一起运用。项目范围变更控制的主要工作如表 2—13 所示。

表 2—13　项目范围变更控制

输　　入	工具和方法	输　　出
项目工作分解结构 项目执行情况报告 项目范围的变更申请 项目范围管理计划	项目范围变更控制系统 绩效测量 范围计划调整	范围变更文件 纠正措施文档 经验总结文档 调整后的基准计划

对项目范围变更进行控制时，要以工作分解结构、项目执行情况报告，来自项目内部、外部的变更请求和项目范围管理计划为依据。变更请求可以是口头的或书面的、直接或间接的，可以来自项目外部也可以来自项目内部，可以是法律要求的也可以是由项目管理者加以选择的。除紧急情况外，口头变更必须形成书面文件之后才能受理。

进行范围变更控制必须经过范围变更控制系统。所谓范围变更控制系统就是一套事先确定的修改项目范围应遵循的程序，其中包括必要的表格或其他书面文件、责任跟踪和变更审批制度、人员和权限等。

此外，若有必要和可能，还可以成立一个项目变更控制委员会，负责批准或拒绝变更请求。项目变更控制系统应当明确规定变更控制委员会的责任和权力，并由所有的项目干系人认可。项目变更控制系统还应当有处理自动变更的机制。自动变更，又称现场变更，是项目经理或项目管理人员不经过事先审查即可批准的变更。一般来说，多数的自动变更是由意外的紧急情况造成的。

项目变更控制的任务有查明项目内外存在哪些造成变更的因素，必要时设法消除这些造成变更的因素，以及查明项目是否已经发生变更和在变更实际发生时对其进行有效管理。范围变更控制必须同整体、进度、成本和采购变更控制等其他控制过程紧密结合起来。

2.7.1 范围变更的原因

项目干系人常常由于各种原因要求对项目计划进行修改，甚至重新规划。这一类修改或规划叫做项目范围变更。造成范围变更的原因很多，主要有以下一些情况：

（1）项目的外部环境发生变更，例如，政府颁布了新的法规，竞争对手生产出了竞争性的新产品，本国货币贬值等。

（2）在项目范围的初始计划或定义时有错误或疏漏，例如，在设计企业信息系统时未考虑到互联网的广泛使用。又比如，用材料清单代替了工作分解结构。

（3）项目采用了新的技术、手段或方案而带来的变更，例如，项目实施后出现了制订范围管理计划时尚未出现的，可大幅度降低成本、缩短完成时间的新技术。

（4）项目实施的组织本身发生了变更，例如，项目所在单位同其他单位合并，项目成员发生变更。

（5）客户对项目或项目产品的要求发生变更，例如，客户希望汽车公路桥增加通过轻轨列车的能力等。

范围变更出现后，应修改有关技术文件和项目计划，并通知相关的项目干系人，对范围变更采取措施，进行处理。应当将造成项目范围变更的原因、采取的措施以及采取措施的理由、从此次变更中吸取的教训等都记录在案，形成书面文件，存入本项目和其他项目的数据库，为今后的核定和其他项目的借鉴提供依据。

2.7.2　范围变更控制的输入

在进行项目范围变更控制时主要需要以下的输入信息依据：

（1）项目工作分解结构。项目工作分解结构是确定项目范围的基准线，它定义了完成项目所需的所有工作任务，如果实际工作超出或没有达到工作分解结构的要求，就认为项目的范围发生了变更。这时，就要对工作分解结构进行修改和调整。

（2）项目执行情况报告。项目执行情况报告提供一个项目范围执行情况，包括两部分：项目的实际完成情况；有关项目范围、进度、成本和资源变更的情况，如中间产品已经完成或没有完成的资料。项目执行情况报告也能提醒项目组织注意到一些可能在未来会导致项目范围发生变更的情况。

（3）项目范围的变更申请。项目范围的变更申请是指提出申请改变（扩大或缩小）项目的可能范围。项目范围的变更申请可以采取很多形式，如口头的或书面的、直接的或间接的、从内部开始的或从外部开始的、法定的（合法的）批准的或任选的等。

（4）项目范围管理计划。项目范围管理计划对如何控制范围的变更做出规定。它可以是正式计划或非正式计划，也可以是详细性描述或是基于项目需要的一个大致的约定。

2.7.3　范围变更控制的工具和方法

项目经理和项目管理人员在进行项目范围变更控制过程中一般会使用下面的工具和方法：

2.7.3.1　项目范围变更控制系统

项目范围变更控制系统定义了项目范围变更的一些基本控制程序、控制方法和控制责任等，它包括项目范围文件系统、项目执行跟踪系统、偏差系统、项目范围变更申请、审批系统和权威部门允许变更所需的认可标准等，通过它能改变项目的范围。表2—11中的项目需求变更申请和审批汇总表就是其中的一种格式。在项目执行过程中，要对项目的进展情况进行监控，对实际与计划之间的偏差进行分析，如果偏差不利于项目目标的完成，就要及时采取纠偏措施。项目范围的变更一般会引起成本、进度、质量等项目目标的变更。当项目按照合同执行时，范围变更控制体系必须按所有相关的合同规定执行。因此，范围变更控制系统应该与项目的其他变更控制系统相结合使用，从而对项目进行整体管理。表 2－14 给出了项目需求变更申请和审批汇总表示例。

表 2－14　项目需求变更申请和审批汇总表

项目名称：居室装修工程项目						
项目编号：2005-7			项目经理：王岩（13901010101）			
文件编号：JZ 2005-7-13			发布日期：		发布人：王岩	
变更申请编号	申请人	申请日期	变更内容简述	是否批准（是/否）	若批准，填报执行情况	责任人
（略）						

备注：1. 此表由项目经理负责发布，通常在项目例会结束之后发布。
　　　2. 项目经理应该对此表进行持续跟踪。

2.7.3.2　绩效测量技术

绩效测量技术可以帮助项目组织评估发生的任何重大变更和偏差的程度，分析导致偏差的原因是什么，一般包括偏差分析、绩效审查、趋势分析等技术。如果变更发生要求有纠正措施并做出对应的处理决定。偏差分析、绩效审查将在后面章节介绍。

2.7.3.3　范围计划调整

项目的范围随时都有可能发生变更，很少有项目能按合同的要求精确地按其初始计划实施的，因此就要根据预期的范围变更来随时调整、修改原有的工作分解结构图，并以此为基础，调整、确定新的项目计划，并根据新的项目计划的要求，对项目范围的变更进行控制。

2.7.4　范围变更控制的输出

项目经理和项目管理人员对项目范围变更进行控制后，一般会得到以下输出结果：

（1）范围变更文件。范围变更文件是对已被认可的工作分解结构（WBS）所确认的项目范围的任何修改，这经常会涉及项目成本、进度、质量和其他项目目标的调整。项目范围变更一旦确定，要通过规划的控制程序将范围变更情况、技术信息和规划反馈在范围变更文件里面，根据需要对有关的项目文件进行更新，并将项目范围变更的信息和相应的文件及时通知或发送给相关的项目干系人。

（2）纠正措施文件。为了完成预定的项目目标，项目组织要对执行过程中的偏差采取有效的纠正措施，并形成文件。纠正措施文件要起的作用是把未来项目按照项目干系人的预期，纳入项目计划所要求的轨道进行运行。纠正措施有两种情况：一是根据项目的实际执行情况，采取措施消除偏差的影响，使项目的进展情况与计划相一致；二是根据经过审批后的项目范围变更要求采取一些纠正措施。

（3）经验总结文件。项目范围变更后，项目组织要把各种变更的原因、选择纠正措施的理由以及从范围变更控制中得出的经验教训等用文件的形式记录下来，目的是把这些记录变成项目历史资料的一部分，并为项目组织继续执行该项目以及今后执行其他项目提供经验总结和参考。

（4）调整后的基准计划。项目范围变更后，必须根据范围变更文件相应地修改项目的基准计划，从而反映已批准的实际变更，并作为未来项目变更控制提供新的基准。

·本章案例·

火车南站斜拉桥监理信息管理系统开发项目

火车南站斜拉桥工程是某市"五路一桥"工程中的一桥。工程造价5500万元。它是人民南路南延线、机场路及三环路的重要连接工程，处于特别重要的交通枢纽上。同时它也是该市市政府确立的标志性工程。因此该桥地位特别重要，备受市政府及全市人民关注。该工程由斜拉桥及一段引桥组成。主桥为单塔双索面不等跨混凝土斜拉桥。孔径形式为93m＋124m＋30m。拉索体系为扇形密索体系。桥面宽34.2m，桥梁全长247m（未含两头牛腿），主桥采用双实心主肋形式，梁高2.0m，纵向主肋宽度在塔根部为2.4m，其余地方为

1.8m，主梁横梁为 T 形断面，标准间距为 6.0m，辅助跨断面内加纵向小 T 梁，纵向小 T 梁在主跨内逐对截断，过渡至标准断面，主梁纵肋（包括纵向 T 梁）桥面板内设置纵向预应力钢束，横隔板内设置横向预应力钢束，地面线以上塔高 77.245m，该桥主塔下部结构均为摩擦桩，为两组，每组 23 根，其桩基础最长达地面之下 40m 以上，为该市之最。该桥型在该市属于首例，特别是业主对于此种桥型没有经验。另外，该桥为跨线斜拉桥。要跨过火车南站的铁路线。众所周知，铁路运输在我国国民经济中起着非常重要的作用，铁路运输的安全尤为重要。在施工过程中不能阻断铁路运输。而且电气化铁路上的电缆带电几万伏，稍不注意就可能导致人员伤亡及铁路中断。由此可见，该工程技术要求高、施工难度大、安全问题突出。再则，由于该工程是该市南大门的交通枢纽，为尽快缓解该市南大门的交通压力，该桥要求在两年内完工，工期很紧。由于该桥的上述特征，相应地对该项目的工程管理也提出了更高的要求。有鉴于此，该项目业主为提高该工程项目管理水平，保证该工程的顺利完工，委托中铁西南科学研究院进行"建设工程监理信息管理系统——火车南站斜拉桥项目监理信息化管理系统"（简称监理信息管理系统）的研究。该工程的监理任务由中铁西南研究院的下属公司铁科建设监理公司承担。

　　铁科建设监理公司指定陈林作为监理信息管理系统开发的项目负责人。陈林接到任务后马上组建了自己的开发团队。在参考《监理规范》并与现场监理人员反复沟通的基础上，根据监理工作的实际工作流程，对监理信息化管理系统项目要做的主要工作范围做了分析界定，提出了建设工程监理信息管理系统的主控模块（见图 2—4）及各子系统的功能，各子系统之间既相互独立，各有其自身目标控制的内容和方法，又相互联系，互为其他子系统提供信息。

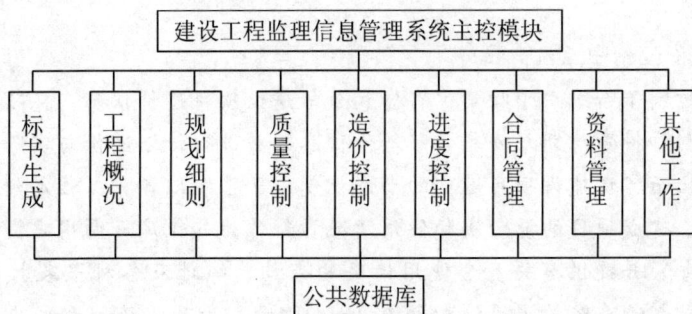

图 2—4　建设工程监理信息管理系统功能划分示意图

笔记栏

1. 进度控制子系统

进度控制子系统不仅要辅助项目管理（监理）人员编制和优化进度计划，更要对建设项目的实际进展情况进行跟踪检查，并采取有效措施调整进度计划以纠正偏差，从而实现建设项目进度的动态控制，进度控制子系统的逻辑结构如图2—5所示。为此，该子系统应有以下功能：

（1）输入原始数据，为建设项目进度计划的编制及优化提供依据；

（2）根据原始数据编制进度计划；

（3）进行进度计划的优化；

（4）对进度目标进行风险分析；

（5）工程实际进度的统计和预测分析；

（6）实际进度与计划进度的动态比较；

（7）进度计划的调整；

（8）各种图形、报表的输出。

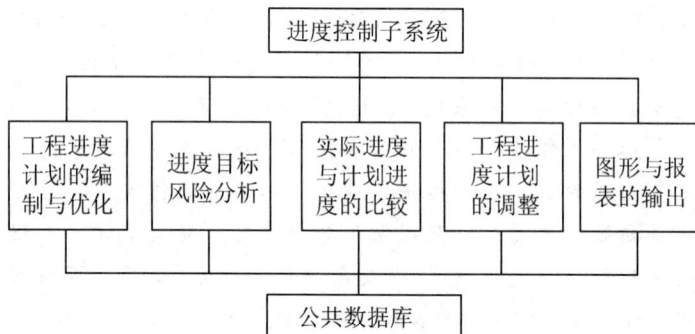

图 2—5　进度控制子系统逻辑结构图

2. 造价控制子系统

造价控制子系统用于收集、存储和分析建设项目造价信息，在项目实施的各个阶段制订投资计划，收集实际造价信息，并进行计划造价与实际造价的比较分析，从而实现建设项目造价的动态控制。子系统以各种工程定额为基本数据库，以已建成项目的资金实际使用情况资料作为知识库，向用户提供造价控制案例参考，并提供有关资金使用情况的查询、统计及各种报表打印输出功能，造价控制子系统的逻辑结构如图2—6所示。为此，该子系统应具有以下功能：

（1）提供各地定额，可建立用户定额库；

（2）编制、审核、动态控制预算（套价软件）；

（3）输入计划投资数据，从而明确造价控制的目标；

（4）根据实际情况，可调整有关价格和费用并进行造价数据的动态比较；

（5）进行造价偏差分析，并对未完工程造价预测；

（6）审核施工单位报送的工程款支付申请；

（7）审核工程变更和费用索赔中有关造价方面的申请；

（8）审核并动态控制承包商资金使用计划（年、季、月）；

（9）审核竣工结算。

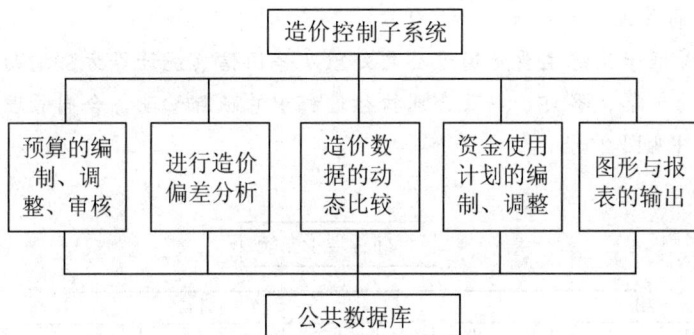

图 2—6　造价控制子系统逻辑结构图

3. 质量控制子系统

质量控制工作对监理单位来说至关重要，运用计算机手段做好质量监控管理是搞好质量控制工作的一个重要途径。质量控制是一个经由对投入的资源和条件的质量控制（事前控制）进而对生产过程及各环节质量进行控制（事中控制），直到对所完成的工程产出品的质量检验与控制（事后控制）为止的全过程的系统控制过程。其中，尤以事前控制即预控最为关键，质量控制子系统的逻辑结构如图 2—7 所示。为此，该子系统具有以下功能：

（1）建立材料、构配件、设备报验台账；

（2）建立施工试验台账；

（3）提供专家知识库；

（4）对工程质量事故进行统计分析并提供事故统计分析报告。

质量控制子系统

| 材料、设备、构配件报验台账 | 施工试验台账 | 质量控制专家知识库 | 质量事故分析与处理 | 图形与报表的输出 |

公共数据库

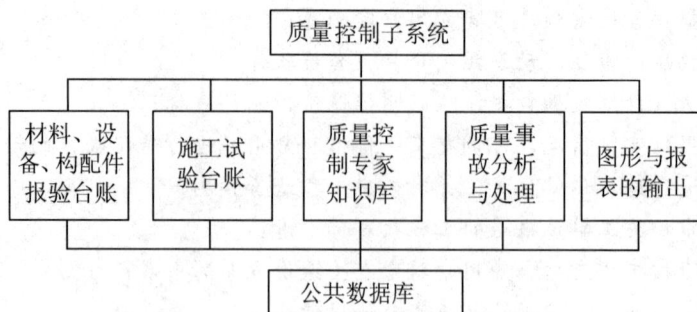

图2-7　质量控制子系统逻辑结构图

4. 合同管理子系统

合同管理子系统主要是通过公文处理及合同信息统计等方法辅助监理人员进行合同的起草、签订，以及合同执行过程中的跟踪管理，合同管理子系统的逻辑结构图见图2-8。

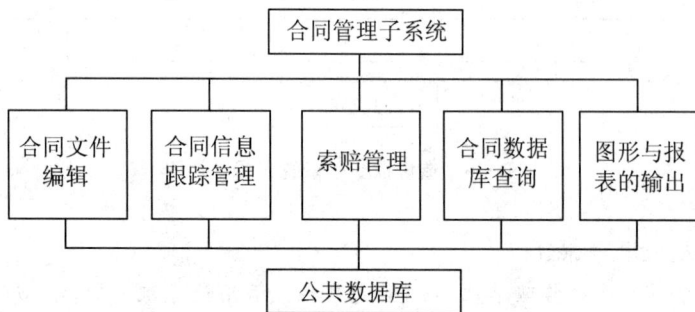

合同管理子系统

| 合同文件编辑 | 合同信息跟踪管理 | 索赔管理 | 合同数据库查询 | 图形与报表的输出 |

公共数据库

图2-8　合同管理子系统逻辑结构图

为此，该子系统应具有以下功能：

(1) 提供常规合同模式，以便于监理人员进行合同模式的选用。

(2) 编辑和打印有关合同文件。

(3) 进行合同信息的登录、查询及统计。

(4) 进行合同变更分析。

(5) 索赔报告的审查分析与计算。

(6) 反索赔报告的建立与分析。

(7) 建立合同数据库，包括：

①工程建设监理合同标准条件；

②建设工程施工合同条件（GF－91－0201）；

③国际《土木工程施工合同条款》（FIDIC 1987）；

④本地区标准施工合同条件；

⑤本公司收集的施工承包合同；

⑥本公司收集的建设监理委托承包合同。

5. 资料管理子系统

监理是建设工程信息交流的中心，有来自业主、设计、施工等单位的资料，有发给业主、设计、施工等单位的资料。因此，监理信息系统的资料管理特别重要，资料管理子系统的逻辑结构图见图 2－9。根据监理工作需要，提出子系统的功能要求如下：

（1）文档资料的编辑、查询、打印、统计；

（2）提供（或定制）各地区、各行业表式模板，可修改，可扩充；

（3）每月监理工作、监理成果自动统计；

（4）监理月报自动生成，可编辑、输出，输出格式可由用户指定；

（5）实现文件收发、处理、登记、存档、借阅和注销等管理功能。

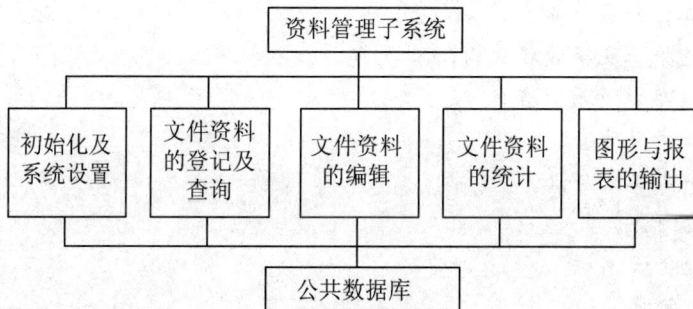

图 2－9　资料管理子系统逻辑结构图

6. 其他子系统简述

（1）标书制作子系统的主要功能：

①以用户熟悉的方式提供全套文档编辑、管理、打印；

②根据投标所需内容，可从模板素材库中选取相关内容，任意组合，自动生成规范的标书及标书附件；

③可导入其他模块生成的各种图表；

④设置人员库（公司现有人员的基本情况，便于组成项目监理机构）；

⑤设置设备库（现有主要设备一览表）。

（2）规划细则子系统的主要功能：

①以用户熟悉的方式提供全套文档编辑、管理、打印；

②提供监理规划和监理实施细则模板（系统提供并允许用户扩充）；

③与系统专家知识库建立连接，并提供各种工作流程图，便于用户在编写规划、细则时，选取、拖曳而成。

（3）工程概括子系统的主要功能：

①工程基本情况（包括地点、规模、类型等）；

②工程详细情况（包括基础类型、楼、地面做法、结构特点、注意事项等）；

③项目组织情况（包括参与工程各方组织关系、组织结构图、主要负责人等）。

（4）其他工作子系统的主要功能：

①施工招投标阶段咨询工作。

②施工准备阶段：

a. 图纸审查与设计交底；

b. 施工组织设计审查；

c. 审查施工现场管理机构；

d. 分包单位资质审查；

e. 开工条件审查；

f. 第一次工地会议。

③工地例会。

④专题会议。

⑤竣工验收。

⑥质量保修期的监理工作。

讨论题

1. 项目负责人陈林及他的团队是怎样确定该项目的主要工作范围的？

2. 监理信息管理系统的子系统大至被分成了多少个层次？

3. 陈林及他的团队是如何对项目的子系统进行描述的？

· 本章小结 ·

项目范围管理实质上是一种功能管理，它是对项目所要完成的工作范围进行管理和控制的过程和活动，包括确保项目能够按要求的范围完成所涉及的所有过程，如启动一个新项目、编制项目范围计划、界定项目范围、由项目干系人确认项目范围、对项目范围变更进行控制，这些都是项目范围管理的内容构成。

　　本章首先对项目的范围管理做了概括的阐述，主要有项目范围和项目范围管理的定义，项目描述、项目描述的步骤及所需关键信息，项目范围计划的作用、工具和方法及范围计划的输出等。其次分别就项目范围定义、范围核定和范围变更控制展开了讨论，比较详尽地介绍了各个过程的依据、可采用的工具和方法以及各自的结果。

　　·关键概念·

　　项目范围　项目范围管理　项目描述　项目目标　里程碑　项目约束　项目范围计划　项目范围说明书　项目优先级　项目范围定义　项目范围核定项目范围变更控制

　　·思考题·

　　1. 项目范围管理的作用有哪些？

　　2. 简述项目范围管理的过程。

　　3. 建立项目优先级的重要性是什么？

　　4. 如何描述项目的可交付物？

　　5. 项目范围变更控制的结果有哪些？

第 3 章

项目时间管理

　　项目时间管理，也称为项目进度管理，是项目管理的重要组成部分之一。项目时间管理是指在项目的实施过程中，为了确保项目能够在计划的时间内实现项目的目标，对项目活动的进度及日程安排所进行的管理过程。显然，在时间、质量和成本三个要素中，时间是项目考虑的首要目标，其次是质量，最后是成本。对于一个项目来说，如果不制订一个合理的进度计划，不能采取措施确保项目活动严格按进度计划执行，该项目就难以实现其目标。可见，项目时间管理对实现项目的目标具有重要的作用。本章介绍了时间的管理特性、项目时间管理概念和基本内容、时间管理周期、时间影响因素、时间管理的意义、时间管理技术史等，之后还介绍了项目活动定义、项目活动定义的输入、工作分解结构、范围说明、历史资料、约束因素、假设条件、项目活动定义的工具和方法、活动分解技术、模板法、项目管理软件、项目活动定义的输出、工作分解结构更新、活动清单、辅助性说明、可交付物说明等内容。

3.1　项目时间管理的概述

项目时间管理（Project Time Management）主要是围绕时间或进度来对项目及其所拥有的资源，运用系统的理论和方法进行高效率的计划、实施和控制的过程，从而最终获得项目目标交付物的系统管理方法。了解项目时间管理，最主要的目的就是让读者知道确实存在时间管理问题并且存在解决的方法，所以本节首先讨论与时间有关的内容。

3.1.1　时间的管理特性

按管理经济学的观点，时间是一种有限的经济资源。经验表明，在时间管理中，由于时间具有"无供给弹性"、"无法蓄积"、"无法取代"、"无法失而复得"等特性，所以在各种经济资源范畴内，特别相对于其他有形资源来说，时间资源最不为一般管理者所认真理解与重视。因此，相对说来时间资源的浪费比其他资源的浪费更为普遍，也更为严重。

一般来说，时间的特性可以概括如下：

（1）无供给弹性。时间的供给量是固定不变的。它的供给量在任何情况下都不会增加，但也不会减少。因此，管理者无法针对时间资源进行开源。

（2）无法蓄积。时间不像人力、财力、物力和技术等其他资源那样可被积蓄，不论管理者愿意还是不愿意，时间都被迫按一定的速率消耗掉。因此，管理者无法针对时间资源进行节流。

（3）无法取代。任何一种活动都有赖于时间的堆砌。也就是说，时间是任何活动过程都不可缺少的基本资源。因此，时间是无法取代的一种资源。

（4）无法失而复得。时间不能像遗失的物品那样失而复得。时间一旦丧失，则会永远丧失掉，丧失的时间资源是无法挽回的。

3.1.2　理解时间管理

对于大多数人而言，时间是一种资源财富，当失去或随便打发掉之后，就再也找不回来了。而对项目经理和项目管理人员而言，时间更多的是一种约束要素，必须采用高效率的时间管理原则和方法使它成为一种资源财富。然而，达到这一结果绝不简单。缺乏经验的项目经理总是大量地加班，错误地认为这是唯一能完成项目工作的办法，或许这是事实，不过有经验的项目经理和项目管理人员却很快就学会了分配任务、资源和采用高效的时间管理方法。

项目经理和项目管理人员经常说，按时交付项目是他们最大的挑战之一，时间进度问题是项目生命周期内造成项目冲突的主要原因。总的来说，时间进度问题在项目生命周期内引起的冲突最多。在项目形成或构建概念阶段，活动的优先级和逻辑顺序比项目进度计划引起更多的冲突。但在项目早期或发展阶段，只有活动优先级比项目进度计划引起更多的冲突；在项目中期或实施阶段以及结束或收尾阶段，时间进度问题是项目冲突的最主要来源。

项目的时间进度问题一般来说普遍存在，部分原因也许是由于时间易于度量。项目范围与进度方面超过偏差限度，还可以进行调整，使实际数字看起来更接近于计划估计值；但是一旦项目进度制定好后，只要从完成项目的实际时间中减去原计划估计时间，任何人都可以迅速地估计进度计划的执行情况。项目干系人经常会比较计划的项目完成时间与实际的项目完成时间，而比较时却不考虑项目中已被批准的项目变更情况。

时间也是一个最缺乏灵活性的资源变量，不论项目发生什么情况，时间都会过去，所以时间的管理有些像在与时间进行博弈的过程。而所谓时间的浪费，一般指对项目目标的实现毫无贡献的时间消耗。时间管理所研究的是如何克服时间资源的浪费，以便有效地完成既定项目目标。这里特别强调的是，时间管理并不是指以时间资源本身为对象进行的管理，由于时间总是按着一定的速率来临，并且按照同一速率消失，所以时间本身是无法管理的。时间管理的正确含义应该是面对时间资源而进行"管理者的自管理"过程。

3.1.3 项目时间管理

项目时间管理（Project Time Management）是指在项目的实施过程中，为了确保项目能够在规定的时间内按时实现项目的目标，对项目活动的进度和日程安排、项目活动需要的各种资源和项目活动需要的成本预算所进行的管理过程。它包括项目活动定义、项目活动排序、项目活动持续时间估算、编制项目进度计划和项目进度控制。项目时间管理需要编制一个时间进度计划，并加强时间进度控制，使之不偏离项目运行的计划轨道，按时顺利完成项目的目标。简而言之，项目时间管理就是涉及确保项目准时完成所必需的管理过程。

有的资料把项目时间管理又称为项目工期管理或项目进度管理（Project Schedule Management）。

对于一个项目而言，项目时间管理是整个项目管理中最为重要的组成部分，一般说来，项目时间管理是项目经理和项目管理人员最为关心的议题。因此，对项目进行富有成效的时间管理，是项目按照预定时间完成的有效手段之一。

但是实际上，项目经理和项目管理人员在规定的质量、时间、成本、范围、组织和客户满意度要求之下进行项目时间管理，说着容易做着难。项目时间管理所面临的项目环境是极为杂乱的、动态变化的，总是由大量的会议、书面报告、冲突解决、持续的计划、更改计划和客户的沟通以及危机管理等组成。理想情况下，卓有成效的项目经理是个管理者，而不是执行者。但实际情况却是，项目经理总是发现时间既花在了管理上，也用在了执行中。在这种情况下，关键是项目经理必须有效率地管理他自己的时间。通常来讲，如果项目经理不能很好地控制自己的时间，那么他也不可能对项目时间进行有效管理。严格的时间管理是有效的项目管理的关键之一。

在大多数项目中，时间是一个软约束，项目晚几天完成只会减少收益，不能使项目完全失败，但有些项目具有严格的时间硬约束，一旦不能按时完成会使整个项目失败。当然，大多数项目的完成时间都是要与成本费用协调权衡的。

进行项目时间管理的一个有效方法就是进行项目进度计划管理。进度计划是项目组织为实现一定项目的目标而科学地预测并确定未来的行动方案。通过完整且合理的项目进度计划，可以使得整个项目始终处于可控状态。因此可以说，项目进度计划管理是项目管理实际上的重头戏。没有有效的项目进度计划，任何项目的风险和失败概率都将会大增。项目进度计划是一盏有效的指路灯，它指引着项目经理与其他项目管理人员朝着正确的项目目标方向前进。当然，项目进度计划的实际操作性较强，在有了进度计划之后项目经理与项目管理人员就应该贯彻执行，并不断根据项目进展的实际情况调整进度计划，进行项目的进度计划控制和管理，使得项目进程按照有序的轨道进行。这就意味着要不断根据进度计划来调整、分配各种资源，并且进行控制，使得项目工作范围在成本预算内按照进度完成。项目开始实施以后，项目经理与项目管理人员还必须努力获取项目进展的最新信息，及时、定期地监控项目进度情况，然后与原进度计划进行比较，若有偏差就应变更和调整进度计划，采取相应的各种措施，以确保一切都按进度计划进行。但遗憾的是，在实际项目实施过程中，许多的项目管理过程都缺乏有效的进度计划，更别提有效的进度计划管理和科学的进度控制了。

当然，项目进度计划的编制与修改是一件非常麻烦的事情。尤其是在项目进度计划编制的初期阶段，项目经理、客户、管理人员、技术人员等项目干系人都应积极参与。而项目活动的具体执行者可能的话也一定要参与项目进度计划的编制工作并发挥好作用，因为只有他们才真正了解整个项目的总体框架和具体细节，最了解需要做哪些详细的活动和每项活动会持续多长的时间。通过参与制订项目进度计划，每个项目具体执行者才会根据项目进度计划，在进度计划和预算成本内更投入地完成任务。这里要指出的是亲自参与往往能够建立起承诺和责任。

对于大项目来说，一般时间跨度较大，涉及的人员也较多，不可能让所有的人都参与进来制订项目进度计划。那样做不仅效率低下，而且没有必要，弄不好反而有悖初衷。因此，项目经理在项目进度计划编制过程中应当负责项目的总体协调，有必要多向项目管理人员、技术人员和具体执行者请教，多与客户、合作方进行沟通，以免编制的项目进度计划不切实际。总之，在项目进度计划的编制阶段，各项目干系人一定要充分认识到项目进度计划的重要性，积极参与，为整个项目的规划作出自己的贡献。一定要让项目进度计划成为一盏名副其实的项目指路灯，而不是残缺不全、有欠完美的东西。

3.1.4 基本内容

在项目范围确定后，项目的时间管理就是为了确保项目最终目标的按时完成所进行的一系列管理过程。它包括项目的活动定义、活动排序、活动持续时间估算、时间进度安排及进度控制等项工作。项目时间管理的主要过程如图 3—1所示。

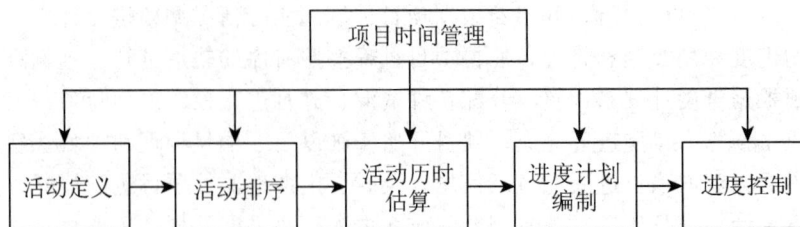

图 3—1　项目时间管理的主要过程

　　项目时间管理是为确保项目在时间期限内完成所进行的一系列管理过程，这些管理过程在理论上可概括为如表 3－1 所示的五个主要过程：

表 3－1　项目管理的主要过程

1	活动定义 （Activity Definition）	识别和定义为完成项目各种可交付物所必须进行的各项具体活动
2	活动排序 （Activity Sequencing）	识别和定义各活动之间的逻辑关系或依赖关系，并形成相应的文档
3	活动持续时间估算 （Activity Duration Estimating）	估算完成每项活动所需要的时间长度及所需资源
4	进度计划编制 （Schedule Development）	在分析活动逻辑关系、活动持续时间和资源需求的基础上，编制项目进度计划
5	进度计划控制 （Schedule Controlling）	监测项目进度计划的实际实施情况，控制和调整项目进度计划的偏差，以保证项目的按时完成

　　对项目进行时间管理就是要在规定的时间期限内，编制出合理、经济的项目进度计划，然后在该项目进度计划的执行过程中，检查项目实际进度是否与计划进度相一致，若出现偏差，应及时找出原因，采取必要的补救措施。如有必要，还要调整原项目进度计划，从而保证项目按时完成。

　　需要注意的是，项目时间管理的这些主要过程虽然在理论上界限分明，但在项目管理的实际过程中，它们通常是相互影响和相互制约的，甚至有时也无法区分和相互重叠。在某些项目，特别是一些小型项目中，项目的一些管理过程甚至可以合并在一起视为一个阶段。例如，一些小型项目中的活动排序、活动持续时间估算和进度计划编制之间的关系极为密切，甚至可以由一个有经验的人在较短时间内完成，因此可以视为一个过程。

　　尽管在实际中，项目时间管理的五个过程表现出难以截然分开的特点，但由于每一个过程所使用的工具和技术的不同，因此在理论上将其明确分开进行学习还是很有必要的。

　　后面的章节中将从以上五个方面对项目时间管理的内容进行详细的讨论。

3.1.5　时间管理周期

　　项目时间管理是指在限定的时间期限内，拟订出合理且经济的进度计划，

笔记栏

在执行该进度计划的过程中，经常检查实际进度是否按计划要求进行。若出现偏差，项目经理和项目管理人员就要及时找出原因，采取必要的补救措施或调整、修改原进度计划，直至项目完工。

项目时间管理是一种循环的例行性活动。由于在项目管理的实际过程中，项目时间管理的主要过程通常是相互影响和相互制约的，甚至有时是无法区分和相互重叠的，因此在每个项目周期的活动中大致可以分为四个阶段，其先后的顺序是：编制进度计划、实施进度计划、检查与调整进度计划、分析与总结。在前一循环和后一循环相衔接处，靠信息反馈的作用，使后一循环的进度计划阶段与前一循环的分析总结阶段保持连续，解决前一阶段遗留的问题并应用其经验，使项目进度工作向前推进一步，水平提高一步。每一循环构成一个封闭的回路，不同项目阶段从发展上看，应呈水平逐步提高的趋势。为使项目管理水平不断提高，项目经理和项目管理人员在每个循环的开始阶段（计划编制阶段），都应对前一循环最后一个阶段（分析与总结阶段，也称处理阶段）所遗留的问题，采取有力的措施加以解决，尽量不要把上一循环的问题带入下一循环，以避免影响和制约新循环的计划编制工作。

3.1.6　时间影响因素

要有效地进行项目时间管理，必须对影响项目进度的因素进行分析，事先采取措施，尽量缩小计划进度与实际进度的偏差，实现对项目的主动控制。影响进度的因素很多，除第一章提到的 6 个要素（工作范围、时间、成本、质量、组织及客户满意度）外，还有如人为因素、技术因素、材料和设备因素、资金因素、环境因素等。其中，人的因素是最主要的干扰因素。国内有关资料分析了这些干扰因素，认为常见的有以下几种情况：

（1）错误估计了项目的特点及项目实现的条件。包括低估了项目实现在技术上的困难，没有考虑到某些设计和施工问题的解决必须进行科研和实验，而这既需要资金，又需要时间，低估了多个单位参加项目实施过程将产生工作协调的困难，对环境因素了解不够，对资源供应的条件、市场价格的变化趋势了解不够等。

（2）项目参与者的工作错误。包括设计者拖延设计进度，项目承包单位没有及时做必要的决策，项目总承包单位将任务分包给不合格的分包单位，国家、地方管理部门、监督机构拖延审批时间等。

（3）不可预见的事件。发生不可预见的事件是最让项目经理和项目管理人员措手不及和头疼的事情。不可预见的事件包括罢工、事故、企业倒闭以及恶劣气候和战争等天灾人祸事件的发生，这些干扰因素通常会使项目延迟甚至失败。

这些不确定的干扰因素往往会对项目进度造成极大的影响，所以，项目经理和项目管理人员不仅应在项目资源上做好准备，还应至少在心理上对这些干扰因素做好思想准备。

3.1.7 时间管理的意义

项目需要在一定的时间、资源和预算成本内完成实现一定的可交付物的工作，并使客户满意，因此项目的重要特征之一是具有具体的时间期限。为了使项目能够按时完成，在项目开始之前项目经理和项目管理人员编制一份项目活动的进度计划是非常有必要的，这里的进度计划就是使项目的每项活动的开始及结束时间具体化的计划，如果没有这样的进度计划，将会增加项目不能按时在预算成本内完成全部可交付物工作的风险。

项目时间管理就是要采用一定的工具和方法对项目范围所包括的活动及它们之间的相互关系进行分析，对各项活动所需要的时间和资源进行估算，并在项目的时间期限内合理有效地安排和控制活动的开始和结束时间。显然，这样的项目时间管理对保证项目按照时间期限在预算成本内完成项目全部可交付物工作具有重要的作用。

3.2 项目活动定义概述

要对项目时间进行有效的管理，根据项目时间管理的主要过程，项目经理和项目管理人员必须对涉及项目各种可交付物的各项具体活动进行识别和定义。

3.2.1 项目活动定义的概念

项目活动定义（Project Activity Definition）是识别和确定为完成项目目标所需要进行的所有具体活动的一项任务。该任务的目标是确保项目组织对涉及项目各种可交付物范围规定的所有活动有一个完整、具体的理解。

项目活动定义的意思是识别和界定完成项目所必需的所有具体的活动,注意这里强调的是所有的活动,不能遗漏任何活动。项目活动定义所依据的输入包括工作分解结构、项目范围界定、历史数据、约束条件和假设以及项目目标。在进行项目活动定义这项工作时,项目经理和项目管理人员一定不能忘记要界定一些较小的可交付物。

要完成一个项目,并实现项目的目标,就应该事先识别和确定实施项目所需要开展的各项活动,并拟出一份包括所有活动的活动清单。项目活动定义就是为了完成这项工作所进行的第一项项目时间管理过程。具体来说,项目活动定义就是对工作分解结构(WBS)中规定的可交付物所产生的、必须进行的具体活动进行识别和定义,并形成相应文档的一个项目时间管理过程。

每个活动通常具有预计的时间、预计的成本和预计的资源需求,而且通常可细分成单个任务。简单地说,活动就是需要消耗一定时间的一项明确的工作,但不一定消耗资源和人力,例如,等待混凝土变硬可以看做一项活动,它需要几天的时间,但混凝土变硬的过程不需要任何人的工作和消耗任何资源。

3.2.2　项目活动定义的术语

一般来说,每个领域都有自己的专业术语及术语字典,这样同行们可以方便地交流所使用的相关管理和技术信息资源。项目时间管理也不例外,下面是进行项目活动定义中所使用的一些常见术语:

(1)活动。活动(或称为任务)是项目实施期间需要完成的工作包或工作包的集合,通常包含一个工作包或多个工作包中的任务。对于项目经理和项目管理人员来说,活动是项目需要一定时间来完成的一个基本组成部分,它们有预期的时间长度、成本和资源要求。典型的一个项目活动会消耗时间和资源,或者是需要人工作或需要人等待,后者的例子如等待合同被签订、等待原材料到达、药物等待政府批准、等待费用清理等。

按照项目时间管理领域的惯例,一个项目活动的描述一般应采用“动词+名词”格式,如建立成品规格或绘制施工图纸。

(2)汇合活动。这是在该活动之前有多项活动的活动(一个以上的逻辑关系箭线指向的活动)。

(3)分枝活动。这一活动有多于一个活动直接后续于它(多于一个逻辑关系箭线从它流出)。

（4）并行活动。是指在活动彼此之间没有关联逻辑关系的条件下，那些只要项目管理者愿意安排就可以同时发生的活动。不过，项目经理和项目管理人员可能更愿意选择让并行活动并不同时发生，有一定时差重叠的并行活动安排更有灵活性。

（5）串行活动。是那些活动彼此逻辑关联的顺序活动序列，这类活动的安排往往有较大的约束。

（6）关键路径。当这一术语被使用时，就意味着通过网络的最长路径。如果这一路径上的活动被延迟，则整个项目就会被延迟相同数量的时间。

（7）事件。这一术语用来表示活动开始或完成的某个时间点，它一般不消耗时间和资源。

有关活动的概念和内容还将在后面的网络图技术部分再做详细讨论。

项目活动定义会涉及确定项目组织成员和项目干系人为完成项目可交付物而必须完成的具体活动，通常导致项目组织制定更加详细的工作分解结构和辅助资料说明。该过程的目标是，确保项目组织对他们作为项目范围的一部分必须完成的所有工作有一个完整的理解。而一项活动或任务又是项目的一部分工作，一般能在工作分解结构中找到，它有一个预期时间长度、成本和资源要求。随着项目组织成员进一步定义完成项目可交付物所需的各种活动，工作分解结构常常得到进一步的分解细化。项目活动定义也会产生一些辅助性的详细资料说明，它将重要的可交付物信息、与具体活动相关的假设和约束条件一起形成相应的文件。在转移到项目时间管理的下一个阶段工作之前，项目经理和项目管理人员应该与项目组织和项目干系人一起，审查修订工作分解结构和辅助性的详细资料说明。

3.2.3　项目活动定义的主要工作

项目活动定义的主要输入依据是项目目标、项目范围的说明和项目的工作分解结构（WBS），另外还需要参考各种项目的历史信息和经验数据，考虑项目的各种约束条件和假设前提条件。项目活动定义的输出结果是项目的活动清单以及有关项目活动清单的辅助性支持细节资料说明等。项目活动定义的主要工作如表3－2所示。

表3-2　项目活动定义的主要工作

输　入	工具和方法	输　出
项目工作分解结构	分解技术	更新的工作分解结构
项目范围说明	模板法	活动清单
历史资料		辅助性资料说明
制约因素		可交付物说明
假设条件		

3.3　项目活动定义的输入

　　项目经理和项目管理人员在进行项目活动定义时，其前提是要有一些项目输入依据，主要是项目范围管理定义后的输出结果，否则就没有办法定义项目的各项活动。输入依据主要包括以下方面的内容。

3.3.1　工作分解结构

　　项目工作分解结构（WBS）是进行项目工作分解后所获得的有关实施项目所要完成工作的层次性树状结构描述，是项目活动定义最基本的依据，它描述并确定完成项目所要进行的活动，在工作分解结构的基础上可以检查出可能遗漏的工作任务。如果需要，通过运用项目活动分解的方法，可进一步将项目工作分解为更小的、更容易控制的具体"小要素"——更小的活动、工作包甚至工作单元，以便对这些"小要素"进行更好的管理，从而能获得实现项目目标所需要完成的所有活动。这些活动经过工作分解结构后应具有以下特点：

　　（1）可管理的，能够分配给相关部门或个人专门的职权和职责；

　　（2）独立的，或同其他进行的活动有最小的逻辑搭接和依赖性关系；

　　（3）可组合的，以利于这些"小活动"形成整个子项目；

　　（4）根据项目进展可对这些活动进行检测和量度。

　　项目经理和项目管理人员在设计和开发项目工作分解结构时要进行仔细谨慎的考虑。同时，工作分解结构也应考虑其他要求分解的资料，比如时间表、过程管理、合同和技术执行参数等。在进行项目活动定义时，工作分解结构是最重要的要素，因为它为以下各项提供了一个指导性框架基础：

（1）活动的集合应该能描述项目的可交付物，以及协调实现项目目标；

（2）可以编制项目进度计划；

（3）可以建立项目成本和预算；

（4）可以跟踪项目实施的时间进度、成本和质量情况；

（5）项目目标能同项目组织的资源建立逻辑联系；

（6）可以建立项目时间表、状态报告和进行项目风险分析；

（7）可以编制项目网络图和控制计划（包括合同管理）；

（8）可以为每个活动分配责任并建立相应的责任矩阵，从而建立项目组织结构。

工作分解结构是能将项目可交付物分成小活动的一个有效工具，这样可对需要解释的每个主要和细小活动提供更大的可能性。尽管存在多种工作分解结构，但最普通的是如下所示的 6 层次分解结构：

适用对象	层次	描述术语
管理层	1	总项目
	2	项目
	3	活动
执行层	1	任务
	2	工作包
	3	工作单元

一般来说，每一层次都有各自的重要目的。在管理层，第一层是总项目，由一组项目构成，通常用于工作授权和解除；第二层是项目，所有与项目相关的活动和成本的总和等于项目；第三层是活动，每个项目可分解为多个活动，用于编制进度计划和成本预算。所有活动的总和等于所有项目的总和，反过来项目又组成了总项目。在执行层，第一层是任务，活动被分解成任务，这样更易于任务分配和编制责任矩阵；第二层是工作包，把任务分解到相对独立的、内容单一的、易于成本核算和检查的工作包，这样更易于分配具体的工作和资源到具体的执行人；第三层是工作单元，若发现还不能准确估计每个工作包的持续时间、资源和成本，可再进行分解形成工作单元，这样便于更详细和精确的绩效考核。这里要注意的是在理解工作分解结构的层次时，层次是个相对的概念，例如，在有的项目中，活动和任务可能指的是同一个工作对象，活动和工作包也可能指的是一个概念，依具体项目大小而定。一般来说，项目越大，层次应分解得越细；反之，层次则应分解得越粗。以下是工作分解结构层次的

一些特点：

（1）工作分解结构在管理层上的三个层次反映了项目整合的程度，它们不应该同某一特定部门相连。对部门或项目小组的工作要求应该在执行层的任务和工作包中确定。

（2）一层内所有活动之和应该是下一层所有工作之和。

（3）每一层次的工作应指派给一个层次，而且只能是一个层次的人员负责。例如，厂房地基建设应包括在一个项目（或任务）内，由一个执行经理负责，不要延伸至两个或三个项目。

（4）被管理的项目层次经常叫活动或工作包层。实际上活动或工作包可以存在于任何一层下的其他各层。

（5）工作分解结构同时必须附有要求投入工作的范围详细描述，否则只有那些设计工作分解结构的项目经理和管理人员才能对要完成的工作有全面的理解。

活动或工作包是项目经理和管理人员管理工作分解结构最关键的一层，同时活动或工作包又是成本会计和项目承建者在计划、控制和测量项目合同完成情况时的基本模块。一个活动或工作包一般只是项目基层任务或工作的指派，它描述了应该由专门的项目组织完成的工作，同时起到监测和报告项目工作进程的作用。

一个活动或工作包文件没必要包含完整的描述，补充资料可以补充对活动或工作包的描述。但活动或工作包的描述必须让成本管理者和工作包监管人员理解和清楚区分不同活动或工作包的工作。在活动或工作包描述资料中，有必要包含来自每天都参与工作的项目组织成员的解释说明信息。

这里强调的是一个项目到底应分解成多少个层次是个相对的概念，项目经理和项目管理人员应视具体情况而定，同时掌握效率原则。

在建立工作分解结构中，每个活动应有明确的开始及结束时间，因此每个活动：

（1）可以作为一种进度度量工具，活动持续时间现值可以同预期计划进度相比较；

（2）跟踪监测活动持续时间现值应在"整个"活动持续时间期内进行，而不只是在活动开始或终止时进行；

（3）应进行结构化描述（如格式），这样才便于控制。

对于大型项目，编制进度计划就是对工作分解结构的活动层次进行时间划分和确定，因此活动应有以下特征：

（1）代表工作执行层的工作单位；

（2）将分配到同一个职能单位的活动与其他活动明确地区分开来；

（3）包含明确定义的完工的起止时间；

（4）根据货币、工时或其他可度量单位编制成本预算；

（5）为最小化工作过程而缩短工作执行时间。

图 3－2 是一个简单太阳能路灯系统开发项目的工作分解结构模型示意图，从图中可以看出，整个项目的工作被分解为三个层次。通过对这一工作分解结构的进一步细化，就可以得到该项目的活动清单。

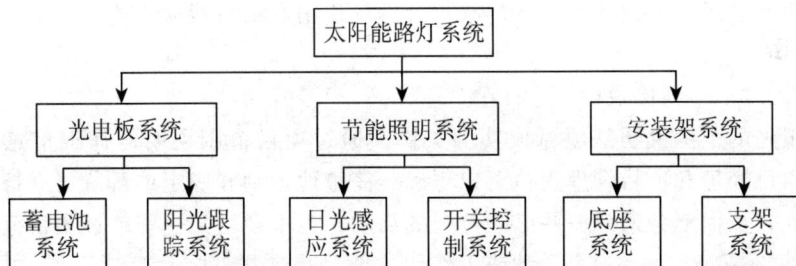

图 3－2　简单的工作分解结构示例

工作分解结构的设计和编制并不容易，工作分解结构作为一种项目沟通工具，为项目经理、项目管理人员和管理层提供项目的详细信息。如果项目工作分解结构不包含足够的分解层次，项目活动的识别和控制就很困难；如果分解层次太多，则所有项目活动都要进行相同的分析识别，重复的工作又会太多。项目经理和项目管理人员在进行项目工作分解结构时应把握其详细程度适宜原则，因此，工作分解结构的建立应该遵循以下准则：

（1）工作分解结构和活动描述应简明易懂；

（2）所有活动的时间安排顺序都应对应工作分解结构；

（3）不能任意将活动分解到最低层，详细程度应视具体情况而定；

（4）最低层活动不能比其他活动成本高很多；

（5）因为项目的活动范围可以变更，应该尽力保持工作分解结构的灵活性；

（6）工作分解结构可以用来区分重复和非重复成本；

（7）大多数工作分解结构的工作（在最低控制水平）占整个项目预算成本的 0.5%～2.5%。

显然，项目工作分解结构的确定是整个项目定义过程和项目实施规划的一个重要部分，同时也是项目组织设计的重要依据之一，它不仅仅是简单地将项目结构分解成各种物理单位以保证覆盖项目的所有工作，它还包括了许多承上启下的项目的管理性工作，这种分解方法就是为了便于项目控制。作为项目组织者，项目经理和项目管理人员用工作分解结构作为通常的管理实施框架。

3.3.2 范围说明

范围说明是项目活动定义的另一个基本依据，因为在项目活动定义期间，必须明确考虑范围说明中列入的项目合理性说明和项目活动描述。

3.3.2.1 范围说明

正确的范围说明是项目成功的关键。通过项目范围说明的详细信息和资料，项目经理和项目管理人员可以正确、完整地识别和确定项目所要进行的活动内容，从而不会遗漏一些必须开展的活动，也不会增加一些超过项目范围的活动。

进行项目范围说明的过程是：在充分研究客户的需求建议书的基础上，依据项目范围说明书将项目范围内的工作分解为具体、细致、明确的可执行活动单元，以此为依据绘制工作分解结构图（WBS）。接着，进行项目工作分解结构术语词典的编写，对项目工作分解结构的所有活动或工作包进行详细说明。然后，将这个树形结构中的每一项工作都落实到项目组织成员上，建立起描述项目责任落实情况的项目组织分解结构（OBS）。同时，还需要为各项目组织成员分配所需的资源，建立起描述资源配置情况的项目资源分解结构（RBS）。

项目范围的说明要力求准确、细致，要有利于资源的合理配置和使用，有利于成本和时间的正确估算，尽量避免超出成本预算的现象发生。

可见，适当的范围说明对于项目的成功来讲是十分关键的。因为，如果项目的范围界定不明确，在项目实施的过程中，项目变更就会不可避免地出现。而变更情况的出现通常会破坏项目的节奏及进度，造成返工、延长项目时间长度、降低项目工作人员的生产效率和士气等，从而造成项目最后的成本大大超出预算的要求，严重时会造成项目的失败。

3.3.2.2 活动描述

活动描述是范围说明过程中又一个最重要的工作，是项目工作要求的狭义描述。活动描述作用是协助项目组织的所有成员明确每一个活动或工作包的具体内容，为项目参与者能够正确认识他们需要完成的工作提供依据。除此之外，活动描述还为说明活动或工作包应该何时结束提供了相应的参考标准。同时，活动描述的复杂性程度是由项目组织、项目经理和项目管理人员、客户的意愿决定。

在进行项目进度计划编制过程中，当工作结构分解完成后，紧接着就应该进行活动描述这一部分工作。作为项目经理和项目管理人员，在进行活动描述前，除了需要了解完整的工作描述对项目的重要性，还要清楚一个完整的活动描述应该包含哪些具体部分。

为了使所有的项目参与人员理解每个活动或工作包的具体细节内容，在进行项目进度计划编制过程中，对项目负责具体实施的管理人员，在完成工作分解结构图之后，应该根据工作分解结构所确定的所有任务，完成活动描述工作。简单地说，活动描述就是一个针对工作分解结构中所有具体任务的描述"词典"。活动描述编制完成后应交给客户和相关项目干系人核实和认可，这是唯一比较合适的做法。原因是客户和相关项目干系人倾向于用科学术语编写这些"词典"，而只有他们对这些术语的意思有充分的理解。

（1）活动描述的基本步骤。

①将工作分解结构中所有级别最低的活动或工作包作为描述对象，列在清单上；

②确定每一个活动或工作包的具体可交付物，以及完成这个活动或工作包所需要的具体工作、人员、资源、费用以及相关信息等；

③参考现存的或过去的项目过程及进程描述，将针对所有活动或工作包的具体描述记录下来。

（2）活动描述的关键内容。一个活动描述可以包含许多类型的信息。选择那些帮助确保工作被完整理解的关键信息，并在理解的基础上对这些关键信息进行管理。

①活动名称；

②交付物/输出；

③交付物验收标准；

④参考标准；

⑤为了获得可交付物而形成的完整且详细的工作描述；

⑥前提假设或基准原则；

⑦输入需求；

⑧约束；

⑨责任人的签名。

（3）其他内容。如果获得的相关信息是适用的，一个活动描述中还可以包括其他方面的内容。这些内容为明确和定义任务提供参考，这些内容如下：

①活动目标；

②工作分解结构代码；

③活动的独立性；

④活动中的工作风险；

⑤风险规避计划。

（4）活动描述的注意事项。

①活动描述是否详细，是否能允许项目实施者制定完成每项活动描述的工作所需的人力资源需求？

②项目实施者的特定职责是否已经说明，是否知道应做什么？

③活动描述的所有部分是否都能清楚地保证项目实施者明确其义务是什么，以及什么时候承担义务等问题？

④当有必要参考其他文献时，对合适的参考文献是否进行了描述？引用是否正确？所有这些都同活动相关或只是部分参考？对活动描述元素是否交叉引用？

⑤活动描述同项目总体信息是否能明确区分？

⑥对每个交付项是否有时间阶段数据要求？如果错过了时间，是否要制定特定的日历或工作日？

⑦活动描述对采购的适当比例是否有规定？

⑧活动描述是否在较低层的分解能足够详细地加以确定和定义？

⑨所有活动描述要求是否都在资料要求附件或正文中做出独立说明？

⑩如果需要的话，安全要求是否足够？

最后，还应该有活动描述编制解释的管理评审程序。

在活动描述中，项目经理应该经常同项目干系人和行业专家讨论，以保证活动描述中有足够的内容，从而确定指定的技术和资料要求确实与内部指导一致，并足以支持一般系统目标。图3-3是对某项目采购一个活动的描述。

```
                         活动描述
活动名称：订购材料
活动交付物：已签署并发出的材料订单
活动验收标准：主管或领导签字，订单已发到选好的供应商
参    考：材料订购过程标准
工作描述：使用数字模式"XXX"和步骤指导"YYY"完成订单，并获得批准
假    设：材料在某些地方会很适用
信息资源：材料分配情况，以及供应商情况
约    束：材料费用是有限制的
其    他：风险：材料可能不合用
```

图 3-3 某项目采购活动描述

3.3.3 历史资料

　　项目经理和项目管理人员可以从过去和现在的每一个项目中得到相关历史资料信息，即使项目是失败的资料信息。在很多情况下，失败的历史经验资料对于项目管理者来说是非常宝贵的资源，可提醒项目经理和项目管理人员不要重犯类似的错误。历史资料包括本项目前期工作的实际执行情况，也包括项目组织过去开展的类似项目的例子。这些资料对项目的后期进展以及今后的项目提供了非常有用的参考。

　　大多数项目组织（或公司）不愿意记录失败的资料信息，因为文献资料表明失败资料是源于自己所犯的错误，这对项目组织成员来说一般是一种糟糕的事情。但是，既不从别人那里学习历史经验，更不从自己身上总结，其结果就会是一再重复犯别人所犯的错误。

　　如何学习和总结历史资料是一个关键问题。现在，项目管理者非常强调从项目的历史资料档案中学习经验教训，这既是为避免重犯别人所犯的错误，又是为避免一切从头做起。

3.3.4 约束因素

　　任何一个项目都会有各种各样、或多或少的约束因素，这些因素是定义项目活动时必须考虑的关键因素，如一个新药开发项目会受到缺乏专业研发人员

的限制，所以在定义项目活动时就要对该因素予以考虑。

在项目环境中，约束是无法避免的，但约束及其解决方案是可以预先计划的。最常见的约束类型包括：

（1）人力资源；

（2）项目组织基本管理费用；

（3）技术见解和权衡；

（4）管理程序；

（5）责任；

（6）设备；

（7）项目成本；

（8）优先权；

（9）进度计划；

（10）个性约束。

其中每一类约束的强度和等级排序，在整个项目生命周期中是有所变化的。有些约束是无法避免的，并且反复出现。比如，原材料与成品库存的关系问题。生产部门希望手头拥有最大可能数量的原材料库存，以避免出现停工待料的情形；销售和市场部门希望拥有最大可能数量的成品库存，以满足客户需求；而财会部门则希望原材料库存和成品库存都达到最小，以使账面显得漂亮，并且不会产生现金流量方面的问题。

约束的平均强度。项目经理所感觉到的约束的平均强度，是通过对约束的不同起因和项目生命周期的不同阶段来进行度量的。项目经理被要求对他们所遇到的 7 项潜在的约束诱发因素的强度，按照统一的 4 分制来划分等级。这 7 项潜在的决定性因素是：

（1）项目优先级约束。项目的每一个干系人对于成功完成项目所必须进行的顺序和活动的看法是有所区别的。在项目组织和小组之间，以及项目组织内部，都会产生优先级约束。

（2）管理程序约束。有些管理和行政方面的约束会因为如何对项目进行管理这个问题而引发，即项目经理对项目的定义、相关责任、衔接关系、项目范围、运营要求、执行计划、与其他小组的工作协调和支持流程的定义等。

（3）技术见解和性能权衡的约束。在以技术为导向的项目中，产生争执的原因可能来自技术争议、性能要求、技术权衡和达到绩效所采取的方式。

（4）人力资源约束。如果项目组织的成员来自其他职能部门和人力资源部门，或者是需要用到其他部门的人员来对项目进行支持，而这些人员仍然归属于其原先的职能部门或人力资源部门，这时人员的配备就会引发人力资源约束。

（5）成本约束。涉及各种项目工作分包的支持部门，其成本估算常常会引发约束。例如，由某位项目经理分配给项目某个职能小组的资金可能会被认为是满足不了其需求的。

（6）时间计划约束。关于与项目有关的活动的时间安排、顺序和进度可能会引起争议。

（7）个性约束。与"技术"纷争相比，争议更多地围绕着人与人之间关系的差异而产生。约束常常是以项目组织的有关职能部门或个人的"自我为中心"的形式表现出来。

3.3.5　假设条件

在定义项目活动的过程中，必须要考虑一些假设前提，否则项目活动的定义就无法进行。约束条件是指那些能够对项目管理层的选择产生约束作用的因素，而假设是指为了项目计划的目的而把它当成是真实的、理所当然的因素、条件和前提。例如，在建筑项目中，经常要假设项目生命周期内只要有多少个晴天就能完成项目，但实际上到底有多少个晴天只有老天爷才知道。因此，这不可避免地会带来一定的风险。另外，约束条件与假设对项目活动的逻辑关系也会产生一定的影响。

项目的假设条件是对开展项目活动所涉及的一些不确定条件的假设，这种假设条件也会直接对活动排序具有一定的限制和影响。例如，在没有资源限制的假设条件下，两个活动可能可以同时开展，但是在有资源限制的条件下，这两个活动可能就只能够依次进行。

为了编制切实可行的项目进度计划，活动排序必须考虑到项目实施过程中可能受到的各种约束条件，同时还要考虑项目计划制订所依赖的假设条件。

3.4　项目活动定义的工具和方法

较大的、复杂的项目需要借助工作分解结构来进行范围定义，项目活动定义则需要在工作分解结构的基础上通过活动分解来完成。

3.4.1　活动分解技术

项目活动定义所采用的技术包括活动分解技术和模板法。分解就是把项目元素划分成更小的、更多的元素，这样就更加便于管理和控制。而模板则是为将来的项目做准备的，旧项目的经验对于一个新项目来说是非常宝贵的。

相应地，活动分解技术类似于建立工作分解结构的工作分解技术，具体来说，工作分解技术是将项目分解为有内在联系的若干活动的技术，这里的活动是实现项目目标所要完成的相关活动的集合；而活动分解技术则是在工作分解结构的基础上，将工作分解结构所包含的活动分解为具体工作包或工作单元的技术。区别体现在工作分解的最后成果是可交付物或成果，用工作分解结构来描述；而活动分解的最后成果是工作包或工作单元，可用活动清单描述。

图3-4是某大学文艺演出活动的活动分解技术示例，该活动分解结构任何一个分支的最底层部分都是工作包，例如，校刊广告、校内海报、入场券发放都是工作包，舞台设计也是工作包。为了使项目目标得以实现，需要确定每个工作包中的所有的详细活动，这一工作可以由每个工作包的责任人或责任小组来界定。例如，对于工作包"垃圾箱设置"可以由其责任人李林娟明确其具体详细活动：设计垃圾箱摆放位置、确定垃圾箱种类、购买垃圾箱、设置垃圾箱标志、清除垃圾箱垃圾、拆除垃圾箱并送回仓库。

3.4.2　模板法

一个项目组织过去所实施的项目的活动分解常常可以作为新项目的活动分解的参考样板。虽然每个项目都是独一无二的，但仍有许多项目彼此之间都存在着某种程度的相似之处。许多应用领域都有标准的或半标准的活动分解可以用作参考样板。

模板法或参考样板是使用已经完成的类似项目的活动清单或部分活动清单，作为一个新项目活动定义的模板，根据新项目的实际情况，再在模板上调整项目活动，从而定义出新项目的所有活动。在定义项目活动时，模板法是一种简洁、高效的活动分解技术。

笔记栏

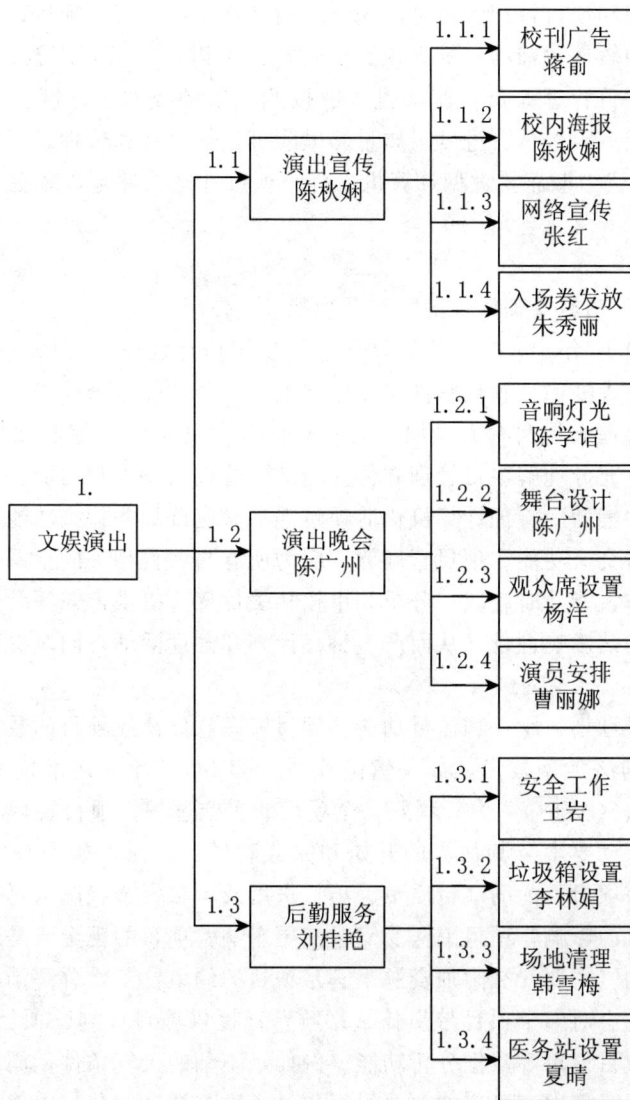

图 3—4 某大学文艺演出活动的活动分解技术示例

3.4.3 项目管理软件

今天，计算机具有存储量大、检索方便、计算能力强、网络通信便捷等优点，项目经理和项目管理人员可以充分利用其优点帮助管理项目，表现形式是使用项目管理软件"辅助"管理项目。从概念上讲，项目管理软件可"辅助"项目经理和项目管理人员，使项目能够按照预定的成本、进度、质量顺利完成，从而对成本、人员、进度、质量、风险等进行分析和管理。而且，许多在20世纪80年代中期需要大型计算机支持的项目管理软件包，现在都可以在计算机上实现。

3.4.3.1 项目管理软件的特点及功能

在过去的10年中，项目管理软件包发生了爆炸性发展，从小型项目管理软件包发展成大型项目管理软件包，而且项目管理功能越来越强。目前，项目经理和项目管理人员拥有大量项目管理软件来帮助跟踪和控制项目等复杂任务，因此，应充分理解项目管理软件"辅助"管理的特点和功能。那么项目管理软件如何"辅助"管理计算机化的项目呢？又应该具备什么功能呢？

（1）项目交流功能。项目管理软件应为所有与项目相关的干系人提供服务以便于其工作，能及时获取、分析和审核相关信息，提供未知问题的尽早警示和对其他活动的影响评价，从而产生替代计划和管理活动，同时提供工作交流的功能。

（2）项目计划、跟踪和监督功能。项目管理软件描述项目的数据格式通常是基于标准网络类型技术，如关键路线法（CPM）、计划评审技术（PERT）或节点活动法（AON）。为管理好一个项目的实施过程，项目管理软件应该能输入和更新活动要素及其估算的开始和完成时间、分派的资源和实际成本数据，能反映该项目目前的项目质量、项目进度及项目资金状况（例如，项目怎样受有限的资源影响？项目怎样受需求变更影响？项目的现金流是怎样的？超时有什么影响？需要什么附加资源来满足项目的约束？工作分解结构中的某一元素发生变更会对整个项目带来什么影响？）；提供项目计划、项目组织管理、项目控制、项目评审等数据分析功能（例如，不利的天气条件，周末活动，非标准的人力资源需求，可变的项目组织成员人数，活动细分，未使用资源的分配等）。项目管理软件也提供计划偏差、资源和进度付出的影响评价，提供资源平衡，即分摊可获得资源以确定活动持续时间，并产生一个平衡的比较进度。

（3）文档管理功能。由于每类项目的文档都不尽相同，项目管理软件应能对照其进度和初始计划将项目的技术和财务状况形成文档，提供灵活的文档管理。

（4）报表功能。项目报表通常通过一个菜单引导的报表编写系统获得，它允许用户按照标准格式要求几个标准报表。用户也可以变更这些报表或者建立新报表。依靠该系统的先进性及其外围硬件设备，这些报表由全范围的甘特图、网络图、表格汇总和商务图等支持。例如，可得到的报表功能包括：

◇计划工作的预算成本（BCWS）报表；

◇完成工作的预算成本（BCWP）报表；

◇实际与计划支付报表；

◇挣值分析报表；

◇成本和进度实施指数；

◇现金流报表；

◇关键路线分析报表；

◇变更订购报表；

◇对绩效监督系统格式化报表。

此外，许多软件包具有面向用户、定制化格式的报表等特征。

（5）权限管理功能。由于各企业都有其自身的特点，都有自己管理项目的方法；即便是同一企业不同的项目管理方式也可能不同。所以，项目管理软件应能提供灵活的功能组合或灵活的权限管理，以便于各企业根据自身的情况使用而不是根据软件改变自己的管理方式。

很明显，即使最先进的项目管理软件也不能完全替代有能力的项目领导，项目管理软件本身不能确定和校正任何相关任务的问题，但它能极大地帮助项目经理跟踪许多相互关联的变量和任务，进而管理现代项目。那么项目管理软件又有哪些局限呢？

（1）不能完全替代人。项目管理软件依附于计算机，而目前计算机不能看、不能做，只能由人来操作、控制。把人看到的"输入"计算机，利用计算机的一些优点"辅助"计算、检索、沟通等，可以为项目经理和项目管理人员提供正确的信息，便于他们正确地、方便地管理项目。

（2）不能分辨信息的正确性。既然项目管理软件依附于计算机，而计算机又是由人来操作、控制的，那么如果想通过项目管理软件得到正确的、全面的信息，必须先有正确的、全面的输入信息。

（3）只是一种工具。计算机同电话等一样都是便于我们工作的工具而已，项目管理软件也是如此，项目管理软件仅能"辅助"项目经理和项目管理人员管理项目，起决定作用的还是他们自己。

3.4.3.2 项目管理软件的软件特性

不同项目管理软件产品，其性能和特性有不同的差别，但大多数的特性类型都很类似。差别主要集中在特性的复杂性上，例如存储、显示、分析、互动性以及用户界面友好性等。大多数项目管理软件包提供下列特性：

（1）项目数据一览，包括成本支出、时间安排和活动数据；

（2）项目管理和商务图形性能；

（3）数据管理和报表功能；

（4）关键路线分析；

（5）客户化，以及标准化、报告格式；

（6）多项目分析和跟踪；

（7）子网络；

（8）影响分析；

（9）尽早警示系统；

（10）替代方案的在线分析；

（11）成本、时间和活动数据的图形表示；

（12）资源计划和分析；

（13）成本分析和差异分析；

（14）多个项目日历；

（15）资源平衡。

3.4.3.3 主流项目管理软件简介

随着项目管理软件工具日渐成熟，近年来从个人到企业组织，从小活动规划到大型的项目执行，在有限的资源和时间约束下，项目经理和项目管理人员已广泛运用项目管理软件来辅助项目的管理过程，通过"所见即所需"的最佳方式来自动将项目信息传递给每一项目干系人，帮助用户实现最好的项目目标。下面对广泛运用的两种主流项目管理软件作简要介绍。

（1）P3 项目管理软件简介。Primavera 公司的 P3（Primavera Project Planner）是世界上用户最多的项目进度控制项目管理软件，它在如何进行进度计划编制、进度计划优化以及进度跟踪反馈、分析、控制方面一直起到方法论的作用，代表了现代项目管理方法和计算机最新技术。

据著名的工程新闻记录（ENR）调查，Primavera 公司的 P3 和小 P3 软件在工程界（AEC 行业，即建筑、设计、施工行业）的市场份额高达 81%，尽管国内、国外市面上有五花八门的用于工程计划编制和进度控制的软件，但 P3 长期以来被认为是一种标准。如同世界上大部分大型工程都使用 P3 进行进度计划编制和进度控制一样，国内绝大部分大型工程也都在使用 P3，譬如三峡、小浪底、二滩等大型水利水电工程。

P3 的主要功能特性是：工程组、工程、目标工程不限；每个工程可达 10 万条工序；自动进度计算和资源平衡；进展骤光灯和自动进度更新；显示进展线、前锋线；20 级工作分解结构（WBS）编码；工程识别编码；24 个用户可自行定义的作业分类码，可用于选择、排序、分组分析；16 个用户自定义数据项；多个工程汇总成新工程；挣值分析评价完成情况；保存历史数据；合并多个工程；总体更新用于一次修改批量数据；用户自定义的计划模板（子网络）；真正的同时多用户功能：多人同时更新、分析、制作报表；可对工程设定多级权限；与 Microsoft Office 兼容的图形及可按任意作业分类码和资源组合来组成用户接口等。

（2）微软 Microsoft Project。Microsoft 公司的 Microsoft Project 是一个在国际上享有盛誉的通用项目管理工具软件，凝集了许多成熟的项目管理现代理论和方法，可以帮助项目经理和项目管理人员实现时间、资源、成本的计划、控制。Microsoft Project 代表了 Microsoft 公司在项目管理产品领域的一个新的里程碑，Microsoft Project 的用户群在全球已超过 500 万，其中包括多种多样的用户类型，从掌握一般知识的工作人员到专家级的项目经理，Microsoft Project 为他们提供了对于项目的整体规划和跟踪，并按照业务需求交付相应的结果的灵活性，已成为了世界上最受欢迎的项目管理软件。

Microsoft Project 不仅可以快速、准确地创建项目计划，而且可以帮助项目经理和项目管理人员实现项目进度、成本的控制、分析和预测，使项目工期大大缩短，资源得到有效利用，提高经济效益。最新版的 Microsoft Project 在各方面的功能又有所增强，可以快速构建企业项目管理信息平台，提高企业的项目管理能力和管理效率，尤其在项目的协同工作方面，项目经理、工作组成员及其他项目风险承担人，可以通过网络协作工具进行动态跟踪，突破时间和空间的局限，随时了解项目进度和当前状态，从而确保项目实施的顺利进行，为企业战略目标的实现提供支持。

最新版的 Microsoft Project 2003 的主要功能有：项目计划制订；项目日历、活动日历、资源日历、日历共享、WBS 技巧；与 Visio 配合制作树状 WBS、周期性活动、从 Excel 导入活动；活动工期设置、计划评审技术（PERT）、弹性工期活动关联性设置；活动层次划分、里程碑（Milestone）设置及关键路径等。

3.5 项目活动定义的输出

项目活动定义的输出结果一般包括更新的工作分解结构图、项目活动清单（列表）及辅助性说明、可交付物说明等。这些项目活动定义阶段的输出结果是项目时间管理第二阶段项目排序过程的基本输入依据。

3.5.1 工作分解结构更新

在定义项目活动的过程中，项目组织通过活动分解技术可能会发现原有的工作分解结构中遗漏的、错误的或不合理的地方，所以要对原有的工作分解结构进行更新。同时，也要对其他的相关项目管理文件进行更新。

3.5.2 活动清单

活动清单（列表）必须包括完成项目的所有必需工作，并且应按照一定逻辑顺序组织起来。与工作分解结构相类似的是，活动清单应当包括每一项活动的具体描述，这就为项目组织成员对工作是如何完成的有清楚的了解。

活动清单作为工作分解结构的补充，确保了包括项目所要进行的所有活动，并且排除超过项目范围的活动。同时，活动清单对每个活动进行了简要说明，从而保证项目组织能够全面、正确地理解项目要进行的所有活动。

经过项目活动界定之后所产生的成果就是活动清单（或列表），相关支持信息以及工作分解结构的更新。

3.5.3 辅助性说明

项目活动定义也会产生一些辅助性的详细资料，它将与具体活动相关的假设和约束条件联系形成相应的文件。在转移到项目时间管理的下一个过程以前，项目经理、项目管理人员和项目组织应该与项目干系人一起，审查修订相关依据资料。

辅助性说明信息是为将来的项目作参考依据的，它必须组织起来，并且实现文献化。当然，辅助性说明信息也必须包含曾经用到过的各个约束条件和假设条件。

在进行项目活动逻辑关系界定的时候，或许能够对工作分解结构产生更加深刻和全面的理解。在利用工作分解结构进行工作鉴别和逻辑关系界定时，项目经理和项目管理人员就可以发现其中的一些可交付的东西以及相应的说明性文献。这些更新信息应当在工作分解结构中有所体现，称之为工作分解结构的精炼。

3.5.4　可交付物说明

可交付物（或成果）说明描述项目可交付物的性质和特征，它们的特性通常会影响到项目活动的排序，所以要根据可交付物说明对项目活动排序进行审查，以确保活动排序的准确无误。

·本章案例·

省财政学校校园网系统项目

随着计算机、通信和多媒体技术的发展，信息技术的普及越来越受到人们的关注。省财政学校的领导、广大师生们已经充分认识到这一点，学校未来的教育方法和手段，将是构筑在教育信息化发展战略之上。通过加大网络教育的投入，开展网络化多媒体教学、开展教育信息服务、远程教育服务和网络化管理等将成为未来教育方式的重点建设内容。

根据学校要求，总的信息点将达到 3000 个左右。信息节点的分布比较分散。将涉及主教学楼、教学楼、图书馆、实验楼及宿舍楼等。主控室可设在主教学楼的一层，图书馆、实验楼和教学楼为信息点密集区。校园网系统最终必须是一个集计算机网络技术、多项信息管理、办公自动化和信息发布等功能于一体的综合信息平台，并能够有效促进现有的管理体制和管理方法，提高学校教学、办公质量和效率，以促进学校整体教学水平的提高。

省财政学校将校园网系统委托给某信息系统公司开发建设，要求在 6 个月内完成。经过调查研究和多轮协商，信息系统公司就该校校园网系统建设提出技术实施方案如下：

1　硬件体系结构

1.1　综合布线

按照综合布线的原则，充分考虑网络的扩展及变动，做到所有办公室、图书馆、实验楼、教学楼、宿舍楼、食堂等布线一次性到位。网络主干采用五类双绞线（UTP）作为传输介质连接，以提高网络通道的传输能力、抗干扰能力及扩展升级能力。为了便于布线系统的管理、使用、维护，应设置网络配线中心，放置机柜，采用集中管理方式（即将水平、垂直布线合为一体）。

布线系统工程是建筑物或建筑群内的传输网络。根据 EIA/TIA568 综合布线系统可以划分成六个子系统：垂直干线子系统、水平布线子系统、工作区子系统、设备间子系统、管理子系统、建筑子系统。

1.1.1　连接正确性测试

布线系统主要使用 8 芯 UTP。由于终结要在任何一段缆线的两端进行，且需要端接的缆线芯数较多，则容易将芯线的位置弄错，因此有必要进行连接正确性测试才能保证系统的正常工作。

1.1.2　水平布线系统性能测试

在布线系统工程全部完成后，要对整个工程进行验收和检测，使用符合国际标准的专业测试设备对五类 UTP 进行各项测试，包括长度、带宽、衰减、串扰等项指标，以保证布线系统的质量。

1.1.3　交换式结构

为充分考虑学校未来的应用，整个校园的信息节点设计为 3000 个左右。交换机总数约 50 台，其中主干交换机 5 台，配有千兆光纤接口。原有计算机机房通过各自的交换机接入最近的主交换节点，并配成多媒体教学网。Internet 接入采用路由器接 ADSL 方案，也可选用 DDN 专线。可保证多用户群的数据浏览和下载。

网络中心机房采用千兆以太网技术，配备 Cisco Catalist 5500 交换机，具有高带宽 1000Mbps 速率的主干，背板带宽大，网络"瓶颈"小。工作组交换机配备 Intel 100M 桌面交换机，100Mbps 到桌面，保证网络具有较高的性能、较好的扩展能力及良好的网络可管理性。

1.2　Web 数据库服务器

根据学校的实际应用，配备服务器 7 台，用途如下：

（1）主服务器 2 台：负责整个校园网的管理、教育资源管理等。其中一台服务器装有 DNS 服务，负责整个校园网中各个域名的解析。另一台服务器装有电子邮件系统，负责整个校园网中各个用户的邮件管理。

（2）WWW 服务器 1 台：负责远程服务管理及 Web 站点的管理。

（3）电子阅览服务器 1 台：多媒体资料的阅览、查询及文件管理等。

（4）教师备课服务器 1 台：教师备课、课件制作、实验数据存储、资料查询等文件管理以及 Proxy 服务等。

（5）光盘服务器 1 台：负责多媒体光盘及视频点播服务。

（6）图书管理服务器 1 台：负责图书资料管理。

在 NT 服务器领域里，IBM eServer iSeries 的强大动力足以驱动 Web 应用、数据处理检索、日常办公等多方面应用。IBM eServer iSeries 具有很高的可靠性、伸缩性、可管理性，是一种具有超级能力的 PC Server。

1.3　网络结构拓扑图

以下是基于 IBM eServer iSeries 架构服务器的拓扑示意图，如图 3－5 所示。

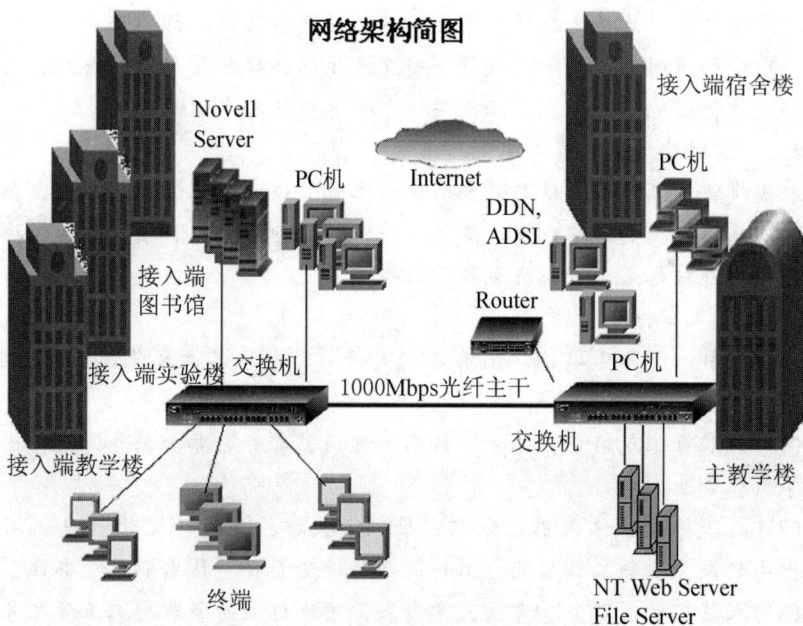

图 3－5　IBM eServer iSeries 架构服务器拓扑图

2　省财政学校综合管理系统

根据省财政学校的系统需求，兼容原有功能模块应用，采用基于 Web 数据库的学校综合管理系统解决方案，融合原有的四大系统优势，建立新型网络体系下的先进应用系统。省财政学校综合管理系统具有以下功能模块：

2.1　省财政学校校园信息模块

省财政学校校园信息模块包括学校介绍、校长寄语、共享信息、教育天地和互联网（Internet）导航。

2.2　省财政学校公告栏模块

省财政学校公告栏是用于向网上用户发布公共信息的场所，如校园新闻、校园大事等都可以发布到上面。

（1）校长信箱：校内人员可以通过该处直接向校长反映一些工作上所遇到的问题、困难。

（2）师生对话：校内师生可以在此匿名交流思想，加强对话。

（3）校内杂谈：校内人员可在此展开对大家所关心话题的讨论，如科索沃问题、中美关系等。

（4）英语角：为学生提供一个交流英语学习方法与心得的场所。

（5）小知识问答：为学生提供一个交流生活、自然等常识的场所。

（6）软件园地：为师生员工提供一个计算机软件交流的园地。

2.3　省财政学校劳资人事管理模块

本模块将员工档案资料与考勤制度、工资管理、人事管理相结合，实现管理科学化，有效提高工作效率，降低管理费用，利用DECS技术将该模块与现有财务模块连接起来，直接提取所需数据。

2.3.1　人事档案管理

以教职员工个体为单位，记录其相关资料，包括其表现状况、业务能力、专长等。

（1）教职员工花名册：编号、姓名、部门、职务、参加工作时间、出生日期、学历、专业。

（2）人事档案具体数据：姓名、性别、民族、籍贯、文化程度、家庭关系、出生日期、参加工作时间、工作简历、政治面目、技术职称、备注。

（3）人员工资、职务、考核、考勤表：建立标准的教职员工工资账号，将工资表数据与人事档案数据、考勤数据挂钩，科学地实现工资管理。

2.3.2　统计数据

实现职务聘任统计表，教职员工学历、资格统计表，教职员工工资表，财务报表、人事报表等数据的综合管理和查询。

2.4　省财政学校学生管理模块

以学生为单位，记录其相关资料，包括学生学籍管理、学生成绩管理等模块。

笔记栏

学员管理：以学生个体为单位，全面记录其相关资料，包括学籍管理、成绩考核、评估和优秀学员的跟踪培养。

2.5　省财政学校日常管理模块

本模块包括档案管理、日程安排、信息传递、事务管理和考勤管理。

（1）档案管理：实现对逾期正式文件及相关资料的校勘、封卷存放、拆卷查询。

（2）日程安排：日程安排包括个人日程安排和领导日程安排。个人日程安排包括日程提醒、事务催办。领导日程安排实现领导工作日程安排的公开化，可以让下级据此安排其工作日程，如工作汇报等。

（3）信息传递：该应用包括工作事务讨论、处室编发信息、校内动态信息、大事记编、报刊摘要、校内期刊等模块。

（4）事务管理：车辆管理实现校内各种车辆的全面管理。物资管理对校内的办公用品等资源实现电脑化管理。实验室管理以电子方式统筹安排实验物品、实验进程。

（5）考勤管理：通过电子审批对员工的出差、病假、事假、补假等需要审批的工作流程实行电子化管理。员工动态能动态地反映校内员工所处状态及相关信息，如病假、事假、出差等。

2.6　省财政学校电子邮件模块

基于 BackOffice 的电子邮件系统，以电子手段为媒介，在师生员工以及世界（与 Internet 电子邮件的集成）之间起到传递信息、协调工作、协助整个系统正常运行的作用。

2.7　省财政学校会议管理模块

提供方便的会议时间安排、邀请人员、经费安排等一系列的繁杂的事物处理，实现对校内会议的电子化管理。

2.8　省财政学校公文管理模块

系统提供发文、收文处理和文件查询。

对于发文，包括从拟稿、审稿、核稿，一直到最后领导签发该文件的全程计算机处理。实现以学校、处室为单位公文的起草、审批、校勘、签发、归档。

对于收文，包括从填写收文签，到送领导批阅，直到文件入库的全程计算机处理。实现接收上级单位的电子公文，并将其发送各相关处室及收文归档。

文件查询则可查询已入库的文件。

2.9　省财政学校值班报告模块

建立详细的值班记录报告，科学地安排值班人员和值班时间，使员工工作状态保持良好，保持单位业务的连贯性。

2.10 省财政学校远程办公模块

工作人员可以通过电话网、DDN专线、X.25等连接用户的远程计算机，能完成所有的有关办公的功能。

2.11 省财政学校综合信息平台模块

有以 Web 数据库为中心的综合信息平台，可进行消息发布、招生广告、形象宣传、课业辅导、教案参考展示、资料查询及远程教学等。

信息系统公司在与省财政学校签订校园网系统开发项目合同后，第二天就任命非常有经验的项目负责人李磊全面负责该项目各项工作。

讨论题

1. 信息系统公司将依据哪些信息来识别和定义校园网系统的模块？

2. 如果你是信息系统公司该项目的负责人，能拟出校园网系统开发的活动清单吗？

· 本章小结 ·

要理解项目时间管理，首先应理解时间的管理特性、时间管理的周期、时间的影响因素及时间管理的意义，在此基础上理解项目时间管理的定义及基本内容。项目时间管理的第一项工作就是项目活动定义，而项目活动定义需要基本的输入依据：工作分解结构、范围说明、历史资料、约束因素、假设条件等。注意项目经理和项目管理人员必须定义出项目的所有相关活动，一旦遗漏了某项活动可能会延迟项目的完成时间。项目活动定义需要基本的工具和方法：活动分解技术、模板法及项目管理软件；项目活动定义完成后的输出结果有：工作分解结构更新、活动清单、辅助性说明及可交付物说明。

· 关键概念 ·

时间的管理特性　时间管理周期　项目活动定义　历史资料　约束因素假设条件　活动分解技术　项目管理软件　活动清单　辅助性说明

· 思考题 ·

1. 讨论项目时间管理中涉及的主要问题是什么？

2. 项目时间管理中一般会遇到哪 7 项潜在的约束诱发因素？它们又是如何划分等级的？

3. 如何理解项目的假设条件？请举一例。

4. 活动分解技术的基本原理是什么？和哪项技术类似？

5. 项目管理软件的特点及功能有哪些？

第 **4** 章

项目活动排序

　　项目活动定义完成后，在工作分解结构的基础上，项目经理和项目管理人员就要通过判断不同活动在项目执行过程中的逻辑关系，对项目的所有活动安排其先后顺序，并以一定的图示方法表示出来。活动排序过程的输入涉及工作分解结构中的项目所有活动、可交付物说明书、假设和约束条件、活动之间的相互逻辑关系或依赖关系。项目活动排序涉及的工具和方法包括有向图与网络、网络图的绘制、节点活动法、箭线活动法、网络模板法及关键线径等内容。项目管理软件也是项目活动排序强大的工具。项目活动排序的输出结果主要有项目网络图和更新的活动清单。

4.1　项目活动排序概述

　　项目活动有先有后，在项目活动定义完成后，项目经理和项目管理人员的下一步工作就要对项目的所有活动安排其先后顺序，即项目活动排序。进行这项工作可利用项目管理软件，也可以手工完成，还可以手工和软件相结合。

4.1.1　项目活动排序

　　项目活动排序（Activity Sequencing）就是在项目工作分解结构的基础上，通过判断各个活动在项目执行过程中的逻辑关系和先后顺序，确定出哪些活动可以同时进行，哪些则必须按先后顺序进行，某个活动在开始之前哪个或哪些活动必须结束，以及哪些活动必须都完成后项目才能结束等逻辑关联关系，并以一定的图示方法表示出这些活动的先后逻辑关系。活动排序涉及考察工作分解结构中的项目所有活动、可交付物说明书、假设和约束条件，以决定活动之间的相互逻辑关系，它也涉及评价活动之间逻辑关系的原因。一般说来，逻辑关系或依赖关系反映了项目活动或任务的逻辑顺序。

　　项目经理和项目管理人员在不明确项目过程中所有活动的先后逻辑关系时，是不可能编制出项目进度计划的。例如，某项活动是否必须在另一项开始之前完成？几项活动是否可以并行进行？某些活动可不可以重叠？确定活动之间的这些逻辑关系，对编制和控制项目进度计划有很重要的意义。项目经理和项目管理人员根据活动之间的这些逻辑关系可以确定项目的关键路径、关键活动和持续时间，并且找到最有效的完成项目活动的途径和编制出符合实际的、切实可行的项目进度计划。

　　项目经理和项目管理人员只有对项目活动进行了正确的排序后，才可能编制出切实可行的项目进度计划。项目活动排序可用手工进行或由计算机执行（利用某种计算机项目管理软件）。对于小型项目，手工排序很方便，对于大型项目，早期阶段（此时对项目细节了解甚少）用手工排序也是很方便的，但是随着项目的进展，手工排序就难以满足需要，这时就需要手工排序和计算机排序结合使用。

　　前面章节已介绍，项目活动就是为完成项目的某一特定目的而需要占用一定时间、资金、设备、人力等资源的活动内容。从工作分解结构可以看出，一个项目或许可以涉及数以千计的活动，而这些项目活动的顺序安排就是要识别并且冻结具有相互逻辑关系的工作，活动顺序安排可以为以后的网络图绘制提供基础的资料信息。不过，项目活动顺序安排是一件比较麻烦、比较费时的事情，在实际活动排序操作当中似乎没有人愿意多看几眼。这并不是说它不重要，原因就在于活动排序涉及的各种情况比较多、比较复杂，而且不确定因素也太多，需要反复调整才能得出"正确"的排序结果。而所谓"正确"的排序结果，在项目实际实施过程中还有可能需要重新反复调整，以适应项目实际情况的变化。

这样的说法似乎很难理解，但是在实际操作当中是经常出现的。所以在项目实际管理过程当中，项目经理和项目管理人员一定要多注意工作分解之后的活动顺序安排问题，本节也将对一些常见的情况和问题做出分析。项目活动排序过程的主要工作如表 4-1 所示。

表 4-1　项目活动排序的主要工作

输　　入	工具和方法	输　　出
活动清单	节点活动法	项目网络图
约束条件	箭线活动法	更新后的项目活动清单
假设条件	网络模板法	
可交付物说明		
活动间的逻辑关系		
里程碑		

4.1.2　项目活动的分类

当项目的工作分解结构完成之后，得到了有关该项目所有活动的清单（或列表），该如何区分和处理这些活动呢？

可以把项目活动分为以下几大类，那就是：实工作、虚工作、挂起工作、辅助工作、里程碑、子网络等。它们中有些具有实际的意义，有些具有管理上的意义，有些仅仅是为了工作设置的方便而定义的。下面分别介绍它们的具体含义。

（1）实工作。从字面上理解就是那些实实在在的工作，也是项目中最为常见的工作形式，这点是很好理解的，比如说，项目立项、编写可行性报告等工作。实工作就是那些完成项目的基础性工作，一般来说它必须耗费一定资源。

（2）虚工作。虚工作就是那些为了能够在网络图上较为方便地表示出活动之间的逻辑关系而人为规定的工作，它一般来说不占用资源，不占用时间，仅仅起到一种表示活动之间逻辑关系的作用。

（3）挂起工作。挂起工作是一种特殊的工作，需要时间消耗而不需要资源的消耗（如果时间不算资源的话）。它用来表示某项工作在指定时间段内不能实施而处于等待状态，如装修过程中等待油漆变干、施工中突然停电而导致暂时停工等过程。

（4）辅助工作。辅助工作是实工作，它指的是那些经常性的、与项目工作有并行感觉的、带有辅助性质的工作，比如说宣传教育活动、经常性的文娱活动等。它们的活动持续时间是弹性的，随着时间长度的延长而延长，或随着时间长度的缩短而缩短，但它们永远都不能够称为关键活动，只好称为辅助性工作了。

（5）里程碑。里程碑是项目管理中的一个重要的概念，它具有标志项目进展情况的特定功能。里程碑的本质是控制点，它分为输入控制点和输出控制点，特别是在多个项目进度计划联合控制中起着桥梁的作用。那么何谓里程碑呢？比如说在一个建造房屋的项目里，就可以把房屋地基的完工设定为一个里程碑，这样就可以大大方便项目经理和项目管理人员以及相关项目干系人对项目的实际管理和监督工作。里程碑的概念在后面还会详细讨论。

（6）子网络。子网络主要用于项目网络图的分级工作。在实际工作中，网络图分为零级、一级、二级等多个层次。因为对于一个项目来说，用一张图来表示项目的所有东西是不切实际的。比如说房屋地基的完工，或许这一工作是由许许多多的工作所组成的。

不过这里要注意的是，上面所提到的实工作、虚工作、挂起工作、辅助工作、里程碑、子网络等，都是为项目网络图的绘制与管理方便而提出的概念，项目经理和项目管理人员在实际工作当中应当充分理解并且用好这些概念，为实际项目管理工作服务。

4.2 项目活动排序过程的输入

活动排序的依据包括活动清单、约束条件、假设条件、可交付物说明以及项目活动间的逻辑关系。活动清单、约束条件、假设条件、可交付物说明等内容在前面章节已经介绍，故不再赘述，这里重点讨论项目活动之间的关系——逻辑关系。

4.2.1 活动间的关系

所谓项目活动间的关系——逻辑关系，是指各项活动进行时必须遵循的先后顺序。大家知道，每项活动都只有在具备一定条件的前提下才能开始或结束，而这些条件往往可能是由前面或后面另一项活动提供或创造的。举个例子，你请大家吃烧烤，那么这个烧烤的食物必须烤熟了大家才能吃。同样，只有送走了吃饱喝足的每一位客人，烧烤活动才算结束。因此，一项活动只有在另一项活动完成之后，才能开始或结束，这样，就产生了各活动进行的先后次序关系、纵横约束条件等，即活动间的逻辑关系。

项目经理和项目管理人员为了编制一份项目进度计划，就要着重考虑和充分研究项目活动的相互逻辑关系。而如何去识别和界定各项活动间逻辑关系的决定因素呢？逻辑关系又有哪些种类呢？通常各活动之间的逻辑关系是由以下一些因素决定的。

（1）活动规律。人们通过实践，不断发现和总结出了许多活动内部存在的客观规律，只有尊重和遵循这些规律，才能避免不必要的损失和麻烦。如原材料采购时应事先多方询价，分析比较，再择优购买。在建设项目的各个过程中，更有其严格的基本程序应予遵循。例如，应先进行可行性研究，再进行项目设计、施工；先竣工验收，再投入使用等，就属于活动规律的逻辑关系要求。如不按其客观顺序办事，则有可能因此付出更多的代价和承担更大的风险。

（2）工艺要求。在很多的工程活动中，一项活动的结果正是另一项活动进行的必备条件，这就决定了另一项活动只有在前一项活动完成后才能进行，这就是所谓的工艺顺序。这是工程活动内部存在的客观规律，只能遵循而不能违反。例如，在飞机研发过程中，应该先生产零部件，然后进行飞机的组装；在建筑施工过程中，应先支模板，后浇混凝土；在安装风力发电设备过程中，应先安装好发电机组，再运行发电等，都属于工艺顺序的逻辑关系要求。

（3）场地限制。有一些活动，是在同一场地或同一物件上进行的。那么，只有等一项活动完成让出场地或活动面后，另一项活动才能进入这一场地或活动面开始进行。如装修施工中的墙面粉刷和地面施工等，属于场地限制的空间逻辑关系要求。

（4）资源限制。在一项活动的活动量很大而作业人员及设备等资源有限的情况下，只能将该项活动分成若干部分，在完成一部分活动后再去完成另一部分活动，这无形之中也会在一项活动的各部分之间产生完成的先后次序关系，这种关系属于资源限制的逻辑关系要求。

（5）作业方式。项目活动所实施的作业方式有多种类型。从总体上来说，活动间逻辑关系可以分成串行（依次）作业、平行作业和组合作业。不同的作业方式，除了资源供应方式不同外，其有关活动的先后顺序也不尽相同，因而会产生不同的逻辑关系，属于作业方式的逻辑关系要求。

这些活动间作业逻辑关系其实不难理解，当采用串行作业方式时，每一活动都只有在前一活动完成后才能开始，即前后活动存在先后顺序关系。此时，所有活动的持续时间很长。

当采用平行作业方式时，每一活动都可同时开始，每一活动都独自进行，它与别的活动没有先后顺序关系。此时，所有活动的持续时间很短，但单位时间内投入的资源很多。

当采用组合作业方式时，作业活动既有串行作业又有平行作业。此时，可合理安排作业顺序，适当缩短作业持续时间，使资源供应的要求比较均衡合理。

从另一个方面看，活动之间的关系又有哪些种类的逻辑关系呢？活动之间的逻辑关系一般包括必然的依存关系、组织关系和外部的制约关系。具体来讲，可以把活动间的关系定义成硬依存、软依存、外部依存、约束条件与假设等。

（1）硬依存也称为强制性依存或必然依存。项目活动的硬依存关系是指活动间相互关系是确定的，也被称为具有硬逻辑关系，它反映了活动间存在本质上的联系，通常是不可以调整的。所以，硬依存关系是相对比较明确、容易确定的，通常由项目技术人员和项目管理人员的充分交流讨论就可以识别。例如，把楼房建造好以后，然后才能进行外部装修。又例如，在软件代码写出来后，才能对之进行检验。也就是说从项目活动逻辑关系来看，先前的活动还没有完成，后面的活动显然是不能开始的。

（2）软依存也称为随意性依存、优先性依存。项目活动的软依存关系是指那些活动间无逻辑关系的活动，也被称为具有软逻辑关系，是一种可灵活处理的关系。由于其活动先后关系具有主观性、随意性、人为性及艺术性，软依存关系的定义不具有衡量的硬性指标，软依存关系的确定一般比较难，通常需要项目经理或项目管理人员的知识和经验，所以软依存关系一般是通过项目经理或项目管理人员的敏锐判断能力，由项目组织成员共同讨论，根据具体情况科学、合理地安排。

由于这种关系可能会限制以后的进度安排选择，所以确定软依存的时候必须小心。软依存的确定通常是根据下面的准则来的：

①在某个特定的应用领域，这样安排根据经验是"最好的惯例"，或是按已知的"最好做法"来安排的关系。只要不影响项目的总体进度，活动之间的先后顺序可按习惯或项目组织喜欢的方式安排，这类关系叫软逻辑关系。

②为了照顾活动的某些特殊性而对活动顺序做出的安排，其顺序即便不存在实际制约关系也要强制安排。这类关系叫优先逻辑关系。

（3）外部依存关系也称为外部制约关系、外部依赖关系。项目活动的外部依存关系是指项目活动和外部非项目活动之间发生的联系。在实际的项目环境中，外界条件可能会对项目产生重大的影响。例如，新操作系统与其他软件的安装，可能会依赖于外部供应商对新硬件的交货。又例如，在一些科研项目中，设备采购是经常发生的事情，万一供货有误，造成的损失，尤其是时间损失，是非常值得项目组织成员提前加以考虑的。因此在项目活动计划的安排过程中，也需要考虑到外部活动对项目活动的一些制约及影响的外部依存关系，这样才能合理安排项目活动之间的关系。

表 4—2 为某汽车公司的新零件采购定型项目，在绘制活动网络图前所编制的活动逻辑关系表。

表 4—2　项目活动逻辑关系表

活动名称	代号	前置活动	总工时/小时	时间长度/周	平均利用率
资料收集	A		35	2	4
联系供应商	B		35	1	4
试验设计	C		35	1	8
材料订购	D	A，B	30	1	4
供应商发出材料	E	D	0	2	0
样本测试	F	E	40	1	8
计划试验	G	C	40	1	8
进行试验	H	F，C	80	3	8
材料分析	I	H	40	1	8
编写报告	J	I	20	1	4

　　根据项目活动逻辑关系表,项目经理和项目管理人员就可以绘制基本活动网络图,如果在基本活动网络图中加入时间概念,则得到时标网络图。

　　与活动定义的情况一样,项目经理和项目管理人员与相关项目干系人一起讨论并确定项目中的活动逻辑关系是很重要的。一些项目组织根据类似项目的活动逻辑关系,制定了一些指导原则。有的项目组织则依靠项目中工作的有专门技术的人才以及他们与该领域其他成员的联系来确定。

　　许多项目组织不理解定义活动逻辑关系的重要性,并且在项目时间管理中根本就不定义活动的逻辑关系。如果不定义活动顺序的话,项目经理和项目管理人员就无法使用一些最强大的项目进度计划编制工具,如网络图和关键路径分析法。在本书的后面章节还要详细讨论活动逻辑关系的具体类型。

　　注意,本书中的术语"活动"和"任务"一般是可以互换使用的,就像"关系"和"逻辑关系"可以互换使用一样。

4.2.2　项目里程碑

　　项目里程碑可以用不同的方式来定义,但基本上最恰当的定义是,里程碑是可以由项目干系人来验证的项目事件,或是在进行下一步工作之前需要批准的项目事件。通常里程碑指的是在一个带有日历的甘特图上注明的一些项目重大事件,主要指关键可交付成果的完成。如果里程碑是用这种方式来定义的话,那么项目是不应该有很多里程碑的,否则每个活动结束时便都可以称做里程碑了。

　　里程碑日程一般又称为"里程碑计划"。要使里程碑计划有用,重要的在于如何选择里程碑。如果合理选择少数的几个关键事件(比如,每隔3个月一个事件)作为里程碑,那么项目经理和项目管理人员就可以避免里程碑过多而疲于奔命。例如,一些有用的里程碑可以是一次关键的设计评审或第一次产品测试等。

　　在定义了里程碑之后,还应把这些里程碑以文档的形式列出来,这会有助于项目经理和项目管理人员编制项目进度计划。有了里程碑计划,再加上相应的活动持续时间和成本预算,就会进一步强调项目的几个关键点的作用。但是,里程碑和甘特图一样,里程碑计划也不能阐明活动或任务之间的相互依赖关系。因此,里程碑计划还必须和其他工具一起使用。

　　一般来说,里程碑计划可以作为项目活动排序的一部分,以确保满足设立项目里程碑的要求。

笔记栏

4.3　项目活动排序的工具和方法

　　确定项目活动逻辑关系的第一步就是要有项目所有活动的一张清单，这样在进行项目活动逻辑关系界定时才有实实在在的对象。确定了活动之间存在某种逻辑关系后，就需要运用一定的工具和方法来描述项目活动的顺序。很多项目经理和项目管理人员喜欢将每一个活动名称写在一张一次贴或其他一些活动纸上，用手工来确定逻辑关系或排序。还有一些项目经理和项目管理人员直接用项目管理软件来建立关系。先手工进行活动排序，然后再录入项目管理软件，这样的做法通常更加容易一些。

　　不过，在介绍项目活动排序的方法前，先介绍图和网络的基本概念和表示方法。

　　图论的发展起源于 1736 年，著名的数学家欧拉为了解决哥尼斯堡七桥问题而作的理论证明，从而开创了图论发展的里程，以至于后来树理论、网络理论都蓬勃地发展起来。如今图与网络的一些基本概念和基本算法都广泛应用于诸多学科领域，如控制论、信息论、电学、计算机科学、生物、化学等方面。在工程设计和管理决策中的最优化问题以及社会、经济领域中的定量分析方法中，图与网络的概念和方法亦得到了广泛的应用。

　　网络是图的进一步发展。进度计划技术是近年来发展起来的一种项目管理和控制的有效方法。这里的网络不同于计算机中的网络，它的理论基础是运筹学中的图与网络分析。图与网络理论是近十几年来在系统工程中发展比较活跃的分支，在系统工程这门学科中的很多方面都有实际应用的价值。而网络分析方法在项目管理中卓有成效的应用对系统工程的发展起到了重要的促进作用。

4.3.1　图的基本概念

　　这里所讨论的图是一种数学抽象概念。它通过一些称之为节点的集合和边的集合来反映离散型事物或系统中对象的构成及其联系关系。一般情况下，可用节点集来代表所研究系统中的对象，边集代表对象之间的联系。

　　图的图形可以用各种形式来表示，节点的形状、大小、位置均无关紧要，边的曲直也不受限制，只要能够满足或正确表达图的定义中的二元组合关系、集合关系就可以了，因此说同一个图可以用无限多种的图形来具体表示。

在图的一般定义中，并没有限制一条边必须表示不同节点对之间的联系，也没有限定一条边必须联系不同节点。也就是说，同一对节点可以由不同边相连接，一条边也可以联系同一节点。

4.3.1.1 有关图的若干概念

（1）相邻——图中两节点之间有边相连，则称该两节点相邻。

（2）邻接——图中两条边在同一节点相遇，则称该两条边相互邻接。

（3）关联——图中各条边与其端点之间的关系为关联关系。

（4）孤立点——图中没有任何边与之关联的节点为孤立点。

（5）悬挂点——图中仅有一条边与之关联的节点称为悬挂点。根据图的节点集 V 和边集 E 的不同组成特点，可以分别定义为：

①多重图。多重图是指具有多重边，但无自环的图。

②自环图。自环图是指具有自环边，但无多重边的图。

③一般图。一般图是指允许存在自环和多重边的图。

④简单图。简单图是指既无自环又无多重边的图。

4.3.1.2 几种特殊类型的图

（1）平凡图——平凡图是指仅有一个节点而无边的图，即节点数等于 1，边数等于 0；

（2）零图——零图是指只有节点而无边的图，即节点数大于 1，边数等于 0；

（3）完备图——完备图是简单图的一种，若简单图中每一对节点之间都存在一条边，即各个节点之间都具有相邻关系，则称这类图为完备图；

（4）二分图——图的节点分成两个不交的集合 1 和 2，图中所有的边一端在 1 中，另一端在 2 中，并且 1 内和 2 内的节点均不相邻，则称这类图为二分图；

（5）完备二分图——符合完备特征的二分图，即二分图的两个节点集之间均有边相连，但节点集内各点仍然保持不相邻。

4.3.2 有向图与网络

上面讨论的图的所有边都是没有方向的，而网络毫无疑问应是有方向的，所以这里要介绍一下有向图的基本概念，因为它构成了网络的基础知识。

在一般图中，若节点集中的某些元素是有序的，则对应的边是有方向性的，称这类有方向的边为弧，具体形式为带箭头的线。节点集和有序的弧集所构成的图称为有向图。这就是构成网络的最基础的知识。

在大量的实际问题中，图的各条边（弧）除了表示节点之间的联系外，还常常需要通过一些数量指标来反映这些联系的特征。例如，距离、时间、费用、概率、容量等都是。这些依附于边（弧）上的数量指标，统称为"权"（Weight）或"权重"。相应地，某些边（弧）或者全部边（弧）带有权值的图就称为网络。对应于图的无向性和有向性，网络也就可以相应地分为无向网络和有向网络。

目前，有向网络图在项目管理领域的应用十分广泛，其内容还在不断发展。

4.3.3　建立项目网络

为了使项目组织成员清楚地了解项目的每个部分是如何联系在一起的，针对项目中所有的活动，建立一个可视化的进度图，协助项目组织成员进行最有效的资源分配，项目经理应在工作分解结构工作完成之后，即开始组织制作项目活动网络图。简单地说，项目活动网络图就是一个按时间排列的活动关系图。

在现代项目管理中，项目活动网络图是用来计划、安排和控制项目进度的重要工具。项目活动网络图是在工作分解结构的基础上结合活动的其他信息建立起来的，是项目进度计划的一种流程图，它显示出了项目必须完成的活动、逻辑顺序、要完成活动之间的相互逻辑关系，绝大多数情况下还有活动的开始和结束时间，以及项目活动网络图上最长的路径——关键路径，因此项目活动网络图能够提供大量的信息和洞察力。项目活动网络图本质上是项目经理和项目管理人员用来做出关于项目时间、成本和质量决策时使用的项目信息系统的基本框架。

要建立项目活动网络图需要项目组织、项目经理和项目管理人员花费时间和精力来完成，因此，它们是需要消耗资源的。但这是非常必要的项目管理前期工作，除非项目被认为微不足道或时间非常短。项目活动网络图通常很容易让其他人理解，原因是网络图形表现了项目过程中的工作流程和进度安排。一旦建立了项目活动网络图，当项目实施过程中出现意外事件时，项目组织、项目经理和项目管理人员就很容易加以修改或调整。例如，如果某一项活动的设备采购延迟了，对项目产生的影响可以很快加以评估，整个项目进度计划还可以利用计算机在几分钟内加以调整。这些调整很快可以传达给所有项目干系人。

通过以上分析，项目经理和项目管理人员了解项目活动网络图的作用是非常重要的。项目网络图是活动排序的输出结果之一，其作用有：

（1）能显示项目活动并表明活动之间的先后逻辑关系，帮助项目经理或项目管理人员了解活动将以何种顺序推进，从总体上把握项目的进度计划；

（2）能识别出哪些活动是"关键性的"，能够清楚而直观地显示完成项目的关键路径和持续时间估算；

（3）每个项目参加者都能清楚自己在整个项目进度计划成功实现中的关键作用，并能形成一致以达到项目的时间、成本和质量目标；

（4）在实施项目之前就能够发现项目进度计划本身存在的缺陷，便于根据实际情况对项目的进度计划进行系统的调整和优化；

（5）项目活动网络图是资源安排的基础，能够帮助项目经理或项目管理人员发现可能妨碍整个项目进度计划按时完成的各种"瓶颈"，并有针对性地制定出消除这些"瓶颈"的方法和措施；

（6）能显示项目应考虑哪些活动需要压缩以满足项目完成的最终期限，确保将有限的资源和管理的注意力充分集中在项目的关键活动上，从而确保项目进度计划的实现。

要强调的是，项目活动网络图反映了完成项目所必须进行的所有活动，而并非从第一个节点到最后一个节点的路线中选择一种最短路径的方法。通常，为了完成整个项目，项目组织必须完成项目活动网络图中的所有活动。

对于大型项目，没有必要把所有活动都单独在一个活动网络图中反映出来，在有些情况下，其项目活动网络图中只需加入一个总结性的任务或将项目分解为几个更小的活动网络图可能更好。有一些活动项目经理和项目管理人员知道必须完成，并且无论其他活动如何，这些活动也都将完成。对于这些活动，就不需要一定包含在活动网络图中。

还有其他原因使得项目组织、项目经理和项目管理人员花费时间和精力来建立项目活动网络图。本质上，项目活动网络图通过提早建立项目进度计划并允许修正反馈而使项目意外和风险减到最少。项目实践证明，通常绘制完成一个合理的项目活动网络图代表着项目进度计划过程完成了3/4的工作。也许这有些夸张，但它表明了在实践中，项目经理和项目管理人员对项目活动网络图认识的重要性。

4.3.4 网络图的绘制

在项目进度计划管理过程中，项目活动网络图是受项目经理和项目管理人员喜爱的一种显示活动顺序的技术，它是对项目进行管理和控制的一种关键工具。利用项目活动网络图这种可视化工具显示活动之间的逻辑关系或排序的图形是非常直观有效的，项目活动网络图不仅能显示出项目工作过程中的关键和非关键路径，而且对项目进度影响最大的那些活动，项目活动网络图还可以协助进行资源分配。但在编制项目进度计划之前，首先必须了解项目活动网络图对项目的重要意义；其次，要熟悉制作网络图的规则和步骤，熟知网络图的不同类型；最后，对如何应用网络图也要有足够的认识。

4.3.4.1 活动网络图的意义

活动网络图技术既是一种科学的计划方法，又是一种有效的科学管理方法。这种活动网络图方法不仅能完整地揭示一个项目所包含的全部活动以及它们之间的逻辑关系，而且还能根据数学原理，应用最优化技术，揭示整个项目的关键活动并合理地安排进度计划中的各项活动。对于项目实施过程中可能出现的时间延迟等问题能够防患于未然，并进行合理的调整，从而使项目经理和项目管理人员能依照进度计划执行的情况，对未来进行科学的预测，使得进度计划始终处于项目经理和项目管理人员的监督和控制之中，达到以最佳的持续时间、最少的资源、最好的流程、最低的成本完成所控制的项目。

活动网络图的定义是一个项目所有活动及其相互关系的总体体现，是一种很重要的现代项目管理方法。

4.3.4.2 网络图绘制的一般过程

编制项目进度计划的初始输入依据是项目活动（或工作包）及相关信息，前面章节已作介绍，活动（或工作包）是独立于其他活动而定义的，具有确定的开始和结束时间，需要特定资源，包括技术规格，具有活动（或工作包）的成本估算。但是，工作分解结构（WBS）的设计不包括这些要素，因此这些活动（或工作包）的逻辑关系、排队顺序和持续时间等要素也就不包括在活动（或工作包）定义中。活动网络图绘制的一般过程，就是通过识别项目活动的逻辑关系、排队顺序和持续时间来编制项目的进度计划。

在现实的项目时间管理过程中，活动网络图绘制可能需要进行几个循环：第一个循环是应该先不管每个活动实际的或预期的持续时间，把所有的活动及其相互逻辑关系列出来。第二个循环是修改第一个循环，即为每个活动加上所预期的持续时间（或日历日期）。第三个循环则是对第二个循环进行调整，以反映出现实的资源可用性。第四个也是最后一个循环，就是调整所有的活动，最后得出一个令人满意的、可交付的折中方案。如果不是使用计算机来绘制活动网络图，那么可以用一块挂在墙上的白板，然后把每项活动写在即时贴卡片纸上，从左至右按照时间顺序依次排开并贴在白板上，然后将它们之间的相互逻辑关系用干性可擦写笔画在白板上，进行反复调整后可得活动网络图，如图4-3所示就是用即时贴卡片绘制活动网络图的一般过程实例。用即时贴卡片手工方式对于绘制活动网络图这种小组活动，使用起来是十分方便的，尤其是对较小的项目。

要绘制活动网络图，项目经理和项目管理人员首先应有一份项目活动清单，则网络图绘制的一般过程为：

（1）项目经理召集项目组织成员及相关专家，他们对各自专业领域的工作应有丰富的经验和直接的知识。

（2）如果已经有了项目工作分解结构（WBS）的内容，就直接把它们写在即时贴卡片上；如果没有工作分解结构，由项目组织成员及相关专家讨论出或用资料数据证明完成项目可交付物必须进行的一切活动（此话题已在项目活动定义内容中详细讨论），并将它们记在即时贴卡片上。

（3）估算出完成每项活动需要的持续时间，也就是该活动的历时，同样记录在每项活动的即时贴卡片上，包括时间的单位，如小时、天、日或周、年等（此话题在项目时间估算内容中还会详细讨论）。如图4-1所示为某办公室搬迁项目活动记录即时贴卡片排序过程。

（4）找出第一项必须首先进行的活动，然后将这张即时贴卡片放在一个大工作面的最左边，如图4-1所示的"开始"活动。

（5）考察有没有可以与第一项活动同时进行的其他活动？如果有，将那张活动即时贴卡片放在第一项活动的上方或下方，如图4-1所示的"编制搬迁项目计划"活动，如果没有再进行下一步。

（6）考察什么是下一项必须做的活动，有其他活动可以同时进行吗？重复这样的考察过程，直到所有记录的活动都相继或平行地排列好。值得注意的是，在进行每一步时都要问："我们是否忘记了其他需要做而且可以同时进行的活动吗？"

图 4—1　某办公室搬迁项目活动记录卡片

（7）给每项活动编号，用箭线连接，得到项目活动的网络图，例如，图 4—2所示为某办公室搬迁项目活动记录即时贴卡片排序编号过程。

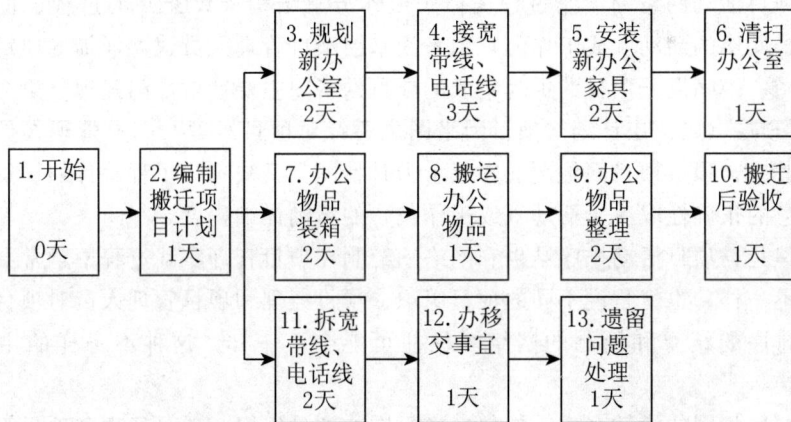

图 4—2　某办公室搬迁项目活动记录卡片排序编号过程——活动网络图

（8）确定关键路径和项目活动的持续时间。在活动网络图中从左到右，估算出持续时间最长的那条路线，即为项目的关键路径，其长度就是项目完成的时间。位于关键路径上的全部活动称之为关键活动，除非另一项活动加速或取消，在关键路径上的任何活动如果耽搁将拖延计划完成的时间。同样，在关键路径上的任何活动加速则可以缩短计划完成的时间（见图4-3）。

图4-3 用即时贴绘制活动网络图的一般过程实例

4.3.4.3 活动网络图的层次性

项目活动网络图的层次可以分成顶层网络、子网络、基层网络等多种形式。项目活动网络图绘制过程类似于工作分解结构（WBS）的过程。也就是说，最底层的活动（或工作包）用来为基层项目管理人员建立详细的项目活动网络图；中间层子项目的更为集成的项目网络图主要针对部门经理（第2层计划）；顶层（第1层计划）项目网络图主要针对项目经理、高层管理人员和客户。其中，顶层项目网络图通常展示为甘特图，又被称为里程碑计划。每个层次信息的正确性取决于活动（或工作包）的精确详细程度。

但是，项目活动排序结果和网络图绘制在项目管理实践过程中常常会表现得很不一样，也就是说不同的项目组织、项目经理和项目管理人员对项目活动进行排序的结果和绘制的网络图往往可能会不一样，这种不一样的主要原因是：

（1）相同的活动（或工作包）由不同的项目组织、项目经理和项目管理人员按其不同的理解和经验来定义。

（2）工作分解结构（WBS）构造不同，定义的可交付物或产出期望的不同。

工作分解结构（WBS）和项目网络图的整合对于有效进行项目时间管理非常关键。因此，项目经理和项目管理人员必须小心保证其连续性和统一性，一般而言，尽量让同一组人来定义同一个项目的工作分解结构（WBS）和绘制项目网络图是明智的做法。

4.3.4.4　网络图绘制的规则

建立项目活动网络图要服从一些基本规则，以下规则在建立项目活动网络图时是普遍适用的：

(1) 典型的网络图是从左到右排列项目活动。

(2) 只有在所有前置的相关活动已经完成时，后续的活动才能开始。

(3) 网络图中的箭线表示领先关系和流向，箭线可以彼此交叉。

(4) 每个活动应有唯一的识别编码。

(5) 后续活动的识别编码必须大于它前面所有活动的识别码。

(6) 环路不允许发生（换言之，不能发生一系列活动中的循环）。

(7) 不允许条件陈述或判断（即这样的陈述不应发生：如果成功，做什么事；如果不成功，则不做）。

(8) 经验表明，存在多个开始活动时，应用一个公共的开始节点来明确表示网络中的项目开始点。类似地，单个项目终止节点用来表示明确的结束活动点。

4.3.4.5　网络图绘制步骤

在学习了网络图绘制的一般过程后，理解网络图绘制的步骤就很容易了，基本绘制步骤如下：

(1) 确定所有工作分解结构中级别最低的活动，将这些活动的名称写在一个列表中；

(2) 按照活动的内在逻辑顺序关系进行安排，绘制逻辑顺序关系表，尽可能使所有的活动并行进行（先假设资源是无限的）；

(3) 绘制网络图，在活动网络图中每一个活动节点上面标注估算的活动持续时间，并对每一条活动路径进行时间长度估算；

(4) 时间长度最长的活动路径为关键路径，根据这个时间画出横坐标的标尺；

(5) 建立时标网络，先画出关键活动路径，再画出非关键活动路径。

4.3.4.6　网络活动标识号

在项目活动网络图中，应为每个活动编制唯一的识别标识号——通常用一个数字表示。当然，在项目实践中存在多种有序的标识号方案，绝大多数方案将活动以升序编制标识号，也就是每个后续活动具有更大的数字，这样，项目活动的流向就朝向项目的结束方向。习惯上标识号的数字之间要留下空位（1，5，10，15，…），这些空位很有用，可以让项目经理和项目管理人员日后增加遗漏或者新的活动。由于要一次绘制出完美的项目活动网络图几乎不可能，所以对网络编制标识号最好等到活动网络图完成以后再进行，这样标识号的修改和调整最少。

作为一个一般性规则，网络图活动标识号应是升序的，尽可能简单，意图是使项目经理和项目管理人员及项目干系人尽可能容易地根据标识号编制方案来跟踪网络上的活动和定位特定活动。

实际上计算机项目管理软件可接受数字、字母或组合名称的活动标识号。一般组合名称的标识号常常用来识别成本、工作技能、部门和地点等。

这里，应注意活动网络图标识号与前面介绍的工作分解结构（WBS）编码的区别。

4.3.4.7 网络逻辑错误

绘制项目活动网络图需要服从一些特定逻辑规则。一条规则是一般不允许有类似"如果检验成功则建立原型，如果失败则重新设计"的条件陈述。网络图不是一种决策树，它是一种假设会预期实现的项目计划。如果允许条件陈述，则顺推和逆推过程就没有多大意义了。尽管在现实中，项目进度计划很少在每个活动细节上都能如预期的那样实现，但它仍是一种合理有效的初始项目假设。项目组织一旦根据项目活动网络图建立了项目进度计划，项目经理和项目管理人员对其进行更改和调整就比较容易了。

另一条规则是一般项目网络图和计算过程不能出现闭环，而闭环是项目网络图计划者企图返回更早的一个活动。注意在项目网络图中前一活动的标识号应比后一活动的更高，这一规则有助于避免活动之间的错误逻辑关系。一个活动只能出现一次，如果它再一次出现，那么活动应该具有新的名称和标识号，应该位于网络更右边的部分。

4.3.4.8 网络图的不同类型

一般来说，用来绘制项目活动网络图的方法有两种：一种是节点活动法（Activity-on-node，AON），另一种是箭线活动法（Activity-on-arrow，AOA）。两种方法均使用图和网络的基本内容——节点和箭线。它们的名称来自于前者使用节点来表示活动，而后者使用箭线来表示活动。从这两种方法在

20 世纪 50 年代后期第一次得到使用以来，实践者提出了许多的改进。不过，基本模型经受住了时间的考验，在仅经过了形式上的小小修改后仍然流行。

　　实践中，与箭线活动法（AOA）相比，节点活动法（AON）有很多优点，也更常用，主导着绝大多数的项目网络图的编制。首先，大多数项目管理软件使用节点活动法。其次，节点活动法避免了使用虚活动（没有持续时间、不占用资源的活动，只有箭线活动法偶尔用它来表示活动之间的逻辑关系）。最后，节点活动法可反映活动之间的各种逻辑关系，而箭线活动法只能反映活动之间的完成—开始逻辑关系。不同的项目组织、项目经理和项目管理人员都有自己"最喜欢"的方法，常常取决于已经购买和使用的项目管理软件，新成员或外来者很少能控制方法的选择。如果还有分包商参与项目，要求他们改变整个项目管理系统来配合你使用的方法是不合理的。不过关键在于，项目管理者应该精通这两种方法，项目经理和项目管理人员应在使用节点活动法和箭线活动法的项目中都感到游刃有余。

　　下面重点介绍绘制项目活动网络图的这两种方法。

4.3.5　节点活动法

　　节点活动法（Activity-on-node，AON）又称为前导图法（Precedence Diagramming Method，PDM）或单代号网络图法，它是用节点（用方框表示）表示活动，一个节点表示一项活动，通过箭线连接表明活动之间的相互逻辑关系的绘制项目活动网络图的网络图绘制技术。也即用箭线连接表示活动是如何相关的，以及活动完成上的次序，箭线的长度和倾斜程度是任意的，只要方便画出网络就行，方框中的文字用来识别活动，如图 4－4 所示。实践中，每项活动具有唯一的活动标识号和活动持续时间描述。

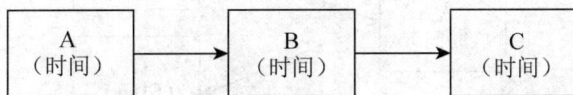

图 4－4　节点式网络图

　　对于项目活动网络图中包含的活动，当几项活动相互衔接时，必然会建立三种基本活动关系。这些活动关系可以通过对每个活动在如图 4－5（a）～图 4－5（d）所示的节点活动法基本原理中找到。

（1）前置活动，或者称为紧前活动——在本活动之前必须正好完成的那些活动。在活动网络图中，对其中某项活动（称为本活动）而言，逆箭头方向、与该活动紧密相连的活动就称为前置活动，即表示本活动只有在与其相连的活动完成之后才能开始进行，如图4－5（a）所示，活动A是活动B的前置活动，活动B是活动C的前置活动。

（2）后续活动，或者称为紧后活动——那些活动必须正好跟随在本活动之后。在活动网络图中，对其中某项活动（称为本活动）而言，顺箭头方向、与其紧密相连的活动就称为本活动的后续活动，即表示与其相连的活动只有在本活动完成之后才能开始进行，如图4－5（a）所示，活动B是活动A的后续活动，活动C是活动B的后续活动。

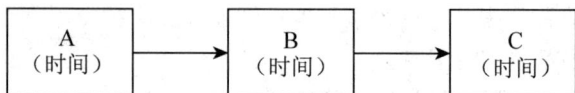

图4－5（a）　活动网络图

A之前无活动，B之前是A，C之前是B。也就是说在列出一系列事情后，首先做第一个，而后移动到下一个活动，如此继续。图4－5（a）网络图告诉项目经理，活动A必须在活动B可以开始之前完成，而活动B必须在活动C可以开始之前完成。

（3）平行活动，或者称为同时活动——那些可以在这一活动正在进行时进行的活动。

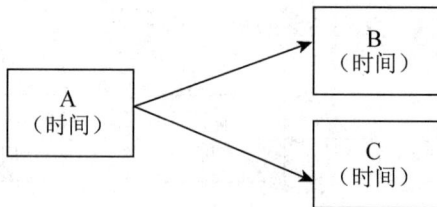

图4－5（b）　活动网络图

在图4－5（b）中，B和C之前是A，B和C可同时开始，也可不同时开始。也就是说活动B和C只有在活动A完成之后才能开始。图4－5（b）还表明如果项目经理愿意，则 B 和 C 可以同时或并行发生，即活动 B 和 C 被认为是平行活动，不过它不是一个必要条件。平行路径允许同时进行努力，这可能会缩短完成一系列活动的时间。活动 A 有时被称为分支活动，原因是多于一条箭线从这一节点迸发出来。箭线的数目表明有多少个活动直接跟随着活动 A。

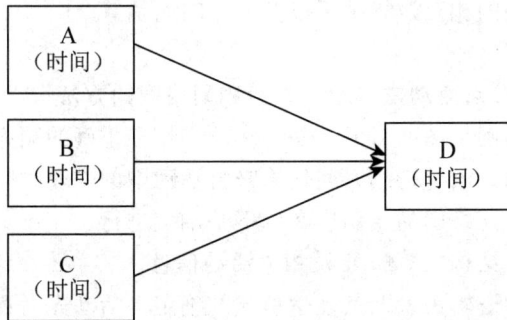

图 4—5 （c）　活动网络图

在图 4—5 （c） 中，A、B 和 C 可同时开始，也可不同时开始，但是，A、B 和 C 在 D 开始之前都必须结束。也就是说活动 A、B 和 C 如果愿意可以同时发生，而活动 D 只有在 A、B 和 C 都完成后才能开始。活动 A、B 和 C 是平行活动。活动 D 被称为汇合活动，原因是多于一个活动必须在 D 可以开始之前完成。活动 D 有时也可被称为里程碑活动。

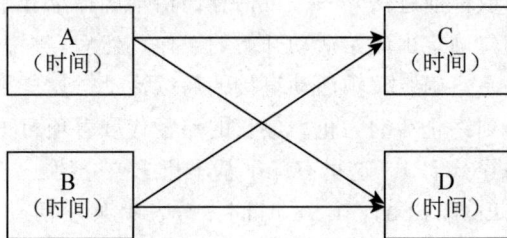

图 4—5 （d）　活动网络图

在图 4—5 （d） 中，C 之前是 A 和 B，D 之前是 A 和 B。也就是说活动 A 和 B 是可以同时发生的平行活动；活动 C 和 D 也是平行活动。然而活动 C 和

D 只有在 A 和 B 都完成以后才能开始。

笔记栏

上面这些活动网络图基本关系显示了项目活动之间可能存在的几种逻辑关系。这些活动网络图基本关系允许项目经理和项目管理人员构造项目活动序列和相互逻辑关系的简单流程图，对加强理解活动的某种类型时间关系具有可视性帮助。注意，箭线可以彼此交叉，可以弯曲，或者可以是任意长度或角度。整洁性不是有效绘制活动网络图的标准——活动网络图仅需要的是精确包含所有项目活动、它们的相互逻辑关系以及持续时间估算。

4.3.5.1 用节点活动法（AON）绘制网络图的方法

绘制项目活动网络图的目的，是将活动安排在正确的顺序中以便估算活动的开始和结束时间。活动持续时间估算来自活动中的作业时间，并被加入到项目活动网络图中。网络图的绘制应在以下基础上进行：

（1）工作分解结构（WBS）及相关活动信息。

（2）活动先后逻辑关系及其表达形式的确定。活动先后逻辑关系主要有三种：第一种是活动之间固有的硬依存关系；第二种是可认定的、可调整的软依存关系；第三种是外部依存关系，当然还有约束条件与假设。通常，活动逻辑关系的确定应首先分析确定活动之间固有的硬依存关系，在此基础上，再分析确定各活动之间的软依存关系、外部依存关系及约束条件与假设。

（3）活动持续时间的估算。这是编制项目进度计划的一项重要基础工作，它直接关系到各活动路径的时间估算和完成整个项目活动所需要的总时间估算。在下一章中将详细讨论有关内容。

通常网络图的绘制顺序一般有以下三种方法。

（1）顺推法（或称前进法）——可估算出活动的最早开始时间。从第一项起始活动开始，首先确定由起始活动开始的工作，然后，根据已经得到的活动之间的先后逻辑关系，确定每项活动直接的后续活动，这样把各项活动依次由前向后排，一直排到终止活动为止。最长的路径代表着项目进度计划的完成时间，被称为关键路径（CP）。这里有几个基本概念要介绍：

①最早开始（Early Start，ES）时间——表示某项活动最快可以何时开始，即指各前置活动全部完成以后，本活动有可能开始的最早时间。

②最早结束（Early Finish，EF）时间——表示某项活动最快可以何时结束，即指各前置活动全部完成以后，本活动有可能完成的最早时间。

③预期时间（Expected Time，ET）时间——表示项目最快可以何时结束。

顺推法在网络图中计算最早开始时间和最早结束时间的具体原则如下：

①对于一开始就进行的活动，其预计最早开始时间一般设为 0。如图 4−6 所示，活动 A 最早开始时间一般设为 0。

②计算每项活动的最早开始时间（ES）时，应以项目预计开始时间为参照点进行正向推算。对于中间的某项活动，其活动的最早开始时间（ES）必须等于或晚于直接指向这项活动的所有前置活动的最早结束时间（EF）中的最晚时间。如图 4−6 所示，活动 A 最早开始时间为第 0 天，活动 B 最早开始时间为第 3 天，活动 D 最早开始时间为第 6 天。

③根据网络图每条活动路径上的活动最早开始时间来确定其最早结束时间。最早结束时间可在这项活动最早开始时间的基础上加上这项活动的持续时间 Dur（Duration）进行计算，即最早结束时间（EF）＝最早开始时间＋活动持续时间＝ES＋Dur，如图 4−6 所示。

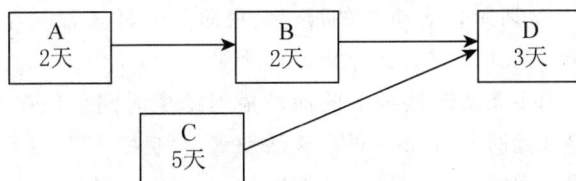

图 4−6　最早开始、结束时间关系图

一般可从顺推法中计算出三个活动持续时间值：最早开始时间（ES），最早结束时间（EF），项目预期时间（ET）。

（2）逆推法（或称后退法）——可估算出活动的最迟结束时间。从最后的终止活动开始，首先确定直接进入最后活动的活动，然后根据已经得到的活动之间的先后逻辑关系，确定每项活动直接的前置活动，这样把各项活动依次由后向前排，一直排到第一项起始活动为止。在网络图每个活动路径上逆向前推，减去活动持续时间就得到每个活动的最迟开始时间（LS）与最迟结束时间（LF）。但在可以进行逆推计算之前，必须选择最后的项目活动的最迟结束时间。这里同样有几个基本概念要介绍：

①最迟开始（Late Start，LS）时间——表示活动最晚必须何时开始，即指在不影响整个项目按期完成的条件下，本活动最迟必须开始的时间。

②最迟结束（Late Finish，LF）时间——表示活动最晚必须何时结束，即指在不影响整个项目按期完成的条件下，本活动最迟必须完成的时间。

③关键路径（Critical Path，CP）——它是网络中最长活动的路径，如果延迟就会延误整个项目的时间。

④时差或浮动（Slack or Float，SL）时间——本活动可以延迟的时间，即指在不影响后续活动最早开始时间的前提下，本活动所具有的机动时间。

⑤总时差或浮动（Total Slack or Float，TS）时间——活动可以总共延迟的时间，既指在不影响整个项目的完成时间的前提下，某些活动所具有的总机动时间。

逆推法在网络图中计算最迟开始时间和最迟结束时间的具体原则如下：

①对于最后完成的活动，其最迟结束时间就是项目规定的完成时间长度。如图4-7所示，项目的完成时间为6天。

②计算每项活动的最迟结束时间（LF）时，应以项目预计完成时间作为参照点进行逆向计算。对于中间的某项活动，其活动的最迟结束时间（LF）必须等于或早于该活动直接指向的所有后续活动的最迟开始时间（LS）的最早时间。如图4-7所示，活动D的最迟结束时间为第6天，活动B的最迟结束时间为第3天，活动A的最迟结束时间为第2天。

③根据网络图每条活动路径上的活动最迟结束时间（LF）来确定其最迟开始时间。最迟开始时间（LS）可在该活动最迟结束时间（LF）的基础上减去该活动的持续时间得出，即最迟开始时间（LS）＝最迟结束时间－活动持续时间＝LF－Dur。如图4-7所示，活动B的最迟开始时间为第3天。

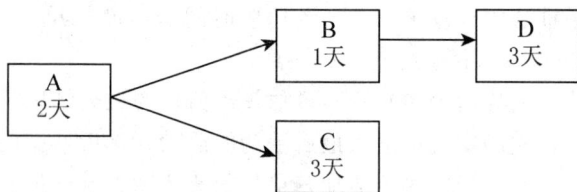

图4-7　最迟开始、结束时间关系图

（3）重点作业法。从最重要的活动排起，考虑哪些活动要放在其前面，哪些活动要放在其后面，按各活动的相互关系来安排。

运用重点作业法计算活动路径的时间时，最重要活动的前置活动持续时间计算用逆推法计算。同理，最重要活动的后续活动持续时间计算用顺推法计算。

笔记框

4.3.5.2 节点活动法绘制网络图的规则

在用节点活动法（AON）绘制网络图时，需要遵守下列规则（该规则对后面介绍的箭线活动法同样适用）：

（1）网络图是有向图，因此图中不能出现无头箭线和双头箭线，只允许出现单头箭线；

（2）网络图中活动与方框一一对应，两个相邻方框间只需要一条箭线相连；

（3）箭线必须从一个方框开始，到另一个方框结束，不能从一条箭线中间引出其他箭线；

（4）网络图中不能有循环回路；

（5）网络图中不能出现无节点的箭线；

（6）网络图中只能有一个起始节点和一个终止节点；

（7）网络图中的箭线要尽量避免交叉。

对于包含多个活动路径的复杂网络来说，最早开始时间必须通过整个网络从开始到结束的顺推计算才能确定，而最迟开始时间必须通过整个网络从结束到开始的逆推计算才能确定。

在运用了顺推法和逆推法计算网络图的活动持续时间参数后，项目经理和项目管理人员就可以通过计算"时差"或"浮动时间"来确定哪些活动可以延迟了。

4.3.5.3 时差的确定

上面已提到时差或浮动时间（Slack or Float Time）的概念，它指一项活动在不耽误后续活动或项目完成时间的条件下可以拖延或延迟的时间长度，它表明项目活动或整个项目的机动时间。

时差分为两种类型：活动总时差和单时差。活动总时差是指在不影响项目在规定时间内完成的情况下，项目活动最迟结束（开始）时间和最早结束（开始）时间的时间间隔；活动的单时差则是在不影响下一个活动最早开始的前提下，完成该活动所拥有的机动时间。由此可见，总时差是单时差的综合，但不是单时差的简单累加。在实际的项目中，对这两个时差概念没有特意区分，统称为时差或浮动时间。时差越大，则表示项目的机动时间的潜力也越大。时差可以通过下式计算：

时差（SL）＝LF－ES－DU

或者 时差（SL）＝LF－EF

总时差告诉项目经理和项目管理人员活动可以延迟，同时不延误整个项目的时间长度。如果一个活动路径上的活动的时差被使用，则这一个活动路径上后续的所有活动的最早开始时间（ES）会推迟，从而减少它们的时差。总时差的使用为项目经理和项目管理人员提供了项目时间管理更大的灵活性，同时也必须和这一个活动路径上后续活动的项目参与人员进行协调。

如果项目某条活动路径的总时差为正值，这一正的总时差可以由该路径上所有的活动来共用。当该路径上的某项活动不能按期完成时，则可以利用该路径的总时差，而不必担心影响项目的进度。如果项目某条路径的总时差为负值，则表明该路径上的各项活动要加快进度，压缩在该路径上花费的时间总量，否则项目就不能在计划的时间范围内顺利完成。如果项目某条路径的总时差为零，则表明该路径上的各项活动不用加速完成但是也不能拖延时间。

由此可见，项目网络图的管理精髓就在于为项目经理和项目管理人员提供了使用时差来调整整个项目的进度。但不能夸大使用时差的重要性，不适当地使用时差会增大项目按期完成的风险；适当使用时差，将会获得更好的项目管理效果。

4.3.5.4 活动的逻辑关系

通常，根据 BS6046 标准，用节点活动法（AON）表示节点的活动方框标识示例，如图4－8所示。括号内的术语代表绝大多数教科书、计算机项目管理软件以及项目经理和项目管理人员使用的缩略语，这些时间缩略语通常作为每个节点的组成部分。示例中"Dur"表示活动持续时间。

最早开始时间（ES）	活动号（ID）	最早结束时间（EF）
时差（SL）	活动名称	
最迟开始时间（LS）	时间长度（Dur）	最迟结束时间（LF）

图4－8 节点活动法网络图中的节点示例

注意，图4－8表示形式并不是唯一的表现形式，根据描述信息的需要，方框的表现形式还可以变化。

用节点活动法（AON）表示项目网络图时，项目活动之间存在的四种类型逻辑关系或依赖关系，如图4－9所示。

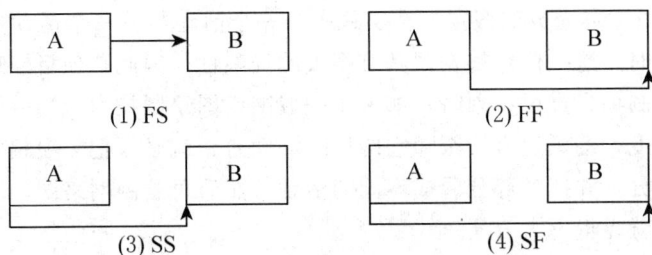

图 4－9　活动逻辑关系图

（1）结束—开始（FS）：前一活动必须在后一活动开始前结束。例如，只有在新计算机系统和软件安装之后，才能进行用户计算机培训工作。注意，结束—开始（FS）是最常用的一种逻辑关系。

（2）结束—结束（FF）：前一活动必须在后一活动结束前结束。一项活动不能在另一项活动之前完成，例如，质量控制工作不能在生产完成之前完成，尽管这两项活动有可能在同一时间进行。

（3）开始—开始（SS）：前一活动必须在后一活动开始前开始，即一组活动同时开始。例如，当一个新服务器系统起用时，许多配置计算机终端的活动可同时发生。

（4）开始—结束（SF）：前一活动必须在后一活动结束前开始。这种关系一般很少被采用。

在节点网络图中，结束—开始型关系最为常用，开始—开始型和结束—结束型关系允许两项活动有一定程度的并行，开始—结束型关系是在理论上才有意义的，现实中很少见到。

4.3.5.5　搭接网络技术

项目在实施过程中，项目经理和项目管理人员并不需要一定等到前一个项目活动完全完成后，才开始进行下一个项目活动。实际上，项目经理和项目管理人员常常是在前一个项目进行到一定程度时，就开始实施后一个项目活动。例如，在新设备开发项目实施过程中，当设计进行到一定程度还未全部完成时，就可开始进行原材料和一些零部件的采购工作；在新设备装配到一定程度后就可以开始进行人员操作培训和测试等准备工作。

在上一节内容中显示的活动之间标准的结束—开始关系，是假定所有直接前置的关联活动必须在下一个活动可以开始之前完成。但是，对于所有直接前置活动必须100%完成的假定，在实践中当一个活动与另一个活动重叠并要持续很长时间时，这一假定被发现具有很大的局限性。因此，项目经理和项目管理人员在编制项目进度计划时，如采用一般网络图绘制技术，当一个活动具有很长时间长度，会延迟直接跟随它的后续活动时，就必须把一项相关活动分解成好几个部分，并把各部分看成不同的活动，然后再绘制网络图，进行时间参数计算，这就显得不太方便。

为了更接近于项目的实际情况，可使用一种有用的扩展网络技术——搭接网络技术。搭接网络技术就是用标注相邻活动的时间间隔分段来表示其搭接关系的网络计划。搭接网络技术使用的是看起来就像梯子的阶梯化分段方法，使得后续的活动可以更快开始而不延迟工作。如图4-10所示的是铺设电缆项目的搭接网络图。要铺设电缆就首先需要挖壕沟，再铺设电缆，而后将壕沟重新填满。如果要铺设5公里长的电缆，那么不需要等到挖完5公里的壕沟后才能开始铺设电缆；或者不需要铺设完5公里电缆后才能重新填埋壕沟。此时利用的搭接网络技术来表示此过程就十分简单了。如图4-10所示显示了在节点活动法（AON）网络中如何使用标准的结束—开始关系来表现这些重叠活动的例子，图中标注出了活动的搭接关系及时距。在挖壕沟工作进行到1/3阶段时就可以开始进行铺设电缆工作；同理，在铺设电缆工作进行到1/3阶段时就可以开始进行填埋电缆工作。

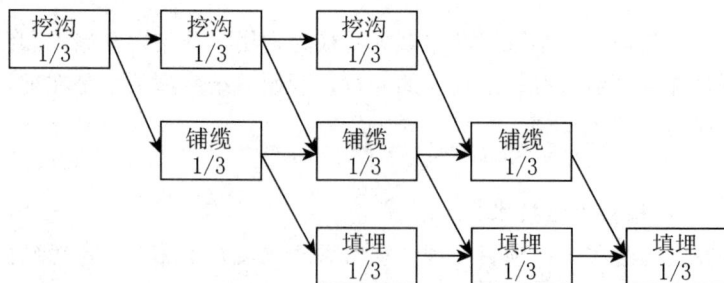

图4-10　使用搭接网络技术表示的活动阶梯化示例

在图4-10所示的搭接网络图中，"在挖壕沟工作进行到1/3阶段时就可以开始进行铺设电缆工作"的那个"1/3阶段"时间段称为两个活动之间的搭接时距，它表示后续活动开始实施时间距前置活动开始实施时间的时间间距，即时间差。注意，此时第一个活动可能还没有实施完成。

在一般网络图中，相邻活动之间的连接关系十分简单，仅为衔接关系。在搭接网络图中相邻活动的连接关系可有多种选择形式，可更有效、更精确地满足绘制网络计划中的各种限制条件的需要，这就给项目经理和项目管理人员的进度计划编制带来极大的方便。搭接网络技术的使用是项目管理者发现的一种非常有用的、更精确的、更接近现实的扩展网络技术。但它只适用于节点活动法表示的网络计划。

4.3.6　箭线活动法

箭线活动法（Activity-On-Arrow，AOA）又称为箭线图法（Arrow Diagramming Method，ADM）或双代号网络图法，它用节点（用圈表示）代表一个事件，用连接两个节点的箭线表示活动，一个箭线表示需要的持续时间和资源的一个项目活动，通过节点将活动连接起来表示活动相互关系的绘制项目网络图的方法。这里，表示一个活动的箭线长度并不与活动的持续时间成正比，箭线的倾斜程度也不代表任何意义。事件（Event）是满足一定条件的特定节点，例如，一个或多个活动的开始或完成，其特点是不需要花费任何时间和消耗任何资源，瞬时发生。每个活动始于一个节点，终于另一个节点。箭线活动法如图 4—11 所示。这种方法虽然没有节点活动法应用得广泛，但在某些领域也是一种可供选择的方法。

图 4—11　箭线活动法

在箭线活动法中，给每个事件而不是每项活动指定一个唯一的号码。活动是由两个节点中间的箭线来表示的，所以项目的活动可以由两个节点的数字来表示，如活动 B 可以表示为活动（2，3），事件节点的编号一般为升序，即数字是开始节点比结束节点小。事件节点可以用作一个或更多活动的开始和结束节点，而结束事件节点可以作为马上跟随的一个或更多活动的开始节点。

在箭线活动法中，活动的开始（箭尾）事件叫做该活动的前置（紧前）事件（Precede Event），活动的结束（箭头）事件叫该活动的后续（紧随）事件（Successor Event）。如在图 4—12 所示中，对"修电表"这一活动而言，前置

笔记栏

事件是 1，后续事件是 2；对于"换开关"这一活动而言，前置事件是 2，后续事件是 3。

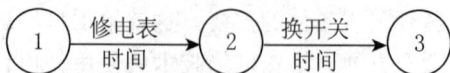

图 4—12　箭线活动法网络图示例

里程碑也是一种事件，一般是项目中的重大事件，通常指主要可交付物的完成，因此里程碑不需要消耗资源。项目活动（Activity）一般是要占用一定的时间和资源的，它们可用动词来描述，如"制定报告格式"、"确定新产品的原料"。

根据上述箭线活动法的符号可知，箭线活动法的显著特点是活动在箭线上，所以该方法也称为活动在箭线上的方法。另外，由于箭线式网络图中每个活动需要用两个节点的代号来标记，如图 4—12 所示中，活动"修电表"需要记为活动（1，2），因此这种网络图也称为双代号网络图。

在箭线活动法中，要遵循下面两个基本原则：

（1）箭线网络图中每一事件必须有唯一的一个事件号，即箭线网络图中不能有相同的事件号。

（2）任意两项活动的前置事件和后续事件号至少有一个不相同。又由于活动是通过节点联系起来的，因此箭线网络图所表示的活动之间的逻辑关系只能是结束—开始型关系。为了正确地描述活动之间的各种逻辑关系，箭线网络图必要时需要引入一种特殊的活动，叫做虚活动（Dummy Activity）或哑活动。虚活动表示不存在的活动，不消耗时间，不需要资源，在网络图中由一个虚箭线表示，如图 4—13 所示，事件 3 和事件 4 之间就由虚活动（虚箭线）表示的逻辑关系。通过引入虚活动，可以更好地识别活动，间接地将其他活动间的逻辑关系表示出来。

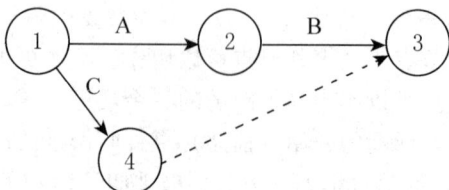

图 4—13　网络图中的虚活动

在复杂的网络图中，为避免多个起点或终点引起的混淆，也可以用虚活动来解决，即用虚活动与所有能立即开始（或结束）的节点连接，这样来保证每个活动具有唯一的识别号码，如图 4—14 所示。

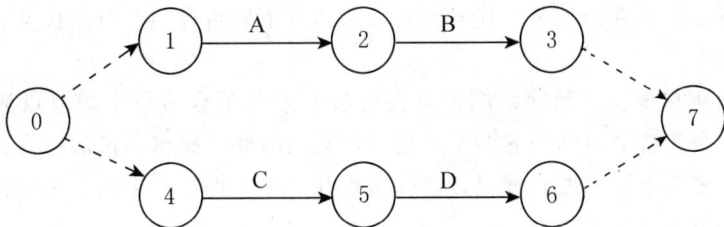

图 4—14   只有一个起点的网络图

注意，网络图中不允许出现回路，因为这样的网络图无法显示项目的整个时间长度。回路的存在，就意味着此项目将无休止地循环进行下去。

另外，在上面的例子中，箭线只提供了一种信息，即对活动的描述，为了能够描述更多的相关活动信息，箭线网络图的箭线可画成如图 4—15 所示的形式。需要说明的是，同方框表示法一样，这种箭线的表现形式并不是唯一的表现形式，根据描述信息的需要，箭线的表现形式还可以变化。

图 4—15   箭线网络图中的箭线表示形式

有了上面箭线活动法的基本概念后，下面介绍用箭线活动法绘制网络图的方法。

4.3.6.1   用箭线活动法绘制网络图的方法

运用箭线活动法（AOA）绘制网络图的基本过程与节点活动法（AON）的基本相同。主要的差别在于使用事件来设定和识别活动的最早与最迟的开始和结束时间。因此，类似于节点活动法的概念，箭线活动法也使用顺推法和逆推法。

（1）顺推法——估算活动最早时间。用箭线活动法绘制网络图过程同样开始于第一个项目事件节点，根据项目活动清单、活动逻辑关系和相关信息，找出所有从第一个项目事件节点开始的活动，在每个项目事件节点之间画一条箭线，将活动字母代号或名称写在相应箭线的上方，同时为了标明活动之间关系的方向，一定要将箭线的箭头指向相应的事件节点。如果还需要表明进行时间长度估算，那么在活动字母代号或名称旁边或下面再标注上时间长度估算及时间单位。

继续从左至右绘制网络图，寻找分枝节点与汇合节点。同节点活动法一样，当一个事件节点后跟着两个或更多活动的时候，把这种情形称为分枝事件节点或分枝节点。当两个或更多事件节点在一个事件节点之前，称这种情形为汇合事件节点或汇合节点。

继续绘制网络上的每条路径，直到图中包括了所有的活动、事件节点及最后一个项目事件节点。类似于节点活动法（AON），顺着活动路径累加计算活动持续时间。当到达一个汇合节点时，选择汇合到这个事件节点的所有活动中最大的最早结束（EF）时间为该汇合节点的最早开始（ES）时间。

一般来说，箭线活动法网络图中所有箭头应该指向右方，不要有箭线交叉，这样网络图看起来更美观一些。

（2）逆推法——估算活动最迟时间。逆推过程类似于节点活动法逆推过程。开始于最后的项目事件节点，顺着每条活动路径减去活动持续时间（LF—Dur＝LS），直至到达分枝事件节点。如果到达分枝事件节点，选择从那个事件分枝节点分出的所有活动中最小的最迟开始（LS）时间。这一数值就表示事件发生不会延误项目的最迟开始时间。在逆推过程完成后，就可以识别活动时差和关键路径。

比较箭线活动法（AOA）和节点活动法（AON）的网络图绘制，就可以发现两种方法之间的相似性。和节点活动法（AON）中一样，如果结束项目事件的最早和最迟事件相同（LF＝EF），则其关键路径上的时差为 0；如果时间不同，则其关键路径上的时差就等于两者之差（LF—EF）。

4.3.6.2　箭线活动法绘制网络图的规则

在用箭线活动法（AOA）绘制网络图时，需要遵守以下规则：

（1）同节点网络图一样，箭线网络图也是有向图，图中不能出现回路，其原因是具有回路的项目网络图不能显示项目的整个时间长度。

当然，从理论上说，只要活动每次重复的成功概率已知或者重复的次数有所规定，则网络图中的回路还是可以处理的。

（2）活动与箭线一一对应，每个活动在网络图中必须用也只能用连接两个节点的一条有向箭线表示。

（3）两个相邻节点间只允许有一条箭线直接相连，其原因是为了能够明确地标识各项活动。

当项目的正常进展需要几个活动同时发生时，就产生了平行活动。要用平行活动连接同样的一对节点，这样就不能明确地标识各项平行活动，为此箭线活动法可引入虚活动（Dummy Activity），从而引入额外的节点，使得相邻节点间只有一条箭线直接相连。

（4）箭线必须从一个节点开始，到另一个节点结束，不能从一条箭线中间引出其他箭线。

（5）每个网络图必须也只能有一个开始事件节点和一个结束事件节点。因此，应避免出现多个开始事件节点和结束事件节点。

尽管箭线活动法网络图易于理解和绘制，但在现实中节点活动法网络图的应用更普遍。

4.3.7　两种方法比较

在20世纪50年代，项目网络图绘制大都是采用箭线活动法来完成的，直到20世纪60年代才出现了节点活动法，因此箭线网络图的运用更广泛些。但由于节点活动法网络图具有其独特的特点，现在，有经验的项目经理和项目管理人员都倾向于选用节点活动法网络图。总的来说，节点活动法网络图和箭线活动法网络图的绘制原理是差不多的，两种形式的网络图可以互换。

了解下面几点有助于加深对两种网络图绘制方法和两种形式网络图的特点的理解：

（1）节点活动法网络图将活动用方框表示，这样更自然些。

（2）节点活动法网络图的灵活性更大些，可以先在一页纸上画出所有的方框，然后插入逻辑关系。

（3）节点活动法可以在没有定义任何事件的情况下把网络图草拟出来。

（4）节点活动法网络图的软件编写更容易些，因此目前大多数现代项目管理软件都是只基于节点活动法网络图，或者是基于节点活动法和箭线活动法网络图两种网络图。

（5）节点活动法网络图不使用虚活动，而箭线活动法网络图使用虚活动。

（6）节点活动法网络图可以直接描述四种活动之间的逻辑关系，而箭线活

笔记栏

动法网络图只能直接描述结束—开始型一种逻辑关系。

（7）节点活动法网络图用节点表示活动，用箭线连接活动；而箭线活动法网络图用箭线表示活动，用节点来连接活动。

（8）箭线活动法网络图用符号表示事件，这对初学项目网络图绘制者非常有帮助，可以避免混淆活动与事件的关系。

表4-3给出了节点活动法（AON）和箭线活动法（AOA）的比较。

表4-3 AON 和 AOA 的比较

节点活动法（AON）		
优点	1	不需虚活动
	2	不使用事件
	3	如果逻辑关系不太多则容易绘出节点式网络图
	4	基层项目管理人员很容易理解活动重点
	5	关键路径法使用确定的事件来构造网络
缺点	1	根据活动数字来跟踪路径比较困难。如果不提供网络，则计算机项目管理软件输出必须列出每个活动的前置和后续活动
	2	逻辑关系很多时，网络图绘制和理解更为困难
箭线活动法（AOA）		
优点	1	活动路径跟踪可通过活动/事件编码方案得到简化
	2	如果逻辑关系很多，那么箭线活动法更容易绘制
	3	很容易标示关键事件或里程碑
缺点	1	使用虚活动增加了数据要求
	2	对事件的强调可能会转移对活动的注意力，活动延迟会使得事件与项目受到延误

4.3.8 网络模板法

网络模板法（Network Templates）是指项目经理和项目管理人员可以用一些标准的网络图或者过去完成的项目网络图作为新项目网络图的模板，根据新项目的实际情况来调整这些模板，即可以准确、高效地绘制出新项目的网络图的方法。网络图模板可能包括整个项目的网络图，也可能只包括其中的子项目的网络图。子项目的网络图对于整个项目网络图的编制是十分有用的，一个项目可能包括若干个相同的或者是相似的部分，它们就可以用类似的子项目的网络图加以描述。

目前大多数现代项目管理软件和互联网上都有大量的项目网络模板，项目经理和项目管理人员在绘制项目网络图时应首先参考此类项目网络模板，这样绘制项目网络图的效率会事半功倍。如图 4－16 所示为项目管理软件 Microsoft Project 2003 自带的本机项目网络图模板示例。

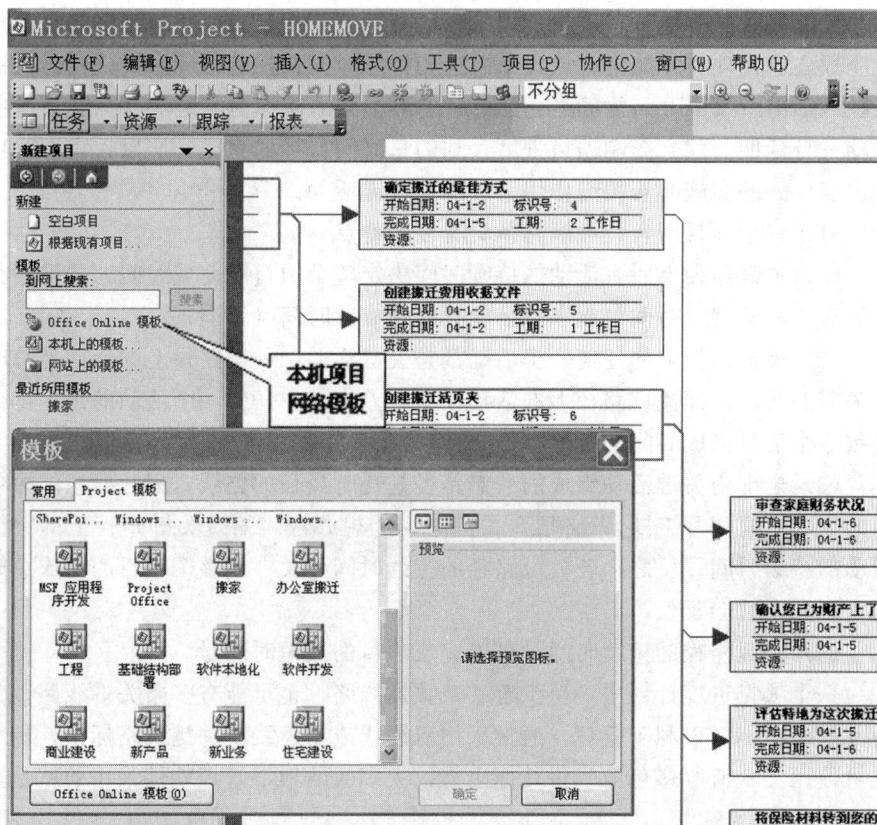

图 4－16　Microsoft Project 2003 本机项目网络图模板示例

笔记栏

4.3.9　关键线径

一般情况下，项目经理和项目管理人员在绘制好网络图时，就希望确定其关键路径，以便决定对此网络图的取舍、修改和优化。在前面已提及关键活动与关键路径的概念，本节将重点介绍其详细内容。

4.3.9.1　关键路径的相关概念

路径——网络图中，从起点节点开始，沿箭线方向顺序通过一系列节点和箭线，最终到达终点节点的网络路线叫路径。

关键路径——在项目进度计划中，只有网络图中最长或耗时最多的活动路径完成之后，项目才能结束，这条总活动持续时间最长的活动路线就叫做关键路径（Critical Path）。关键路径上总时差最小的活动称为关键活动。因为这些活动一旦延期，就会影响项目进度计划的总时间目标的完成，所以，它们对项目进度计划的实施起着关键作用，故称为关键活动。

对于一个项目而言，关键路径具有以下特点：

（1）关键路径上所有活动的持续时间决定整个项目的完成时间，关键路径上所有活动的持续时间加起来就是项目的完成总时间（工期）。

（2）关键路径上的任何一个活动都是关键活动，关键路径上的活动是总时差为零的活动，即关键路径上的活动没有时差，其中任何一个活动的延迟都会导致整个项目完成时间的延迟。

（3）全部由关键活动组成的关键路径是耗时最长的路线，因此要想缩短项目的完成总时间（工期），必须在关键路径上想办法，缩短关键路径上的关键活动的持续时间；反之，若关键路径的持续时间延长，则整个项目的完成总时间（工期）就会延长。

（4）关键路径的持续时间是可以完成项目的最短时间量。

一个项目进度计划中，至少有一条关键线路，也可能有多条关键线路。为使其易于识别，以利于管理，通常采用双箭线或粗箭线将关键线路标出。当然也可使用红、蓝等彩色箭线将其标出来，大多数的项目管理软件采用的就是这种方式。

4.3.9.2　关键路径的确定

在计算出项目进度计划的每一个活动的时差后，该进度计划的关键路径就十分容易确定了，总时差为零的活动即为关键活动，而由关键活动组成的线路即为关键路径。即项目关键路径可以识别为那些具有 LF＝EF 或时差为 0（LF－EF＝0）或者 LS－ES＝0 的活动，关键路径是具有共同的最小时差的项目网络路径。在实践中，负的时差在关键路径延误时会出现。

在网络图不那么复杂时，采用手工来确定关键线路的常用的简便方法有破圈法和标号法。但现在项目网络图一般都很复杂，项目经理和项目管理人员一般都喜欢依靠项目管理软件来自动确定关键线路。

在关键路径上的活动中有任何一个延误都会造成整个项目同等时间的延迟。因此，项目经理和项目管理人员对关键路径上的活动需密切注意，以保证它们不会被延迟。由于网络中仅存在最长的关键路径（可能多于一条），网络中的其他路径时间都一定短于关键路径，因此，一定存在一些活动能在它们实际所需的时间之前完成，即其他路径上的活动完成时间与关键路径上活动完成时间的时间差，即所谓的时差。关键路径对于资源计划和分配很重要，项目经理和项目管理人员可以在不延长关键路径时间的情况下，利用时差更新那些非关键路径活动的进度计划，将非关键路径所需的人力、费用、设备及设施等资源调整到关键路径上的活动，实现资源的最充分利用。通过利用时差来更新非关键路径活动的项目进度计划的方法，可在全项目范围内提供一种较好的资源平衡，并可能通过减少空闲或等待时间来降低项目成本。此议题在后面的内容还会详细地讨论。

4.3.10　项目管理软件

项目管理软件的一项重要功能就是活动排序。如图 4－17 所示为 Microsoft Project 2003 项目管理软件的活动排序示例。如图 4－18 所示为 Microsoft Project 2003 项目管理软件的网络图示例。

	⊙	任务名称	工期	开始时间	完成时间	前置任务	资源名称
17		⊟ 设计	14.5 工作日	2004年1月26日	2004年2月13日		
18		审阅初步的软件规范	2 工作日	2004年1月26日	2004年1月28日	16	分析人员
19		制定功能规范	5 工作日	2004年1月28日	2004年2月4日	18	分析人员
20		根据功能规范开发原型	4 工作日	2004年2月4日	2004年2月10日	19	分析人员
21		审阅功能规范	2 工作日	2004年2月10日	2004年2月12日	20	管理人员
22		根据反馈修改功能规范	1 工作日	2004年2月12日	2004年2月13日	21	管理人员
23		获得开展后续工作的批准	4 工时	2004年2月13日	2004年2月13日	22	管理人员,项目经理
24		设计工作完成	0 工作日	2004年2月13日	2004年2月13日	23	
25		⊟ 开发	21.75 工作日	2004年2月16日	2004年3月16日		
26		审阅功能规范	1 工作日	2004年2月16日	2004年2月16日	24	开发人员
27		确定模块化/分层设计参数	1 工作日	2004年2月17日	2004年2月17日	26	开发人员
28		分派任务给开发人员	1 工作日	2004年2月18日	2004年2月18日	27	开发人员
29		编写代码	15 工作日	2004年2月24日	2004年3月16日	28	开发人员
30		开发人员测试(初步调试)	15 工作日	2004年2月24日	2004年3月16日	29FS-75%	开发人员
31		开发工作完毕	0 工作日	2004年3月16日	2004年3月16日	30	
32		⊟ 测试	48.75 工作日	2004年2月16日	2004年4月22日		
33		根据产品规范制定单元测试计划	4 工作日	2004年2月16日	2004年2月19日	24	测试人员
34		根据产品规范制定整体测试计划	4 工作日	2004年2月16日	2004年2月19日	24	测试人员
35		⊟ 单元测试	15 工作日	2004年3月16日	2004年4月6日		
36		审阅模块化代码	5 工作日	2004年3月16日	2004年3月23日	33, 31	测试人员
37		测试组件模块是否符合产品规范	2 工作日	2004年3月23日	2004年3月25日	31, 36	测试人员
38		找出不符合产品规范的异常情况	3 工作日	2004年3月25日	2004年3月30日	37	测试人员
39		修改代码	3 工作日	2004年3月30日	2004年4月2日	38	测试人员
40		重新测试经过修改的代码	2 工作日	2004年4月2日	2004年4月6日	39	测试人员
41		单元测试完成	0 工作日	2004年4月6日	2004年4月6日	40	
42		⊟ 整体测试	12 工作日	2004年4月6日	2004年4月22日		
43		测试模块集成情况	5 工作日	2004年4月6日	2004年4月13日	41	测试人员
44		找出不符合规范的异常情况	3 工作日	2004年4月13日	2004年4月15日	43	测试人员
45		修改代码	3 工作日	2004年4月15日	2004年4月20日	44	测试人员
46		重新测试经过修改的代码	2 工作日	2004年4月20日	2004年4月22日	45	测试人员
47		整体测试完成	0 工作日	2004年4月22日	2004年4月22日	46	
48		⊟ 培训	45.75 工作日	2004年2月16日	2004年4月19日		
49		制定针对最终用户的培训规范	3 工作日	2004年2月16日	2004年2月18日	24	培训人员
50		制定针对产品技术支持人员的培训规范	3 工作日	2004年2月16日	2004年2月18日	24	培训人员
51		确定培训方法(基于计算机的培训、教室授课等)	2 工作日	2004年2月16日	2004年2月17日	24	培训人员
52		编写培训材料	3 周工时	2004年3月16日	2004年4月6日	49, 31, 50, 51	培训人员
53		研究培训材料的可用性	4 工作日	2004年4月6日	2004年4月12日	52	培训人员
54		对培训材料进行最后处理	3 工作日	2004年4月13日	2004年4月15日	53	培训人员
55		制定培训机制	2 工作日	2004年4月15日	2004年4月19日	54	培训人员
56		培训材料完成	0 工作日	2004年4月19日	2004年4月19日	55	
57		⊟ 文档	30.5 工作日	2004年2月16日	2004年3月29日		

图 4—17　Microsoft Project 2003 项目管理软件的活动排序示例

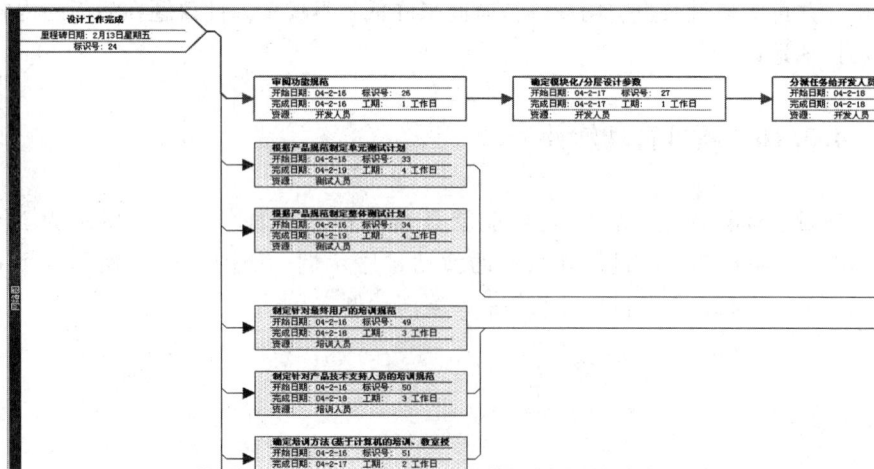

图 4—18　Microsoft Project 2003 项目管理软件的网络图示例

笔记栏

4.4　项目活动排序的输出

经过项目活动逻辑关系的确定之后，活动相互关系的最终结果是要输出一张描述项目各活动相互关系的项目网络图，以及活动更新后的活动详细关系清单。活动排序的结果主要包括以下两个方面：

4.4.1　项目网络图

项目网络图（Network Diagramming）就是项目活动之间的逻辑关系和依赖关系示意图。该图可以包括整个项目的全部活动，也可以只包括项目的主要活动及其主要状况，项目网络图还应附有简单的说明，描述活动排序的基本方法，对于任何特别的排序都应做详细的说明。项目网络图可以手工编制，也可以由计算机项目管理软件完成，项目经理和项目管理人员更喜欢后者。

项目网络图常会被错误地称为 PERT 图（计划评审技术图），实际上二者是不同的，历史上 PERT 图是项目网络图的一种特殊类型。

4.4.2　更新的活动清单

在活动定义的过程中项目经理和项目管理人员可能会发现原有的工作分解结构存在不妥之处，从而产生对工作分解结构的更新。同样，在编制项目网络图的过程中，可能会发现需要对活动进行再分解或重新定义某些活动，才能编制出正确的逻辑关系图，从而会产生对项目活动清单的更新。需要注意的是，这一阶段也可能对工作分解结构进行修订，此时一定要更新原有的工作分解结构及项目活动清单。

·本章案例·

省财政学校校园网系统各模块的开发顺序（接第 3 章案例）

信息系统公司是在学校放寒假前的 1 月 26 日正式开始承接财政学校校园网系统的开发项目的，但 2 月份又有我国传统节日——春节，公司要放假 10 天，2 月 22 日学校的学生就要报到开学了。学校要求校园网系统项目开发过程不能影响学校的正常教学活动。因此，校园网系统项目的开发工作安排就变得很复杂。

校园网系统开发项目的项目负责人李磊通过与该项目的开发团队各成员研究后发现，必须先弄清楚校园网系统开发项目各项工作的先后顺序：

1. 首先要决定校园网系统的硬件体系（综合布线及测试、数据库服务器及计算机配置）工作先进行还是软件体系（省财政学校综合管理系统）工作先进行？

2. 还要决定硬件体系的各项工作的先后顺序，包括综合布线、连接正确性测试、水平布线系统性能测试和 5 台主干交换机、50 台交换机、3000 个左右信息节点交换式结构建设，以及 7 台服务器配备在主教学楼、教学楼、图书馆、实验楼及宿舍楼等工作的先后顺序。

3. 还要决定软件体系——省财政学校综合管理系统各项工作的先后顺序，包括校园信息模块、公告栏模块（校长信箱、师生对话、校内杂谈、英语角、小知识问答及软件园地等）、劳资人事管理模块、人事档案管理（教职员工花名册、人事档案具体数据、人员工资、职务、考核、考勤表）、统计数据、学生管理模块、日常管理模块（档案管理、日程安排、信息传递、事务管理及考勤管理等）、电子邮件模块、会议管理模块、公文管理模块、值班报告模块、远程办公模块及综合信息平台模块等。

讨论题

1. 项目负责人李磊和他的开发团队是依据哪些已知条件安排校园网系统开发项目各项工作的先后顺序的？

2. 试画出校园网系统开发项目的项目网络图。

· **本章小结** ·

在项目活动定义完成后，项目经理和项目管理人员就要确定项目的所有活动的先后顺序。这项工作是在项目工作分解结构的基础上，通过判断不同活动在项目执行过程中的逻辑关系和先后顺序，确定出活动先后顺序，并以网络图方式表示出这些活动的先后逻辑关系。对项目活动进行了正确的排序后，才可能编制出切实可行的项目进度计划。

活动排序的输入依据主要有项目的所有活动、可交付物说明书、假设和约束条件，活动之间的相互逻辑关系或依赖关系。对项目活动进行排序的主要工具和方法包括有向图与网络、网络图的绘制、节点活动法、箭线活动法、网络模板法及关键线径等内容。活动排序可以用手工进行，也可以用项目管理软件进行。经过项目活动排序后的输出结果主要有项目网络图和更新后的活动清单。

·关键概念·

项目活动排序的定义　图的基本概念　有向图与网络　节点活动法　箭线活动法　网络模板法　关键路径　项目管理软件

·思考题·

1. AON 和 AOA 的结构有何不同？

2. 哑活动或者说伪活动的目的何在？

3. 关键路径是什么？项目经理为什么应当关心它？

4. 如何确定一个活动的最早开始—完成时间和最迟开始—完成时间及其应该遵循的规则？

5. 假设一个项目有这样的活动排序：B、C 只有在 A 完成后才能进行，D 在 B、C 完成后可以立即开始，E 在 D 完成后才能开始。试用节点图和箭线图来表示该项目的网络图。

第 5 章

项目活动持续时间估算

　　在项目进度计划编制前和编制过程中，进行项目活动持续时间估算是非常重要的工作内容。对项目经理来说，最关心的两个重要问题是完成一个项目需要多少时间以及需要花费多少成本。本章首先介绍了项目活动持续时间估算的一般过程、估算的影响因素及有效的时间估算；其次讨论了项目活动持续时间估算的主要输入依据：资源需求、资源分配及历史资料等；重点讨论了项目活动持续时间估算的主要内容：时间估算、成本估算、资源估算和人员配备，还介绍了项目活动持续时间估算的工具和方法：专家判断法、类比估算法、德尔菲法、模拟法、仿真法及仿真软件；最后介绍了项目活动持续时间估算的输出结果：估算出的项目活动持续时间、估算的依据文件及更新的项目活动清单。

笔记栏

5.1　项目活动持续时间估算概述

　　项目活动持续时间的估算，就是根据现有环境条件对完成项目的各种活动所需要的持续时间做出正确的估算，这同时涉及对项目中每个活动以及整个项目做出成本和资源需求的估算。对项目进行持续时间估算，需要分别估算项目各个活动所需要的时间及资源，然后根据项目活动的排序来确定整个项目所需要的时间。

　　活动的持续时间是项目进度计划过程的核心，是成本控制和进度控制的基础，同时也为成本控制和进度控制提供了依据和原则，它不仅可用来确定某项活动的开始和结束时间，还可以根据其前置活动的累积持续时间计算最早开始时间，根据其后续活动的累积持续时间计算最迟结束时间。假如项目的活动持续时间估算过短，则会使项目组织处于被动紧张的状态；假如项目的活动持续时间估算过长，则会延误整个项目的完成。利用本章中介绍的估算方法，项目经理和项目管理人员可以在项目开始之前对完成项目所需要的各方面因素有更为确切的把握，也有利于高层管理人员对项目进行管理和控制。

　　活动的持续时间估算就是要估计出完成每一项活动所需要的最可能的时间、成本和资源需求，而对某一项具体工作的本质了解得比较透彻的项目干系人应当参与时间的估计过程，或者至少应当做出最后的核对和批准。构成最终网络图的不仅仅是活动清单和活动之间的逻辑关系，每一项活动所持续的时间也是构成网络图的重要参数。本质上，具有活动的持续时间估算的项目网络图将项目的计划、进度安排和控制联系起来。

　　项目活动的持续时间估算既要考虑活动所消耗的实际工作时间，也要考虑间歇时间，例如在进行房屋装修时，墙面抹腻子和刷底漆施工的时间各为 5 天和 1 天，等待墙面腻子和底漆干透的时间各为 2 天和 1 天，所以，估算墙面抹腻子和刷底漆施工项目活动的持续时间为 9 天。

　　项目网络图和进度计划安排需要项目可靠的活动持续时间估算，将活动持续时间加入项目网络图中就可以估计整个项目需要花多少时间。什么时间项目活动可以或必须开始，什么时间资源可以使用，哪些活动可以推迟，项目估计何时能完成，这些问题都由分配的时间决定。要导出活动持续时间估算就要更早掌握以原材料、设备和人员等形式表现的成本和资源的需求。

项目活动持续时间估算的主要工作如表 5－1 所示。

表 5－1　项目活动持续时间估算的主要工作

输　　入	工具和方法	输　　出
活动清单 资源需求 历史资料	专家判断法 类比估算法 德尔菲法 模拟法 仿真法	估算出的项目活动持续时间 估算的依据文档 更新的活动清单

5.1.1　估算的一般过程

在进行项目活动持续时间估算工作前，项目经理和项目管理人员必须清楚估算工作的基本过程，并了解主要估算工具的优缺点和常见的估算问题，同时要强调项目活动持续时间估算工作应使所有项目干系人都参与其中。

项目活动持续时间估算的一般过程包括项目原始资料输入，通过一定方法估算完成项目活动所需的时间长度、成本、资源量以及输出项目活动持续时间估算的最终结果。进行项目活动持续时间估算应当输入的参考依据包括活动清单、资源需求状况以及历史资料信息。

项目活动清单是进行项目活动持续时间估算的重要基础资料。有了项目活动清单，项目经理及项目管理人员就对项目所有活动了然于胸，就可以对项目在总体上有一个系统性的把握，这对于项目活动持续时间估算是很有裨益的。

其实，与项目活动逻辑关系定义一样，项目活动持续时间估算也须考虑到各种约束条件和假设。如前所述，约束条件是指那些能够对项目管理层的选择产生约束作用的因素；而假设就是为了计划的目的而把它当成是真实的、理所当然的因素，它不可避免地会带来一定的风险，约束条件与假设对项目活动的持续时间估算会产生一定的影响。

在估算活动持续时间时一定要考虑资源的需求状况，其实不难理解。项目活动是那些总是要耗费一定资源（时间、人力、物力、资金等）的工作，当然是资源越多越好，但是在实际的项目管理中，无限制的资源是不可能的，而项目管理有一个特征就是在一定时间内和一定资源内完成某项临时性的工程。所以，项目所配备的资源对于项目活动持续的时间是具有重大约束力的，这一点不难想见。不过也得注意一下另外一种情况，资源有效度或者是资源能力的问题，换句话说就是项目拥有的资源到底能够发挥多大效力的问题。比如说，一般情况下，两个人的工作如果只分配给一个人来完成的话，所耗费的时间不一定是一个人的两倍。

过去项目的历史资料信息对于当前进行的项目具有非常好的借鉴作用，包括项目活动持续时间的估计，其实这一点每个有经验的项目经理及项目管理人员都是非常清楚的。此内容已在前面章节讨论过，在此不再赘述。

5.1.1.1 项目活动持续时间估算的一般步骤

（1）输入原始资料及经验数据并建立估算假设，例如设备的明细及生产效率、人员明细及技能水平、资金拥有率及如何分配使用等内容。

（2）使用相应的估算工具和方法对每一个具体的活动做出估算：

①估算出每个活动的持续时间；

②估算出每个活动的平均资源利用率；

③计算出每个活动的总工时（或成本）。

（3）对每一个活动的非人力资源需求成本做出估算。

5.1.1.2 项目活动持续时间估算的类型

（1）近似估算。近似估算在项目活动持续时间估算的初期阶段进行：

①这种方法准确范围一般从$-90\%\sim100\%$；

②一般而言，采用近似估算是没有比较数据的；

③最好是由一个富有经验的估算人员或小组来完成；

④在采用近似估算方法时，很容易被作为一个约束条件来考虑。

（2）初步量级估算。一个初步量级估算通常都作为投资收益计算和成本—效益分析的一部分，初步量级估算的目的是为了形成一个数量级，通过数量级来划分项目的等级，以便进行长远考虑。因此：

①这种估算方法的准确范围在$-25\%\sim75\%$；

②这种方法没有详细的数据；

③通常以历史数据为基础，按比例上下增减；

④在项目计划编制化阶段，初步量级估算用在初始预算中。

（3）预算估算。在建立项目需求过程中，需要使用预算估算。具体特点如下：

①这种方法的准确范围从$-10\%\sim25\%$；

②依赖于详细的、一定量的数据；

③包括对劳动力价格、材料及设备费用的综合估算；

④为确定项目所需资金量提供依据；

⑤最好是在项目计划已经完成，准备审批过程中，进行预算估算。

（4）详细估算。详细估算是作为项目工作内容的详细的、最终的估算。详细估算用在监督项目进度过程中，同时它还能够协助项目组织、项目经理及项目管理人员对项目进行控制。

①这种方法的准确范围从 $-5\%\sim10\%$；

②依赖于准确的数据、参考标准、图样和明确的结果；

③最好是在项目详细计划完成后期进行详细估算工作。

5.1.2　估算的影响因素

项目活动定义与活动排序之后，项目时间管理的下一个工作就是估计每项活动持续时间。确定项目活动持续的时间，要求相关的项目经理或项目干系人评估项目环境并提交它们的最佳估算。在这种理想的情况下，项目经理、项目管理人员或项目干系人会借鉴大量的历史数据来做出项目活动持续时间的估算。显然，历史数据可用性越高，所做估算就越可靠。但是，许多项目包括的事件与活动都是非重复的，而项目活动持续时间一般来说又是一个随机变量，项目实际进行时将处于何种环境及环境变化，项目经理及项目管理人员在事前是不能完全预知的，例如无法准确预测天气的变化对建筑施工项目活动的影响，所以无法事前准确地知道活动实际进行所需要的时间，而只能进行近似的估算。

对项目活动持续时间的估算任务也就是尽可能地接近现实，尽量确保项目将来的正常实施。同时，在项目计划和实施阶段也要随着时间的推移和经验的增多而不断进行估算更新，以便随时掌握项目的进度和后续工作所需要的时间，避免项目在时间上失去控制，造成项目延期和迟滞，这是后面章节要介绍的项目进度计划控制的问题。值得注意的是，无论采用何种估算方法，项目活动实际所花费的时间和事前估算的结果总是会有所不同，总存在一系列因素会对项目各项活动实际完成时间产生影响，其中主要是下列几种。

5.1.2.1　突发事件的预测

在项目的实施过程中，总是会遇到一些意料之外的突发事件，在生命周期较长的项目中更是如此。大到地震，小到工作人员缺席，这些突发事件均会对项目活动的实际需要时间产生影响。在项目计划和活动持续时间估算阶段考虑所有可能的突发事件是不可能的，也是不必要的，但是在项目实际进行过程中，项目经理和项目管理人员需要对此有心理准备，并且做好相应的应急计划，然后进行相应调整。

5.1.2.2　人员的熟练程度和工作效率

一般进行的活动持续时间估算均是以典型工人或者工作人员的熟练程度为基础而进行的，但在实际工作中，情况不会恰好如此，参与相关活动的人员的熟练程度可能高于平均水平，也可能低于平均水平，这就使得项目活动进行的实际时间可能会比计划时间长，也可能要短。

就项目工作效率而言，参与项目的工作人员不可能永远保持同样的工作效率。一般可以看到，如果一个人的工作被打断，继续工作时就需要一定时间才能达到原来的工作速度。而干扰无时不在，无法预知，也无法完全消除，它的影响也是因人而异，事前无法确定。这些因素会对项目活动的持续时间造成一定的影响。

5.1.2.3　人员沟通及其他因素

就像项目活动定义及其排序一样，项目干系人参与讨论项目活动持续时间的估算，对项目而言也是很重要的。项目经理和项目管理人员尤其需要听取相关项目干系人的时间长度估算意见，因为项目的绩效是根据是否达到项目干系人要求来衡量的。在活动持续时间估算的过程中，考察一些类似的项目、征求专家的建议，会对项目有很大的帮助。

但是，每个人对活动的持续时间的估算意见可能会有很大差别，如何有效率地分析处理这些意见，如何进行人员沟通，如何协调好人的关系，就是项目经理和项目管理人员要解决的问题，也是项目经理一个重大的职责。大家都知道合力的例子，两个分力在恰当的方向可以获得大几倍的合力，在不恰当的方向上就可能内耗为零了。这个比喻是值得项目经理和项目管理人员重视的。

尽管在计划时已尽可能详尽，但总是无法避免实施过程中的误解和失误，需要随时加以控制，出现错误时予以纠正，而这又会使得实际工作所需要的时间和预计的不尽相同，造成一定程度的延误。因此，在实际的活动持续时间估算过程中，还要加上其他一些因素，包括非项目活动消耗掉的损失时间、兼职工作影响、人们完成工作时的沟通损失和冲突损失。

（1）损失时间。一般说来，一个人在项目上满负荷工作的时间，1周不会超过5天，1年不会超过52周。而人在项目上的工作，还要去掉一些损失时间，包括节假日、银行假期、病假、培训、会议等。一般在项目组织中，每个成员平均用在项目上的工作时间，每年只有80天；若假定某个人能够将其全部精力用在项目工作上，每年也只能有180天，相当于其所有可用时间的70%。考虑到这一点，应该在通常的工作时间之上再加上40%（1.4≈1.0/0.7）。如果项目的资源日历减去了一些损失时间，那么这个附加的比率可以适当小些。

（2）兼职工作影响。项目中可能雇用一些兼职人员。因此，项目组织中的这些人员看起来应该是相当于满负荷（Full-Time Equivalents，FTE）工作的全职人员。但由于他们是兼职人员，他们会被其他的工作或事务所干扰和影响，不能全心全意地将其全部精力用在项目工作上，一般情况下兼职人员的工作效率要低于全职人员。

（3）沟通损失。当多个人共同完成一项工作时，他们就需要彼此交流工作的细节以使工作得到良好的进展。例如，在机械设计和编写软件时，如果只有2个人，那么就仅有一条沟通渠道，所以他们的工作进度就几乎是1个人的2倍；如果有3个人，那么就有3条渠道，4个人有6条，随着人数的增加，沟通渠道数目呈指数增长。因此，按照边际效用递减规律，总会有那么一个点，使得再增加1个人，便会降低工作的效率。克服这个问题的方法，就是通过建立一个协调委员会或项目支持办公室（Project Support Office）来减少沟通的渠道。

（4）冲突损失。增加1倍工作人员，并不能总是使时间长度减半，因为人们在完成工作时，往往会在工作界面上互相制约，这样就会降低工作的效率。例如，如果某项工作只能提供1个人的工作空间，那么增加第二个人将不会使工作效率提高到原来的2倍。通常，2个人将会比1个人工作得快，因为他们可以互相倒换，但同时只能有1个人工作。而此时再增加第3个人将一点也不会提高工作效率，反而会降低工作效率，因为他会干扰其他2个人的工作。

5.1.2.4 活动的细节层次

项目活动的估算工作需要对组成项目的活动加以仔细的定义。一般情况下，在每个活动（或工作包）中又可能包括子活动或工作包，子活动或工作包的多少又决定了细节层次的多少。细节层次太多会使过多的信息难以管理，从而会导致估算工作成本增加。因此，认识到估算工作的信息成本因素，小项目的项目经理和项目管理人员一般倾向于使活动的细节层次增加，而大项目的项目经理和项目管理人员一般倾向于使活动的细节层次减少。

5.1.3　有效时间的估算

通过对工作人员的工作效率进行的各种研究，结果表明典型的工作效率是在 66%～75%，也就是说一个人连续为一个目标而工作，他真正用在该目标上使其获得进展的时间一般是所用总时间的 66%～75%。一般而言，时间短的工作的平均效率要高一些，而时间长的工作的平均效率则要低一些，项目经理和项目管理人员在进行估算时需要考虑到这一点。同时，这是没有打断工作的情况发生时的估算，而工作中断的情况在现实中很常见，所以在此基础上要进一步修正估算。

一般来说，很少有项目组织成员被完全赋予一项工作而不管其他任何事，更常见的是手头上的连续工作常常被一些意外事件所打断，这些意外事件形形色色，不一而足。这些未计划的活动常常耗费比预想多得多的时间。

这种时间耗费还随着工作性质的不同而差异很大，有的工作岗位任务比较单纯，耗费的时间少，而有的岗位则处于众多的干扰之中，很难保证连续有效的工作时间。项目技术人员往往属于前者，而行政管理工作人员往往属于后者。因此，在这种情况下的时间估算可以通过对历史经验的回顾或者直接通过统计调查而获得。下面讨论有效工作时间估算的一些具体情况。

5.1.3.1　工作加班

一般项目组织会因工作人员不足而需要大量地加班，不会产生因工作人员太多而解聘员工的情况。这些项目组织认为如果所有的项目皆有充足的资源，项目组织一般来说就会超员。

只要能保持项目实施的生产率，对项目组织来说加班一般是有益的。然而，如果加班时间过长，那么，工作人员可能就得用 12 个小时才能完成正常只需 8 小时就能完成的工作。此外，如果加班时间过长，工作人员可能会习惯领取加班费，甚至可能在一些特定条件下，故意"制造"加班的需要。因此，项目经理和项目管理人员在估算有效工作时间时要充分意识到长时间加班工作的效率会低于正常工作的效率。

5.1.3.2 工作效率

在进行项目活动持续时间估算时还需要考虑到真正有效的工作时间和自然流逝的时间之间的差异。例如，一项活动需要一个工作人员 10 个小时不间断地有效工作，则完成这一活动实际上需要多少时间呢？如果被指派的工作人员能够完全有效地连续工作，当然 10 个小时就可以完成，但实际上一个工作人员不可能长时间地保持高效率，工作人员总有疲惫的时候，通常工作人员在 8 小时的工作中只能提供 6 小时的高工作效率。造成仅有 70%～80% 的"生产率"水平的原因是由于各种事情"窃取"了一些时间。这些事情例如接电话、临时行政事务、会议推迟、向上级"汇报思想"、太多层次的检查、工作区域小而人多及办公室聊天等。大多数人表示每天至少会有 6 个小时的高工作效率。工作效率低于这个水平，可能是由于过多的时间干扰或是不善于管理时间。

一个人可能具有很大的精力，但是这种精力的利用率由于个人平均精力特性却可能很低，所以进行估算时需要加以一定的宽放。

由于以上所述的因素的影响，在进行任何项目活动持续时间估算（或者计划）时都不可能完全符合实际，应包括一项活动所消耗的实际工作时间加上宽放时间，项目经理和项目管理人员注意到这一点非常重要。例如，尽管完成某项活动需要花费 5 个工作日的时间，但活动持续时间估算可能是 7 个工作日。

5.2　项目活动持续时间估算的输入

项目活动持续时间估算的输入依据有项目活动清单及排序，它们提供了估算的基础，核查与估算和项目有关的约束因素及假设条件，进行项目活动持续时间估算最重要的因素是资源的需求和资源的分配，资源的能力也是很重要的，尤其是人力资源，项目经理和项目管理人员需要知道项目组织成员具有哪些技能来完成项目的工作；在某一时刻，项目经理希望有多少项目组织成员参与项目的工作；分配到项目组织的成员其技能水平如何。历史信息资料也是非常有用的，其中项目活动清单、约束因素和假设条件在前面已经叙述，在此不再赘述。

5.2.1　资源需求

项目资源一般包括人员、原材料、设备、资金等。项目活动进行的时间长度一般取决于资源的数量和质量。大多数项目活动的持续时间将受到分配给该活动的资源数量的影响，如当人力资源减少一半时，活动持续时间一般来说将会延长一倍；另外，大多数项目活动的持续时间也受到项目所能够得到的资源质量的影响，如对于同一个活动，技术熟练工人花费的时间要比技术一般工人花费的时间少。

（1）人员。这是最常见、最明显的项目资源。对于人力资源通常根据他们带到项目中来的技能而分类，例如，程序员、机械工程师、焊接工、检查员、营销主管及监理等。在一些不常见情况下，一些技能是可互相替代的，但通常会造成生产率上的损失。人力资源的众多不同技能增加了项目进度计划的复杂性。

（2）原材料。原材料短缺被指责为许多项目延误的原因。当已知原材料非常重要，并且很可能会出现短缺时，就应该将原材料包括在项目进度计划中。例如，青藏铁路的施工期仅在夏季有非常短暂的时间段，任何原材料采购和运输延误就意味着一年的高成本延误。另一个例子也说明了原材料是需要进行进度安排的，如对武汉长江大桥路面重新铺设并对某些构件进行重新替换的项目，这一项目的工作时间受到限制，必须在午夜和凌晨 5 点之间进行，5 点之后进行任何工作都是不允许的。对替换构件到达时间的进度安排是管理项目 5 小时工作时间窗口中极其重要的部分。对原材料进行进度安排在开发产品时也非常重要，其中产品投放市场时间的延迟一般会导致市场份额的损失。

（3）设备。设备通常表现为类型、产能和数量。在一些情况下，设备可以互换以改善进度计划，但这并不普遍。设备作为一种约束常常被忽视，最常见的情况是对设备资源共享的假设超出了项目的需要。例如，如果一个项目在 6 个月之后需要 1 台推土机，而项目组织有 4 台，一般就会假设这一设备资源不会延误现在的项目。然而，当推土机 6 个月后真的需要时可能会发现所有 4 台机器都被其他项目占据着。在多项目环境中，较为稳妥的方法是为所有项目建立一种共同设备资源库。这一方法迫使项目经理和项目管理人员对所有项目设备资源的可支配性进行检查，保留设备以备特定项目未来之需。在项目开始之前识别设备约束可以避免高昂的压缩或延迟成本。

（4）项目资金。在大多数项目中，项目资金由于在供给上受到限制，所以被视为资源。如果项目资金很容易获得，那么项目经理可以同时进行许多活动。如果由于付款进度采取月付而使项目资金供应短缺，那么可能必须对原材料和人力用量加以限制以保留现金。这种情况就是现金流问题。

表5—2为项目资源需求计划表示例，计划表内容主要有项目概述、资源描述和资源数量等。项目概述包括提供关于项目名称、项目经理、项目发起人的姓名以及其他与项目有关的有用信息；资源描述包括确定完成项目活动所需要的主要资源，这些资源主要包括人员、资金、设备、设施、材料、分包商以及信息技术等；资源数量指对项目需要的每种资源进行以下分析：①估计每种资源的成本；②是否具备；③估计人力资源和设备资源的资格与质量要求以及其产能等。

表5—2 项目资源需求计划表

项目资源需求计划表				
项目名称		填表人		
项目经理		日期		
项目审批人		最新更新日期		
资源描述： 确定完成项目活动所需要的主要资源，这些资源主要包括人员、资金、设备、设施、材料、分包商以及信息技术等。				
资源名称	资源数量估算	现有情况	质量要求	成本费率

表 5－3 为项目人力资源的需求计划表示例，项目经理可以时间为单位确定人力资源的使用计划。

表 5－3 项目人力资源的需求计划表

人力资源分类	1 月	2 月	3 月	4 月	5 月	6 月

将项目各种资源需求计划表进行整理汇总就得到项目各种资源的资源库。图 5－1 为项目管理软件 Microsoft Project 2003 生成的项目资源库示例，资源库的资源描述内容主要有资源名称、资源组、资源单位、资源数量等。

	资源名称	组	最大单位	最大使用量	标准费率	加班费率	成本	工时
12	管道	物料		0 米/工作日	¥0.00		¥0.00	2,000 米
13	线缆	物料		0 米/工作日	¥0.00		¥0.00	1,000 米
10	混凝土	物料		0 立方米/工作日	¥0.00		¥0.00	102 立方米
9	水泥	物料		0 立方米/工作日	¥0.00		¥0.00	102 立方米
11	钢筋	物料		0 吨/工作日	¥0.00		¥0.00	2 吨
1	孙志	工头	100%	100%	¥20.00/工时	¥30.00/工时	¥15,008.00	748 工时
5	赵力	工头	100%	200%	¥20.00/工时	¥30.00/工时	¥6,428.00	319 工时
7	邓建设	施工队	100%	200%	¥15.00/工时	¥25.00/工时	¥4,577.50	302.5 工时
6	段爱国	施工队	100%	200%	¥15.00/工时	¥25.00/工时	¥4,825.00	319 工时
8	姜江	施工队	50%	50%	¥15.00/工时	¥25.00/工时	¥2,940.00	195 工时
3	李建国	施工队	100%	100%	¥15.00/工时	¥25.00/工时	¥10,590.00	704 工时
4	刘小强	施工队	100%	100%	¥15.00/工时	¥25.00/工时	¥10,590.00	704 工时
17	姚刚	施工队	100%	100%	¥15.00/工时	¥25.00/工时	¥825.00	55 工时
2	张大成	施工队	100%	100%	¥15.00/工时	¥25.00/工时	¥11,260.00	748 工时
14	搅拌机	设备	100%	100%	¥10.00/工时	¥10.00/工时	¥3,862.00	385 工时
16	起重机	设备	100%	100%	¥10.00/工时	¥10.00/工时	¥5,512.00	550 工时
15	挖土机	设备	100%	100%	¥10.00/工时	¥10.00/工时	¥1,546.00	154 工时

图 5－1 Microsoft Project 2003 生成的项目资源库示例

5.2.2 资源分配

只有在可用的资源得到合理分配后，项目进度计划才能顺利实施。现实中的项目资源需求一般总是比可用资源要多，根据项目优先级约束分析应将可用资源分配到那些能对项目组织目标做出最大贡献的项目或活动上。运用对资源进行分配的方法，项目经理和项目管理人员可以对资源可用性和项目时间长度做出现实的判断。若使用计算机项目管理软件进行项目资源分配也很容易对资源加以更新和对项目实施的效果加以评价。项目经理和项目管理人员如何把资源首先分配在关键活动上，如何恰当地应用资源负荷图和资源优化工具，对项目目能否获得最终成功是非常重要的。

资源分配就是向一个项目的活动指派资源。在前面讨论项目进度计划中，都基于一个假设，即无限资源假定：只要有人力、原材料、设备、资金等资源的要求，项目组织总是能够满足的。否则如果没有相应数量的资源，项目就不能按预定的进度计划进行。然而，即使是实力雄厚的大企业组织，资源也不可能是无限的。

另外，项目经理和项目管理人员在进行项目资源分配时还应注意：

（1）资源的效率或生产率。例如，一个新手不可能比一个熟练工人焊接电路板的速度快。因此，如果要估算焊接电路板所用的时间，首先要决定由谁去做，然后才可能知道用多长时间完成。

（2）资源的可用性。比如，有的设备或工人还要参与其他项目，那么需要了解该设备或工人能有百分之几的时间可用于本项目。

（3）资源的专有性。比如，项目组织成员甲和乙虽然都是工人，但工人甲只会焊接电路板，工人乙只会调试电路板，而要成功完成电子产品项目研制，工人甲和工人乙就应该被看做是不同的两种资源。

上述资源分配情况现在都可以在项目管理软件中进行相应设置。

5.2.3 历史资料

许多类似的历史项目的资料对于项目工作时间的确定是很有帮助的，这些历史资料主要来自于项目档案、项目组织成员的知识、经验和公用数据库。不过历史数据的获得，一般有下面三个途径：

（1）项目文档。项目文档是企业组织完成一个项目后所保留的有关该项目的结果和成功或失败经验的总结，它对于新项目来说，可能很有价值。

（2）商业化时间估算数据库。通过商业的方式也可以获取一些有用的历史信息。尤其是活动的时间不是由项目活动本身所决定的情况，这时候这样的商用数据库就特别有用了。比如说等候水泥硬化所需的时间等，都是项目本身所无法预知的，这时候就有必要考虑商业化的数据库了。

（3）集中项目组的智慧。项目组织成员的智慧是万万不可忽略的。项目经理和项目管理人员在进行项目活动持续时间估算的时候，有必要征询一下有相当的项目经验的人员，这对于时间估算是非常有益的，尤其是在各方面的资料比较匮乏的时候更是如此。不过，虽然这种情况所得到的信息或许有用，但是它的不确定因素较多，远远没有已文献化的资料可靠。

5.3　项目活动持续时间估算的工具和方法

每个项目活动（或工作包）都应具有时间、预算、资源、责任和可用来跟踪项目进度的控制点。在输入了上述的基本资料之后，项目经理、项目管理人员和项目组织成员就可以为每个项目活动进行项目活动持续时间的估算，估算工作至少包括时间估算、成本估算和资源估算等工作。

5.3.1　时间估算

任何项目的进度计划都要求知道（或估算）每项活动或任务的时间。在输入了项目基本资料之后，项目经理和项目管理人员首先就可以对每个项目活动进行持续时间估算。

5.3.1.1　时间估算的单位

项目经理和项目管理人员应在项目网络图建立初期阶段就对项目所使用的时间单位进行确定。时间估算必须考虑所有活动持续时间需要有一致的时间单位，即正常时间是否按日历天、工作日、工作周、人天、单班、小时、分等为时间估算单位。如果估算的活动持续时间单位以 5 天的工作周日历时间给出，则必须转换为标准的工作周。例如，如果一层住房的施工需要 14 个日历天，则活动持续时间应是 10 个工作日。

5.3.1.2　时间估算的准确性

根据项目的定义，任何项目都应是一次性的，因此此类时间估算理论上通常是不准确的。在编制了项目进度计划所需的工作分解结构和里程碑计划之后，需要估算它们的准确性。但如何才能判断对项目各活动持续时间的估算是否模糊、是否合理或是否过于保守呢？尽管有的项目各活动可以基于与以前项目各活动的相似性，但许多项目与以前的都是截然不同的，或者是需要开发的新技术或新的处理方法，因此很难对项目各活动持续时间进行准确的估算。

项目经理和项目管理人员所能做的只是使各活动持续时间估算尽可能地做到足够的准确。如果按照这种方式来估算数量比较多的活动，那么对时间和成本估算过高和估算过低的情况就会相互抵消。如果项目组织对很多活动进行估算，假定对单个活动有一些随机的、较小的、过高或过低的估算错误，那么项目总的时间的估算错误率就会降低。如果项目中的一些活动与以前项目的活动相同或类似，那么估算起来就会更加容易。

5.3.1.3　实用时间估算法

项目经理和项目管理人员在进行时间估算时至少确定两个问题：

（1）对一个给定的活动要确定它所需要的工时数（这一点可能取决于工作人员的具体技能水平）。

（2）要确定这个活动的持续时间（或完成时间）。

项目经理和项目管理人员要编制项目成本计划，就必须了解所需要的活动工时数，而要编制项目整体进度计划，则就必须了解活动的持续时间。然而，当项目活动需要某种资源但该资源又不可用时，项目进度计划就会受制于这种短缺的资源。

劳动工时数、非劳动成本以及活动持续的时间都必须进行估算。有两种时间估算的方法：模拟法和实用时间估算法。模拟法将在本章后面介绍，先介绍实用时间估算法。

这里推荐使用综合的实用时间估算法来进行项目活动持续时间估算，尤其是在编制项目初步的进度计划时的时间初步估算，它可按下式初步计算完成活动的持续时间：

$$D_i = P_i / (N_i \times K) \tag{5-1}$$

式中：D_i——完成工作 i 的持续时间；

　　　　P_i——完成工作 i 所需的资源量；

N_i——完成工作 i 时单位时间内所能投入的资源量；

K——时间利用系数，可根据有关规定及本单位实际情况确定。

组织项目干系人、项目经理以及另外 1～3 名有经验的项目管理人员对活动展开讨论，得出项目各活动持续时间所需的资源量、所能投入的资源量和时间利用系数的初步估算。项目经理的参与是为了在其他项目时间估算之间进行权衡，其他的人则能够带来专业的经验与知识。

实用时间估算法对于较小的项目活动持续时间估算是很有效率的。但是，对于大型项目来说，仅组织项目干系人、项目经理以及另外 1～3 名有经验的项目管理人员就很难对每项活动都进行估算了，因为他们不可能有那么多时间和精力在很短的时间内完成估算任务。对于一个大型项目，一个较好的方法是先通过工作分解结构（WBS）将大型项目分解成小的子项目，项目经理再分派几名副经理来组织这些子项目的活动持续时间估算的会议，事实上这样对大型项目活动的时间估算也是很有效率的，也是工作分解结构的精髓。

5.3.1.4　时间估算的基础

项目活动的时间估算一定要以"谁来做"和"如何做"为基础。项目经理组织对项目各活动的时间估算讨论的目的在于就下列问题取得一致意见，即如果按照预定项目进度计划进行，各项活动应该在多长时间内完成。如果负责该活动的项目组织成员经验不是很丰富，那么他就不会像一位有经验的成员那样迅速地完成该活动。当然有时会出现相反的情况，一位初级机械工程师可能会因为使用计算机辅助设计工具而能很快完成该活动的工作，而年老的工程师可能根本不会用此类工具。假如一项活动和先前已完成的一项活动完全相同（或十分类似），那么先前活动的经验便是一个很好的估算指南。但是，要首先确认两者之间没有实质的不同，舍则以前的经验就没有借鉴意义了。

5.3.1.5　时间估算的步骤

项目经理和项目管理人员对一项新活动进行时间估算的逻辑步骤是：

（1）查阅项目组织的项目历史档案或商业时间估算数据库，确定以前那个类似的活动用了多少时间。

（2）确定当前的项目与以前的活动相比的复杂性，以便估算出一个活动完成时间的系数。当前活动比以前的相比复杂性程度高，系数大于 1；反之，则小于 1。

（3）用时间工时数乘以适当的劳动力价格，得出新活动的成本。

笔记栏

这样做的前提是假定这些项目历史档案资料或商业时间估算数据库存在，同时也强调了保留项目历史资料的重要性。假如没有这些资料，就只能靠记忆了，但每个人所记住的情形肯定有所不同。

5.3.1.6 时间估算的问题

常识告诉项目经理和项目管理人员对于先前没有做过的事情，要进行准确的时间估算是很难的。一位有经验的工程师对工作的安排通常迅速而准确，因此后期的工作就可能会比较快。相反，一位缺乏经验的助理工程师对工作的安排会比较慢而且不那么准确，那么之后的工作就会相应地花多一点儿的时间。所以，对项目活动持续时间的准确估算，经验是很重要的。

项目进度计划与所使用的资源要素之间有着相互作用的约束关系。项目进度计划反映的是希望怎么做，但并不一定就能怎么做。这种与资源之间的相互关系的另一个问题是，一个活动上安排两个人并不一定比一个人花两倍的时间完成该活动更有效率，因为这两个人还需要花时间进行交流。有时，项目经理或高级管理层不喜欢所估算的项目时间长度，他们希望缩短些。此时应该修改活动的时间估算，以反映出如何实现这种时间上的缩短。

此外，项目经理和项目管理人员还必须注意过于"一相情愿"或过于冒险的估算，为避免这种情况造成直接经济损失的严重后果，最好提前计划预防措施。如前述所建议的，项目经理和项目管理人员组织几个相关项目干系人，尤其是具体负责该活动执行的人，汇聚众人的判断是解决此问题的最好方法。

这里要记住，项目各活动的时间估算乃至整个项目进度计划的估算必然是不准确的，最准确的估算只能在实际情况中获得。

5.3.2 成本估算

在对项目每个活动进行持续时间估算后，项目经理和项目管理人员就可以对项目每个活动进行成本估算了。

5.3.2.1 成本估算

成本是项目管理的三大主要约束要素之一，因此，对于项目计划、项目推销和项目管理显然都是非常重要的。在项目时间管理中编制项目成本计划可以帮助项目经理和项目管理人员避免实际项目成本超出估算的情况，也可以帮助避免由于在项目建议书或谈判阶段中过高估算了成本而无法赢得项目的情况。精确的成本和预算是项目进度控制的生命线，它们可在整个项目生命期内用作比较实际进度与计划进度的标准。项目进度报告和项目绩效分析取决于可靠的成本估算和预算计划，它们是度量项目进度偏差并采取纠正措施的主要依据。

在项目管理中，成本是指要完成一项工作预期所要花费的成本（或费用）的数量。项目成本可以只用人工工时数来表示，比如在某个开发项目上安排了若干个工时的工作量。在更多的情况下，项目成本是以元（或美元）来表示，当然，也可以将工时数换算为元（或美元）。不同项目组织成员的资历水平对应不同的工时标准费率、加班费率等，非人工因素的成本也应包括在内，如采购或出差成本，设备的每次使用成本等。项目的主要成本一般有以下类型：

（1）直接成本（费用）：

①人工工时；

②原材料；

③设备；

④其他。

（2）项目管理成本（费用）。

（3）一般管理（General and Administrative，G&A）成本（费用）。

估算成本要使用工作分解结构的网络图，将项目拆分成任务或活动。任何一个大的活动的估算都是由它所包含的小的活动组成的。一般来讲，要细化到可以便于进行估算为止，并且工作分解结构的每一项活动都应该有一个单独的活动估算。

要估算项目成本还应先安排项目进度计划，再进行估算。对于项目的每项活动，假如还没有确定它的完成时间，那么对它的成本估算是没有意义的，这在下一章的项目进度计划编制中还要介绍讨论。而且，还应该了解它的前置和后续活动，以便更好地定义所估算的活动。例如，若发现一个后续活动在时间进度表上原来很靠后，这个活动的时间很可能比想象的更长，因而成本也会更高。

表5－4给出了一个用电子表格表示的具有时间分段估算的活动（或工作包）成本估算示例，它实际上是一种成本报告形式。表中显示了任何成功的成本估算系统的主要因素：即估算每个部门或小组的每项活动的人工工时数（可以按费率级别区分）和非人工的成本。

表 5—4 典型的项目活动（或工作包）成本估算表示例

项目费用估算表

| 项目名称： |
| 项目经理： 部门： 日期： |
| 活动编号： 活动完成时间： |
| 可交付物： 总预算： |
| 活动描述： |

项目直接成本

时间单位（天）	1	2	3	4	5	6	7	8	9	10	11	12	费率	总计 工时	元
管理人员	160	160	160												
工作人员	320	320	260												
材料	1000	890	470												
设计	900	460	820												
交通	90	85													
联系工作	56	81	23												
总计															

项目管理成本

咨询	100		86												
考察	74	35													
培训	58	110													
利润															
总计															

一般管理成本

经常性支出	200	200	200												
工作人员保险	32	32	32												

续表

工作人员福利	43	43	43									
总计												

假设/基准原则：

估算人： 部门： 电话： 日期：

注意，其中的成本单位并不一定是货币，它可能是资源、人工工时、材料、时间或者与可交付物完成相关的任何单位。不过，在成本账户层次，成本单位必须在整个结构中均保持一致。

一个项目的总成本是构成该项目的所有活动（或工作包）估算成本的总和，按这种工作分解结构方式进行的项目活动成本估算便于精确控制项目进度过程并改进控制决策。

直接成本显然应属于项目活动（或工作包）本身的特定可交付物，并且还受到项目经理和项目管理人员、项目组织成员和项目干系人的影响。一般来说，这些直接成本代表着项目的真实现金流，随着项目的进度过程而不断支付。因此，直接成本通常应和其他管理成本分开。低层次的较小项目活动总成本经常仅包括直接成本。

项目管理成本是指不能和特定可交付物关联起来，但对整个项目起作用的项目成本。项目管理成本的例子有项目经理和项目管理人员的考察和培训费用、项目咨询费用等。

一般管理成本（G&A）是指不直接与特定项目联系的项目组织成本，也称为固定成本。尽管一般管理成本不是直接与特定项目联系的费用，但它是真实的成本，而且如果项目组织要维持长期生存则必须承担一定的一般管理成本。一般来说，这些成本在项目时间段内得到分担。一般管理成本的分配随着组织的不同而不同。一般管理成本通常是按总直接成本的百分比进行分配。例如，如果总直接成本是 60 万元，则 50％的综合一般管理成本比率会使项目总成本增加到 90 万元。

在大型项目组织里，这样的综合一般管理成本费率会导致项目总成本过大，原因是项目被收取了很多与项目无关的一般管理（固定）成本。例如，如果项目不包括其他部门使用的存储或维修设备，则项目不应将这些成本包含在其总成本中。因此，为了避免这一问题，大型企业的项目经理经常将企业的一般管理（固定）成本分解成几类，一类称为直接管理成本，它更精确地确定组织基础设施的哪些资源在项目中使用。直接管理成本可以和项目可交付物或工作包关联起来。同对整个项目采用综合管理比率相比，有选择性的直接管理费用提供了基于可交付物或工作包更为精确的项目总成本。

给定了单个可交付物的直接成本与管理成本的总和，就可以累加整个项目的总成本。当然，对于一个项目承包人来说，还可以加上一个百分比作为利润。重要的是要注意，只有直接成本被用来度量项目进度计划和成本的绩效，原因是只有直接成本是项目经理和项目管理人员或项目组织成员可以影响的成本。

表5-4所表示的项目活动（或工作包）成本估算表的成本描述详细程度，取决于项目经理和项目管理人员编制的同样详细程度的项目成本计划。总的来说，估算成本时所要求的详细程度，不应超过将来的会计成本报告。假如一个组织的成本报告是两周或一个月做一次，那么项目经理和项目管理人员就没有必要每天都编制成本报告。成本估算基本上应该以时间阶段为单位，并与支出报告相对应。当然，对于诸如出差成本或计算机使用小时数之类的事项，可以按小时或天计算，然后再分摊到按月的项目成本计划里面。

5.3.2.2　成本估算的准确性

像项目时间估算一样，成本估算也存在不准确性。成本估算不准确这个事实意味着项目经理和项目管理人员应该习惯于错误，应该预料到并且接受这一事实。显然，这种成本估算的不准确性并不意味可以任意估算和不追求准确性，进行成本估算的目的是要做到尽可能的准确，但同时要意识到不可能达到完美无缺和存在一些准确性风险。成本估算的目的还在于有利于项目经理和项目管理人员可以编制有意义的项目进度计划，可以使用这个进度计划把项目建议书推荐给客户，可以向上司解释项目的工作状况及请求提供足够的资源来完成项目工作。

如果项目类似于以前完成的项目，则以前项目的成本数据资料可以用来作为新项目的估算基础，这种方法也叫成本经验估算法。考虑到新项目的独特性，必须调整旧项目的成本数据以反映这些差异。例如，一个装修公司有一系列标准的装修项目（例如装修样板房）可以用来作为估算任何新项目成本与时间的出发点。但项目经理和项目管理人员必须考虑新项目与以前完成项目的标准在相应时间、成本和资源方面的差异，从而做出相应的调整，以提高成本估算的准确性。这种方法使企业能在非常短的时间里建立可行的项目进度计划、成本估算和建立预算计划。

一般来说，与项目独特性有关的因素会对估计的精确程度产生很大的影响。例如，使用新技术的项目持续时间可能以非线性方式增长或缩短。有时新技术叙述不清的范围说明会导致时间与成本估算中的极大误差。项目的环境条件也会产生成本估算误差，持续时间较长的项目会增加成本估算中的不确定性。预期的产品投放市场时间阶段同样会显著地影响项目的时间与成本估算。

对于每个特定的项目来说，项目经理和项目管理人员必须意识到人的因素可能是影响时间与成本估算误差的主要因素。例如：

（1）人员技能——项目组织成员的技能与项目活动的匹配程度会影响工作效率和学习时间，从而导致时间和成本估算误差。

（2）全职与兼职——项目组织成员参加项目是全职还是兼职也会影响时间和成本估算，全职一般具有更高的生产率，有时工作人员的轮换也会影响时间和成本估算的结果。

（3）接近程度——项目组织成员和组织设施的空间接近程度会影响他们相互间的沟通，例如地理位置的限制，项目组织成员相互间的联系只能靠打电话而没有机会面对面交换信息，这会影响他们需要多少时间来做出正确的决策，从而会影响项目的时间和成本估算。

（4）外部因素——项目外部的因素也会改变时间和成本估算。例如，设备停工期会改变时间和成本估算。国庆假日、休假和法律限制会影响项目的时间和成本估算。

这种成本经验估算法一般可以达到"有95％的准确性概率满足时间和成本估算"。事实上，成本估算的完全正确性概率基本上应该是零。要保证实际成本不会超出估算的唯一方法就是把成本估算得非常高，以至于这样的项目不可能得到任何项目干系人的批准。但是不管怎样，以前的项目经验数据资料是建立时间与成本估算的良好出发点。然而，对以前项目的成本数据资料的估算，几乎总是需要以其他修正措施来达到95％的准确性概率水平。项目经理和项目管理人员需要对项目、项目干系人和外部因素均加以考察，以便改进项目时间与成本估算的准确性。

时间和成本的一起估算可让管理者建立一种预算。但不幸的是，以前项目可借鉴的类似成本数据资料不会太多，这种方法仅适用于少数项目。

当项目从概念阶段经过工作结构分解后定义了项目活动（或工作包）时，对项目成本估算的精确度就会得到很大的改进。假设活动（或工作包）已被定义，项目经理和项目管理人员则可以做出更详细的成本估算。

5.3.2.3 成本估算的步骤

项目经理和项目管理人员对一项新活动进行成本估算的逻辑步骤是：

（1）查阅项目组织的项目历史档案或商业成本估算数据库，确定以前那个类似的活动用了多少成本、多少工时。

（2）确定当前的项目与以前的活动相比的复杂性，以便估算出一个活动成本估算的系数。当前活动比以前的相比复杂性程度高，系数大于 1；反之，则小于 1。

（3）用时间工时数乘以适当的工时费率，得出新活动的成本估算。

当然，前提是假定这些项目历史档案资料或商业成本估算数据库存在。否则，就只能靠个人的经验及一些方法估算。

5.3.2.4 成本估算方法

如前所述，成本估算效率最高、最可靠的方法是直接询问负责该工作的人员，他们从经验中知道，从哪里可以找到估算活动（或工作包）成本的数据信息。但是，项目经理和项目管理人员在进行成本估算时会使用各种各样的方法来处理这些成本的数据信息，而且对成本的理解可能会随项目组织的不同而不同，随项目管理者的不同而不同。

（1）比例估算法。项目的概念阶段中常常使用比例估算方法来得到项目的初始成本估计。例如，房屋装修根据建筑面积进行成本估算，教务信息管理软件根据代码行数来估算成本。比例估算方法简单、容易操作，项目经理和项目管理人员可在短时间内估算出项目的初始成本。但是，这种比例估算方法对于控制或建立预算来说不太精确，原因是这种线性成本估算方法没有识别项目之间的差异，也没有识别特定可交付物的差异。

（2）三点估算法。当估算活动（或工作包）的成本数据信息相似性有显著的不确定性时，项目经理和项目管理人员会使用三种可能的成本假设来得出其估算——最低成本、平均成本和最高成本。表5－5显示了一个例子，使用活动（或工作包）的三种可能成本估算。在进行项目活动的三种可能成本估算时，项目经理要非常了解这种成本估算方法的特点，这种方法为项目经理和项目管理人员提供了一个机会来评价与项目成本估算有关的风险，减少项目进度实施过程中的成本意外，同时也提供了一种预测未来现金需要、跟踪实际成本偏差和度量项目进度控制绩效的基础。

表 5—5　房屋装修方案设计工作包成本估算　　　　单位：百元

直接成本	低	平均	高
设计工程师	90	100	120
施工工程师	120	140	180
设备及原材料	22	25	29
设计图喷绘	21	24	30
总直接成本	253	289	359

（3）自上而下和自下而上估算法。在项目计划初期，项目高层管理人员经常使用基于"自上而下"（Top Down）的估算方法来估算成本和时间，这种方法有助于建立完整的初步计划。

然而，这种自上而下的估算有时显著不符合实际情况，原因是项目高层管理人员对项目过程知之甚少，很少收集到详细的信息。在这种情况下，单个活动没有被完全识别，或者在一些情形中，自上而下的估算是不现实的，而只是因为项目高层管理人员"希望得到这一项目"。不过，最初的自上而下估算是有用的，可以依据判断很快地做出来，它提供了一种快速综述并建立项目参数的方法。

进一步的成本估算是将估算过程压低到活动（或工作包）层次，尽可能地将项目活动进行细化来估算成本和时间的方法通常称做"自下而上"（Bottom Up）估算法。这一方法的应用在项目已经详细加以定义之后进行。大项目被划分成足够小的活动（或工作包），以便得出准确的估算。活动（或工作包）层次上的自下而上估算方法可以用来通过活动（或工作包）和相关成本账户检查工作分解结构（WBS）中的成本构件。项目总成本就是这些单独活动（或工作包）成本估算的总和，资源要求也可以进行类似的检查。

在估算其中一些小的活动（或工作包）时往往有捷径可循。在估算了一项活动之后，对于第二项活动，就可以使用与第一项活动相似或相异的地方，得出第二项活动较完整的详细信息，还可以使用比率或标准来确定一个活动与另一个活动之间的比例关系。

但是，理想的方法是允许项目经理和项目管理人员有足够的时间来完成自上而下和自下而上两种估算。首先对项目做出粗略的自上而下估算，建立工作分解结构和组织分解结构（WBS/OBS），再对项目做出自下而上的估算，建立进度计划和成本计划，并调整自上而下和自下而上估算之间的差别。若对项目成本估算的差别不满意的话，就要反复调整这些活动（或工作包）的估算，可以在不同资源层次或技术性能的增加之间比较权衡，再重新对每个活动（或工作包）进行详细的活动估算，直到满意为止。以这种方式，项目经理和项目管理人员一般可以编制出基于较为可靠的成本估算的完整项目计划，可使所有项目干系人的错误预期最小，需要的协商也被减少。

项目经理和项目管理人员无论在任何时候使用"自下而上"估算方法，都可以对照"自上而下"估算法。同时使用这两种方法时，项目经理和项目管理人员可对项目进行低成本、有效的成本估算和对任何外加限制进行比较。

例如，假设自下而上法的成本估算结果是 800 万元，而去查一下"自上而下"法的成本估算结果是 600 万元。此时，项目经理可以再考察"自下而上"法中的每个单独的活动（或工作包）估算，找出超出的成本在哪里。检查每个活动（或工作包）估算，看看对于所需要的工作量是否存在估算上的错误。另外一种情况是，"自上而下"法的成本估算结果是整个项目成本为 1000 万元。此时项目经理应检查遗漏了什么，或是做了什么没有保证的、简化的假设。"自上而下"估算法，虽然明显是不准确的，但其作用在于提供一个可供自下而上估算结果进行比较的基准，进而仔细核查差别之处。

但注意同时使用这两种低成本、有效方法的前提是不应增加估算成本，例如，超出估算时间，项目经理必须把握好"足够的时间"，对影响项目估算的因素保持敏感。

5.3.2.5　时间分段的预算

成本估算不是一种预算，当成本估算按照时间分段时它成为一种预算。例如，一个房屋装修项目的预算可能是 8 万元，资金在项目实施时分期发放，需要一种程序来确定资金何时必须到位，每个活动（或工作包）估算需要一种时间分段的预算。在图 5-3 中，显示装修活动前三天时间的分段预算情况。这一活动持续时间和其他信息一起被用来建立项目网络，其中应安排活动何时开始、何时结束。活动（或工作包）的时间分段预算因此被分配给安排的时段，从而确定项目每个阶段的财务要求。

5.3.2.6　成本估算的问题

项目经理和项目管理人员经常把成本估算工作进行得过早，往往是在对项目活动（或工作包）范围和时间进度这两个要素还没有完全地理解和确定下来之前就进行成本估算。其结果是当活动（或工作包）范围和时间进度确定之后，不得不重新编制或调整先前的成本估算。显然，在确定了活动（或工作包）范围和时间进度之后再做成本估算会更有效率。然而，根据项目的定义，成本是三个约束条件中优先级最高的要素，而且往往是预先定义的"固定"成本，项目经理和项目管理人员不得不在此种约束限制下先对成本进行初始估算，以便于后续工作的开展。一个好的方法是项目经理和项目管理人员使用带有成本信息的工作分解结构，其中的每个活动框都标有预算的一定比例。然后，随着项目进度计划进一步实施，再对这些预先估算的初始活动估算进行反复的调整，这当然是对项目经理和项目管理人员经验和能力的考验。

在进行成本估算时，项目经理还会遇到如何处理部门、项目小组或项目管理人员夸张的成本估算的问题。项目经理可以首先尝试与其讨论和协商。如果这样做不能得出令人满意的结果，项目经理按照权限可以调整该项目活动的实施方式，例如，将项目活动分包给另一个公司，或求助于更高一级管理层。

还要注意的问题是对于持续时间很长的项目，要有防御通货膨胀的措施，也就是说如何将通货膨胀的因素估算在内。然而遗憾的是，未来的问题没有任何保证，因此必须采取某些预防处理方式。项目经理和项目管理人员可以咨询项目组织中的财务部门相关人员，在成本估算数字上再加上未来几年的通货膨胀系数。

另一个需要考虑的问题是新技术、新工具的应用会使工作效率得到提高，比如应用了计算机辅助设计和计算机辅助工程等新工具会使项目的成本降低。在很多情况下，对于一项给定的项目任务或活动，使用这些工具会缩短项目持续时间并降低成本。但是，在实现这些增益之前，一般需要进行一定的投资并培训人员，到一定的阶段学习（或经验）曲线才开始发挥作用，项目成本才会低于原来成本。

5.3.2.7　计算机软件

项目管理软件最具吸引力的功能之一是在输入了活动细节之后，成本计划会自动计算出来。也就是说，在输入进度和活动相关联的信息时，还可以输入所要求的资源、人工和非人工资源。可以输入以小时为单位计算的人工资源，但如果希望得到以货币计算的成本估算，还必须提供小时人工的标准费率和加班费率。非人工成本的估算，如采购和分包，基本上都是以货币为单位计算的，因此这些信息都会以此种方式表示出来，但最终的项目成本估算是否合理取决于单个活动的成本估算质量。

总之，如果项目经理和项目管理人员希望使用项目管理软件来计划项目成本，都需要在某些时间点上输入所有可能的资源以及它们的费率。图 5—2 和图 5—3 显示了由 Microsoft Project 2003 软件生成的引入案例：居室装修工程项目资源成本表和成本预算报告格式。

笔记栏

	资源名称	类型	材料标签	缩写	组	最大单位	标准费率	加班费率	每次使用成本	成本累算	基准日历
1	石工一	工时		石		100%	￥5.00/工时	￥8.00/工时	￥0.00	按比例	标准
2	石工二	工时		石		100%	￥5.00/工时	￥8.00/工时	￥0.00	按比例	标准
3	电工一	工时		电		100%	￥10.00/工时	￥20.00/工时	￥0.00	按比例	标准
4	电工二	工时		电		100%	￥10.00/工时	￥20.00/工时	￥0.00	按比例	标准
5	电工三	工时		电		100%	￥10.00/工时	￥20.00/工时	￥0.00	按比例	标准
6	电工四	工时		电		100%	￥10.00/工时	￥20.00/工时	￥0.00	按比例	标准
7	电工五	工时		电		100%	￥10.00/工时	￥20.00/工时	￥0.00	按比例	标准
8	泥水工一	工时		泥		100%	￥5.00/工时	￥8.00/工时	￥0.00	按比例	标准
9	泥水工二	工时		泥		100%	￥5.00/工时	￥8.00/工时	￥0.00	按比例	标准
10	泥水工三	工时		泥		100%	￥5.00/工时	￥8.00/工时	￥0.00	按比例	标准
11	木工一	工时		木		100%	￥5.00/工时	￥8.00/工时	￥0.00	按比例	标准
12	木工二	工时		木		100%	￥6.00/工时	￥8.00/工时	￥0.00	按比例	标准
13	木工三	工时		木		100%	￥6.00/工时	￥8.00/工时	￥0.00	按比例	标准
14	木工四	工时		木		100%	￥6.00/工时	￥8.00/工时	￥0.00	按比例	标准
15	技术员	工时		技		100%	￥0.00/工时	￥0.00/工时	￥0.00	按比例	标准
16	项目经理	工时		项		100%	￥20.00/工时	￥15.00/工时	￥0.00	按比例	标准
17	漆工一	工时		漆		100%	￥7.00/工时	￥10.00/工时	￥0.00	按比例	标准
18	漆工二	工时		漆		100%	￥7.00/工时	￥10.00/工时	￥0.00	按比例	标准
19	民工一	工时		民		100%	￥5.00/工时	￥8.00/工时	￥0.00	按比例	标准
20	民工二	工时		民		100%	￥5.00/工时	￥8.00/工时	￥0.00	按比例	标准
21	空压机	工时		空		100%	￥0.00/工时	￥0.00/工时	￥50.00	按比例	标准
22	电锯	工时		电		100%	￥0.00/工时	￥0.00/工时	￥60.00	按比例	标准

图 5－2　居室装修工程项目资源成本表

预算报告 打印于 2006年8月24日
房屋装修项目

标识号	任务名称	固定成本	固定成本累算	总成本	比较基准	差异	实际
75		￥8,301.00	按比例	￥8,301.00	￥0.00	￥8,301.00	￥0.00
74	合计	￥3,260.00	按比例	￥3,260.00	￥0.00	￥3,260.00	￥0.00
20	包门框	￥0.00	按比例	￥288.00	￥0.00	￥288.00	￥0.00
8	打线槽	￥0.00	按比例	￥240.00	￥0.00	￥240.00	￥0.00
46	贴屋顶花园地砖	￥0.00	按比例	￥240.00	￥0.00	￥240.00	￥0.00
58	腻子找平	￥0.00	按比例	￥224.00	￥0.00	￥224.00	￥0.00
39	贴厨房墙砖	￥0.00	按比例	￥200.00	￥0.00	￥200.00	￥0.00
2	与装修公司签定新房装修合同	￥0.00	按比例	￥160.00	￥0.00	￥160.00	￥160.00
14	安装接线盒	￥0.00	按比例	￥160.00	￥0.00	￥160.00	￥0.00
53	大梯柱	￥0.00	按比例	￥160.00	￥0.00	￥160.00	￥0.00
38	厨房吊顶	￥0.00	按比例	￥156.00	￥0.00	￥156.00	￥0.00
19	安装门框	￥0.00	按比例	￥138.00	￥0.00	￥138.00	￥0.00
3	通知及协调邻里关系	￥0.00	按比例	￥120.00	￥0.00	￥120.00	￥120.00
4	装修前施工图说明及移交	￥0.00	按比例	￥120.00	￥0.00	￥120.00	￥120.00
5	移交施工图并商订材料供应结点	￥0.00	按比例	￥120.00	￥0.00	￥120.00	￥0.00
34	贴主、客卫地砖	￥0.00	按比例	￥120.00	￥0.00	￥120.00	￥0.00
59	打磨清理	￥0.00	按比例	￥112.00	￥0.00	￥112.00	￥0.00
60	刮底漆	￥0.00	按比例	￥112.00	￥0.00	￥112.00	￥0.00
61	乳胶漆	￥0.00	按比例	￥112.00	￥0.00	￥112.00	￥0.00
51	梯板	￥0.00	按比例	￥96.00	￥0.00	￥96.00	￥0.00
9	布电话线	￥0.00	按比例	￥80.00	￥0.00	￥80.00	￥0.00
10	布视频线	￥0.00	按比例	￥80.00	￥0.00	￥80.00	￥0.00
15	完工验收及付款	￥0.00	按比例	￥80.00	￥0.00	￥80.00	￥0.00
17	装修公司列出供料清单	￥0.00	按比例	￥80.00	￥0.00	￥80.00	￥0.00
27	完工验收及付款	￥0.00	按比例	￥80.00	￥0.00	￥80.00	￥0.00
29	装修公司列出供料清单	￥0.00	按比例	￥80.00	￥0.00	￥80.00	￥0.00
31	卫生间防水处理	￥0.00	按比例	￥80.00	￥0.00	￥80.00	￥0.00
35	完工验收及付款	￥0.00	按比例	￥80.00	￥0.00	￥80.00	￥0.00
37	装修公司列出供料清单	￥0.00	按比例	￥80.00	￥0.00	￥80.00	￥0.00
42	贴阳台地砖	￥0.00	按比例	￥80.00	￥0.00	￥80.00	￥0.00
43	完工验收及付款	￥0.00	按比例	￥80.00	￥0.00	￥80.00	￥0.00
45	装修公司列出供料清单	￥0.00	按比例	￥80.00	￥0.00	￥80.00	￥0.00
47	完工验收及付款	￥0.00	按比例	￥80.00	￥0.00	￥80.00	￥0.00
49	装修公司列出供料清单	￥0.00	按比例	￥80.00	￥0.00	￥80.00	￥0.00
50	台面	￥0.00	按比例	￥80.00	￥0.00	￥80.00	￥0.00
55	完工验收及付款	￥0.00	按比例	￥80.00	￥0.00	￥80.00	￥0.00
57	装修公司列出供料清单	￥0.00	按比例	￥80.00	￥0.00	￥80.00	￥0.00
62	完工验收及付款	￥0.00	按比例	￥80.00	￥0.00	￥80.00	￥0.00
64	装修公司列出供料清单	￥0.00	按比例	￥80.00	￥0.00	￥80.00	￥0.00
66	贴客厅地砖	￥0.00	按比例	￥80.00	￥0.00	￥80.00	￥0.00
69	完工验收及付款	￥0.00	按比例	￥80.00	￥0.00	￥80.00	￥0.00
71	打扫卫生	￥0.00	按比例	￥80.00	￥0.00	￥80.00	￥0.00

第 1 页

图 5－3　居室装修工程项目成本预算报告

5.3.3　资源估算

项目资源一般是指人或物之类的资源。人可以包括一个特定组织单元里的每个人，或是那些有着特殊技能或经验的人（如计算机编程员、高级设计工程师、预算分析师或是熟练电工等）。物则包括各种设备、工具等，例如工程机械的可用性、运行时间、工作效率，以及安置设备和人员的空间场地。资金和技术也可以认为是一种资源。

在编制项目进度计划过程中，考虑到项目资源的有限性，必须在项目中仔细对资源（人、物）进行准确估算和有效分配。首先讨论资源量估算、资源负荷图的概念和资源负荷图的绘制、有限资源的分配以及如何消除资源限制问题，然后介绍资源负荷优化过程。

5.3.3.1　资源量估算

在项目进度计划中对项目活动资源的估算就是根据现有条件估算出完成一项活动时所需要的资源量，一般可按资源匀速消耗方式初步估算完成项目活动所需的资源量，然后再根据具体情况进行优化调整。

完成一项活动所需的资源量，指完成一项活动所需的劳动量（工时）或机械设备台班数等，它可按下式初步计算所需资源量：

$$P_i = g_i / S_i \qquad\qquad (5-2)$$

式中：P_i——完成活动 i 所需资源量；

g_i——活动 i 的工作量；

S_i——单位资源量在一个单位时间内所完成的工作量（即产量定额）。

但注意，有时资源仅是一项技能、一种技术、一种管理方法或一份信息，这时候简单用劳动量（工时）或台班数来衡量这类资源显得不够准确，解决的方法是通过咨询有关专家或参考行业经验将这类资源折合成劳动量（工时）或台班数来衡量所需的资源量。

5.3.3.2　资源负荷图

资源负荷图是一种可视化项目资源管理工具，在二维坐标上以横轴代表项目活动（或工作包）持续的时间，以纵轴代表资源的利用率，对应于时标（有时间标尺的）网络图在水平方向上对项目的进度描述。从表面形式上看，资源负荷图是在垂直方向上对每一个活动（或工作包）的资源使用数量的描述，也就是一个长方形，其面积为资源消耗（完成）数量。资源负荷图实际上是项目时标网络图的延伸，资源负荷图使得网络图可以显示项目资源的分配情况。

资源负荷图能协助项目经理和项目管理人员找出在项目进行过程中对资源的需求超出了实际资源约束的时间，并能确定超出的数量。

5.3.3.3 资源负荷图制作步骤

（1）根据项目网络图和资源估算，为每一种资源，按照先关键路径后非关键路径的原则，建立资源方块，如图5—4所示。

（2）核查资源是否超出实际中能够提供的上限。

（3）调整非关键路径上的活动（或工作包），使资源优化。

（4）如有必要，重新对关键路径上的活动（或工作包）进行估算。

（5）重新制作时标网络图，并在图中反映出活动（或工作包）的调整。

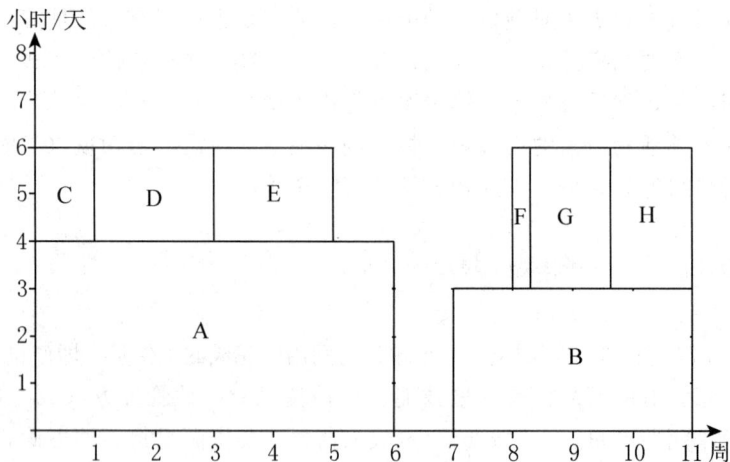

图5—4 资源负荷图

5.3.3.4 有限资源的分配

有限的资源会对项目进度计划有非常大的影响。如何把资源首先分配在关键活动（或工作包）上，如何恰当地应用资源负荷图和资源优化工具，对项目能否获得最终成功是非常重要的。

　　每个项目经理或项目管理人员都知道过多的资源会浪费金钱和才能，因此他们一般都不愿拥有过多的资源，理想的情况是项目资源需要时就有，用完时项目资源就消失，但由于项目资源的有限性，实际上是不大可能的，所以项目资源通常都被过度使用。在项目管理的环境下考虑有限资源的分配问题主要有以下因素：

　　(1) 有限资源过剩。所估算的某些资源可能在未来某个时间段将会有资源过剩。这一信息应该提醒项目经理和项目管理人员得找到新的工作来安置这些过剩的资源，或者要计划如何重新为这些过剩的资源分配活动。但是，许多资源并不是可以灵活地被重新安排到有用的工作上的。例如，在房屋装修工程中，当前期的门窗工程结束后，木工及木工机具设备就不会有什么用了，而木工并不是什么工作都能做的全才，因此房屋装修工程后期就出现木工及木工机具设备过剩的资源。因为没有一家企业组织能够为预期的项目无限制地保留过剩的资源，所以通常资源都会被过度地使用。先是一种资源超负荷工作，然后是另一个。超负荷工作有时是少量的，但有时却是大量的。有时只要很短一段时间内超负荷工作，有时却是很长时间。许多项目延迟的原因之一就是没有能够为这种超负荷工作情形做应急储备。资源的能力是有限的，多个项目可能同时需要同一种资源，因而导致冲突，这种冲突必须得到解决。

　　(2) 资源分配不一致。例如，在两个活动上同时使用一种资源。以时间为基础编制网络图可以强调资源的分配并展现潜在的冲突情况。项目网络图可以列出需要什么样的资源，以及什么时候需要，也会显示出在某些时刻，对某些资源的需求超过了可用资源的数量。当项目经理和项目管理人员发现这一点时，必须调整网络图，将对已经超负荷运转的资源的需求调整到其他时间。假如不能够这样做，就可能会发生项目延迟的情况。

　　图 5—5 显示了某项目的网络图和有限资源的分配情况。假设在这种情况下，项目有限资源是工作人员，每个工作人员都能够胜任各个活动的工作，并且完成活动任务的速度是匀速的，效率是相同的。分析网络图，活动 A 和活动 B 为关键路径，完成时间都是 6 周，分别需要 5 个工作人员和 3 个工作人员，活动 C、D 和 E 不在关键路径上。通过顺推法对活动最早时间的分析发现，若执行这个项目的组织有 6 个工作人员，活动 C 可以和活动 A 同时开始，后续活动 D 和活动 E 可以紧接着活动 C 进行，但在进行活动 B 的大部分时间里将有 3 个工作人员过剩，如图 5—5 (a) 所示；通过逆推法对活动最晚时间的分析发现，活动 C 可最迟到第 9 周再开始，同样有工作人员过剩，如

图 5-5 (b)所示。在项目组织有 6 个工作人员的情况下可以将资源分配到关
键路径活动 A 和活动 B 上，这样就能缩短项目完成时间。若执行这个项目的
组织有 5 个工作人员，分析网络图可知，只能在活动 A 完成后才能平行安排
活动 B，同时活动 C、D 和 E 也按序进行，也就是说不管是通过对活动最早时
间的分析还是最晚时间的分析，都只有 1.5 周的时间有工作人员过剩的现象，
如图 5-5 (c) 所示。在项目组织有 5 个工作人员的情况下，可以将资源分配
到关键路径活动 B 上，这样也能缩短项目完成时间。

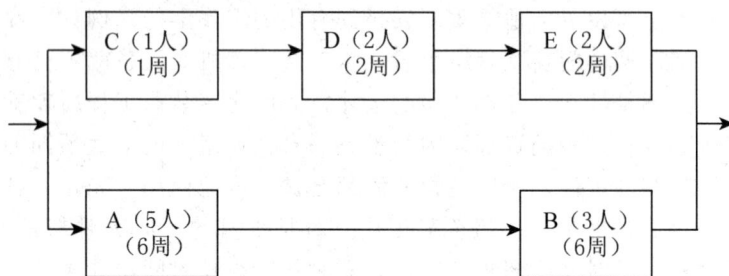

图 5-5 (a)　资源分配网络图

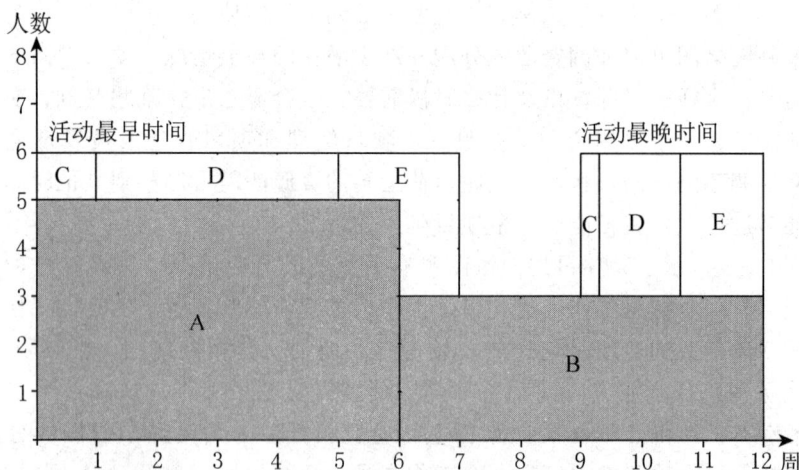

图 5-5 (b)　6 个工作人员的资源分配

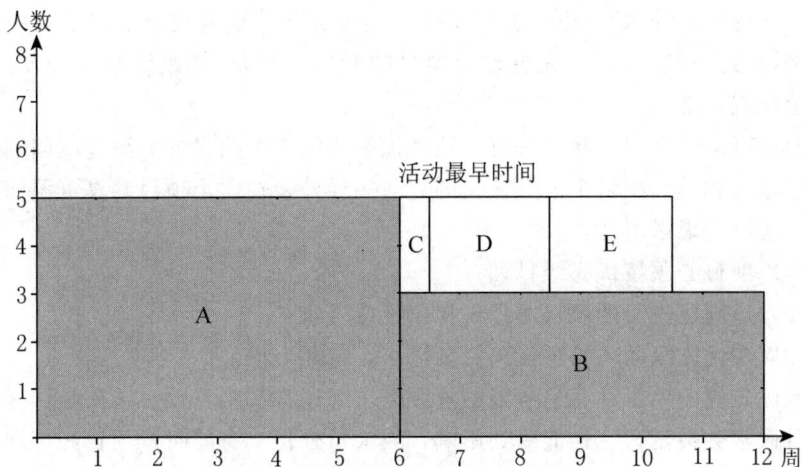

图 5—5 （c）　5 个工作人员的资源分配

通过对所有项目的资源分配信息进行分析，项目经理和项目管理人员可以确定活动最早和最晚开始或结束时间，平衡各个项目小组的工作量，从而确定在每种情况下可能出现的项目延迟。

5.3.3.5　消除资源限制

考虑图 5—5 中的网络图，若执行这个项目的组织只有 4 个工作人员，分析网络图可知，项目的资源就会不足，项目会出现延迟。那么，有没有方法来消除资源限制呢？会有哪些风险呢？

可能的解决办法包括加班、请高级或熟练的工作人员来做这些工作，或是利用活动时差。总而言之，在只涉及一个项目时，项目经理和项目管理人员可以通过下列方法来消除资源受限的情况：

（1）估算关键路径上每项活动的资源需求情况。

（2）估算其他活动的资源需求，使用希望的开始时间。

（3）比较资源需求与资源可用性（如果一个项目的进度要求使用已经被安排的活动资源，那这个进度是不现实的）。

（4）对所发现的资源冲突情况找出可选的解决方案。验证冲突是否真正存在，调整有时差的活动的开始时间，考察进度表，减少由于停工带来的无效时间，提高生产率（比如使用新工具、新技术，使用更合适的人员，或采取激励办法），临时性地调整资源可用性（比如安排加班、重新计划休假、雇用临时人员，或将活动外包），更改进度安排（缩短关键路径会使进度提前，而延长关键路径会使进度落后，或更改新项目的开始时间），修改计划（修改规范、活动顺序或标准）。

假设有第二个项目同时进行，还必须解决第二个项目的资源分配问题。解决方案除了和单一项目中消除冲突的方法一样外，在两个项目共享资源库的前提下，还应考虑以下几点：

（1）项目必须按优先级排列；

（2）最高优先级的项目可以先提出资源需求；

（3）次优先级的项目再提出资源需求，依此类推。

低优先级的项目在竞争有限的资源需求时通常都会失败。结果是低优先级的项目通常会被延迟、性能受到影响，或大量外包。有的时候项目经理和项目管理人员如果加快速度尽快完成一个优先级低的小项目，便可以避免以后出现严重的冲突情形，这也是一种有成本效率的做法。

项目经理和项目管理人员在最初编制项目进度计划的时候通常都不去考虑资源在需要的时候是不是可用。因此，如果忽视这种资源限制的影响就会产生严重问题。避免这一问题的第一步就是重新调整项目的进度计划表，使所有活动都与可用资源一致。然后，必须检查其他项目的资源需求，并解决存在的冲突。其他的项目既包括与本项目同时开始的项目，也包括那些原计划在本项目开始之前结束，但因延迟而将影响本项目的项目。项目经理和项目管理人员如果不考虑这种资源限制的情况，到了项目后期就可能没有时间修改原定进度计划了，项目就会出现延迟，项目目标无法实现的可能性就会加大。

5.3.3.6　资源负荷优化过程

项目经理和项目管理人员如果发现项目活动（或工作包）出现超出实际约束的资源需求，则需对项目活动或资源进行调整，缩小超出部分。这种调整过程通常被称为资源优化或平衡。下面是建立资源负荷图优化过程的步骤。

利用时标网络图和资源需求估算，按下面的步骤完成资源负荷优化：

（1）为所有的项目关键活动（或工作包）绘制出资源需求方块，每一个都绘制在关键活动（或工作包）的上方，建立并绘制出资源供应线，这条曲线表示每天可以为关键活动提供的资源量。

（2）给所有的非关键活动（或工作包）绘制资源方块，每一个都绘制在非关键活动（或工作包）的上方，建立并绘制出资源供应线，这条曲线表示每天可以为非关键活动提供的资源量。

（3）检查是否有资源超出了供应线。

（4）如果有超出，首先调整非关键活动（或工作包）的时间，以实现资源优化。

（5）再重新规划或调整关键活动（或工作包）。

（6）根据调整结果，重新绘制时标网络。

资源负荷的优化策略实际上是时间与成本之间的权衡，每个活动、关键路径以及项目都要有时间与成本之间的反复权衡。根据上述步骤及方法绘制出项目资源负荷图后，就应对每个活动权衡时间与成本，对每条路径乃至整个项目也是如此。假如项目经理和项目管理人员希望加快一个项目的进度，就应该加快其关键路径。对于关键路径上的所有活动，项目经理和项目管理人员最经济的做法是加快那些（在相对于所获得时间的提前量）成本最低的活动。

考虑图 5—5 中的网络图，分析网络图可知，活动 A 和活动 B 为关键路径，完成时间都是 6 周，假如项目经理和项目管理人员希望加快这个项目的进度，就应该加快关键路径上的活动 A 和活动 B，但相对来说是加快活动 A 还是活动 B 呢？最经济的做法就是核查活动 A 和活动 B 哪个成本低，这里显然活动 B 的成本低，它只需要 3 个工作人员的资源。因此，项目经理和项目管理人员可通过安排更多的资源来加快活动 B 的完成。

5.3.3.7　计算机软件

项目网络图不仅仅是项目进度计划的基础，它还能表明有限资源的分配情况。大多数计算机项目管理软件，包括 Microsoft Project，都会生成资源柱状图。项目经理和项目管理人员可以根据资源柱状图非常方便地调整、优化或平衡项目的各种资源。相对于手工方法，项目经理和项目管理人员更喜欢这种使用项目管理软件调整、优化或平衡项目的各种资源的方法。如图 5—6 所示为 Microsoft Project 2003 生成的资源柱状图示例。

图 5—6 所示的资源柱状图表明该项目需要的一种资源是泥水工，且泥水工一直没有被过度使用。

图 5—7 所示的资源柱状图表明该项目需要的另一种资源是项目经理，且项目经理就出现被过度使用的情况。但过度使用的时间只有一天，也就是说在周一项目经理需要加班完成工作，这种资源分配情况一般来说是可以接受的。

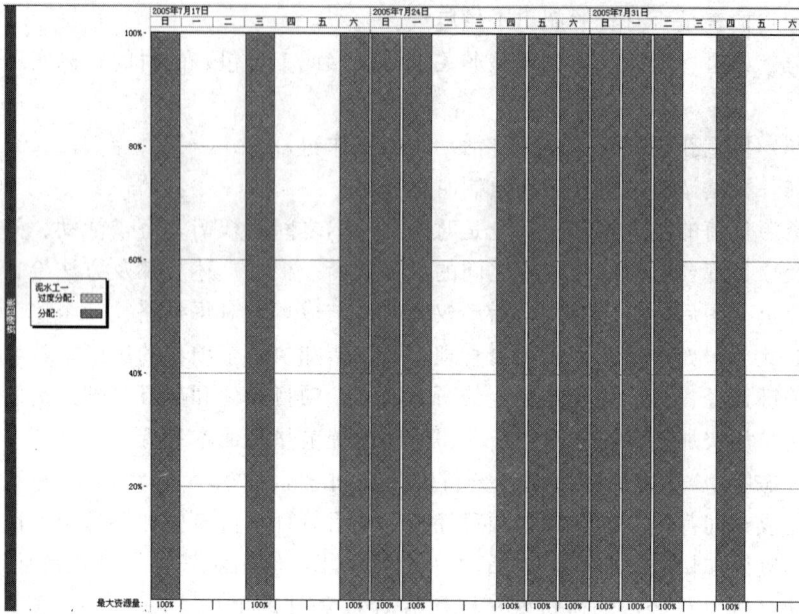

图 5-6　Microsoft Project 2003 生成资源柱状图

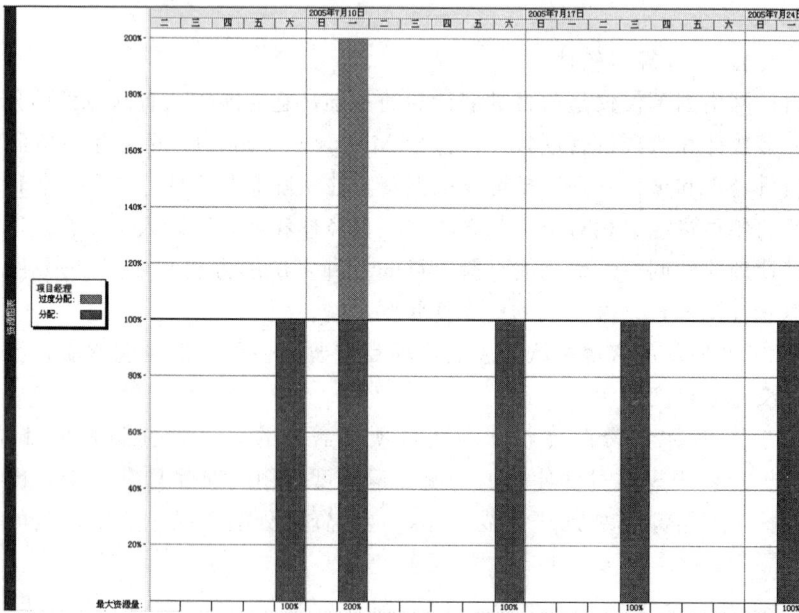

图 5-7　Microsoft Project 2003 生成资源柱状图

许多计算机项目管理软件，包括 Microsoft Project 在内，都会自动平衡资源或解决资源的超负荷情况。但是要注意，项目管理软件的算法不一定就会生成实际可行的项目进度计划。因此，项目经理和项目管理人员在将其用于项目实施之前应该仔细地核实这种平衡资源的能力。

5.3.3.8　资源估算的问题

当项目的进度或实施环境发生变化的时候，一般说来会导致严重的资源问题。因此，项目经理和项目管理人员必须始终对这些变化以及对项目计划使用的资源的影响保持警惕。

当一个项目开始实施的时候，项目经理和项目管理人员会编制一个项目进度计划，该进度计划详细描述完成项目过程中的活动和里程碑。然后可以估算每个活动的时间，从而确定项目的完成时间。注意这些估算都是基于某种假设，即资源（主要是组织中的资源）在具体活动的开始和整个过程中都可用。但是，随着时间和项目的推进，项目组织内部的项目优先级在发生变化。当这种情况发生时，原先承诺的资源通常被调到优先级更高的项目上（这经常意味着那些项目遇到了更大的麻烦）。这就导致了项目的完成日期将发生变化。项目经理和项目管理人员必须预料到这种资源不足，并做出相应的调整计划。否则，项目经理和项目管理人员会经常处于不利的情形下，造成项目进度的延迟。

另外，当使用计算机项目管理软件来辅助编制项目进度计划（或类似的其他工作）时，虽经过多方验证和核实，依然可能会存在数据输入错误或程序错误的危险。要避免此类问题，项目经理和项目管理人员应该验证各项数据或对输出进行手工抽查，绝不要盲目地完全接受任何计算机输出的结果。

在对项目活动（或工作包）的时间、成本和资源估算后，项目经理和项目管理人员就可以把它们合并编制时间分段的进度计划、资源进度计划和预算计划了。注意，这些计划都是时间、成本和资源估算反复平衡迭代的结果！

5.3.4　人员配备

前面已经讨论分析了资源的需求和可支配性如何影响项目进度计划，一旦这些问题得到解决而项目经理和项目管理人员又拥有可用来完成这些项目活动的人员的话，那么项目经理和项目管理人员就需要决定如何分派特定的项目责任。这种分派方法一个非常有用的工具是责任矩阵（Responsibility Matrix,

RM），这个工具在第 1 章已作了简要描述，应引起项目经理和项目管理人员更多注意。

有了责任矩阵项目经理和项目管理人员就可以编制人员配备计划。人员配备计划规定了在项目时间管理中：①需要哪个部门；②需要何种人；③需要哪些技能。人员配备计划实际上是属于资源规划的一部分，它说明何时和如何增加和减少项目组织人数。编制人员配备计划时特别要注意当项目组织成员本职工作已经完成，再无其他任务时将其调离项目组织，安排到别处去发挥作用。项目组织成员若调配得恰当及时，可大大降低管理成本，提高项目组织的士气。

对于职责分配表中的字母代号，有多种形式，典型的责任矩阵（RM）已在前面的章节中介绍。在责任矩阵最简单的形式中，用一个图列出所有的项目活动和负责每个活动的负责人和参与人员。根据专业技术编制表中的描述信息和个人的兴趣，项目经理和项目管理人员可以决定每个项目组织成员的角色。例如，表 5-6 所示为某 IT 项目简单责任矩阵形式示例。

表 5-6　某 IT 项目简单责任矩阵

人员 任务	陈秋娴	陈广州	刘桂艳	蒋俞	张红	朱秀丽	杨洋	曹丽娜
系统分析	G		P		P			P
程序编制				P		G		P
系统测试	P	G	P	P	P			P
硬件采购						P	G	
数据管理		P	G	P	P			

注：G=主要负责人（General responsibility）　　　P=参与人员（Participating）

类似于表 5-6 的简单责任矩阵（RM）对于小项目或更大、更复杂项目的子项目的组织与分派责任特别有用。

更复杂的责任矩阵（RM）不仅表示出个人的责任，还表明单位和个人之间需要协调的关键界面。例如，表 5-7 是一个更大、更复杂的开发一种新检验设备项目的责任矩阵（RM）形式示例。注意在每个单元格中有一个代号方案用来决定特定活动上的参与性质，这些代号提供了一种清楚而精确的方法来表示责任、权威和交流渠道。

表 5—7 新检验设备开发项目的责任矩阵

可交付物	设计	开发	文档	组装	检验	采购	质量	制造
总体设计	G	S	A		S		F	
硬件分析	S	G					F	
软件分析	G						F	
功能分析	S	G			A		F	
硬件设计	G	S	P	P	A	F		F
软件设计	S	G	P	P	A	F		
接口设计	G	S	P	P	F	F		
原型制造	G	S	S	P		P	F	P
原型测试	S		A	A	F	F	F	A
综合验收	S	S	A	F	G		F	P

注：G＝主要负责人；S＝次要负责人；F＝监督人；A＝审批人；P＝参与人员

责任矩阵（RM）提供了一种手段来让项目所有的参与者看到他们的责任，同意对他们的工作分派，责任矩阵也有助于明晰每个参与者在完成两方或更多方重叠参与的活动中行使的职责。通过使用责任矩阵和定义职责、责任及其框架内的交流，就可以明确显示不同项目组织单位之间的关系和项目的工作内容。

尽管责任矩阵（RM）是组织和传达人员配备的一种有效工具，但项目经理和项目管理人员仍然必须决定在一个项目中谁应做什么，谁不应做什么。进行人员配备时，项目经理和项目管理人员应尽量将特定工作的需要与要求和现有参与者的资历与经验匹配。但注意，这样做的一个现象是项目经理和项目管理人员总有一种自然倾向将最好的、能力最强的人指派到最困难的活动上。项目经理和项目管理人员此时需要仔细权衡，这方面不要做得过分，过一段时间这些能力最强的人可能会逐渐对他们总是得到最困难的指派而感到不满。同时能力不太强、经验较少的参与者则可能对他们总是没有被给予机会来展示他们的技能、知识而不满。项目经理和项目管理人员需要在活动绩效和开发项目人员的潜力中寻找平衡。

项目经理和项目管理人员不仅需要决定谁做什么，还要决定谁和谁一起工作最有效率。在决定哪些人在一起工作的时候需要考虑一系列因素。首先，为了达到取长补短的效果，项目经理和项目管理人员应挑选工作风格和个性相容而且彼此能相互补充（也就是说一个人的弱点是另一个人的长处）的人员。例如，一个人可能在解决复杂问题上非常有能耐，但在文档记录工作方面却敷衍了事，那么明智的做法就是让这个人和一个有耐心、关注细节的人配对。经验是另一个需要考虑的因素，老手应该和新人组成团队，这样新人不仅仅能分享经验，还能在老手的帮助下熟悉组织的习惯和规范。其次，项目组织今后的需要应加以考虑，如果有一些人从来没有在一起工作过，但以后会在项目中在一起工作，那么项目经理和项目管理人员让他们利用这个机会提前开始彼此熟悉和协同工作可能更为明智。

责任矩阵的这些职能、责任和工作任务的描述应写在项目程序手册里，并视情况的要求进行修订。另外，项目组织计划涉及的有关问题事项，若无法在责任矩阵、人员配备计划和组织结构图中表示，则应以文字说明之。其主要内容有：项目组织规划实施时将对项目母体组织产生何种影响；按任务逐一说明对项目组织成员在知识、技能、经验、责任、权限、物资条件等方面的要求；说明在项目组织成员不具备必要的知识和技能时，应如何进行培训。

在拥有了上述时间、成本和资源估算的基本概念之后，项目经理和项目管理人员就可以为每个项目活动做出较精确的时间估算了，下面分别介绍几种常用的具体方法。

5.3.5 专家判断法

当实施的项目涉及新技术、新工艺或不熟悉的领域时，项目管理人员由于不具备专业技能，一般来说很难做出正确、合理的时间、成本和资源估算，这就要借助特定领域专家的知识和经验，来对项目活动的持续时间、成本和资源做出权威的估算。如果找不到合适的专家，持续时间、成本和资源的估算结果很可能会不可靠且具有较大风险。

专家判断法是项目经理和项目管理人员经常要采用的方法，这种方法要求项目经理和项目管理人员尽可能地广泛征求意见，不同组织中的专家以及个人等都是应当进行咨询的对象。他们有着专门的经验，接受过相当的培训，因此对于项目组织来说他们是外在的重要资源。一般选择专家对象的范围包括：

(1) 本项目组织内的其他非项目组织成员；

(2) 相关行业咨询人员；

（3）相关行业技术组织；

（4）其他相关政府、行业管理组织等。

当然，时间、成本和资源估算是十分困难的，因为影响它的因素实在是太多，太难以确定。仅仅是各种资源的配备以及资源的潜能，都是难以量化确认的，这些都增加了估算的难度。所以说，专家根据历史经验而对活动所做出的时间、成本和资源估算对于项目组来说是很宝贵的，如果项目小组没有这类支持的话，那么项目的风险度和不确定性就会大大增加。

5.3.6　类比估算法

类比估算法也可以称作历史估算法或最大可能性估算法，它的含义就是根据先前完成的类似项目活动的实际持续时间、成本和资源来估算当前相应项目活动的可能持续时间、成本和资源，即将过去类似项目活动的实际持续时间、成本和资源的历史文件及数据作为估算未来项目活动持续时间、成本和资源的基础，项目经理和项目管理人员通过类比来推算当前项目活动所需的时间、成本和资源。实际上，它也是专家判断法的一种形式。类比估算法一般在当前项目的各种资料和信息比较缺乏的情况下使用，因为它是建立在对估算目标的准确判断上的。因此在下列情况下，类比估算法的结果是最为有效的。

（1）当前项目要进行时间、成本和资源估算的活动与先前项目活动是本质上的类似而不仅仅是表面上的类似。

（2）专家或参与活动持续时间、成本和资源估算的人员具备与需要进行项目活动持续时间、成本和资源估算十分吻合的经验，一般至少是两个以上专家经验的综合。估算的准确度依赖于输入的历史文件和数据以及对项目相似性和区别的准确调整。

5.3.7　德尔菲法

在专家意见难以获得或参与活动持续时间、成本和资源估算的人员不具备项目活动持续时间、成本和资源估算经验时，德尔菲法是一种有效的替代估算方法。这是一种群体技术，集中利用一个群体的知识来获得一种估算。德尔菲法是在 20 世纪 40 年代由 O. 赫尔姆和 N. 达尔克首创，经过 T. J. 戈登和兰德公司进一步发展而成的。德尔菲这一名称起源于古希腊有关太阳神阿波罗的神话。传说中阿波罗具有预见未来的能力。因此，这种预测方法被命名为德尔菲法。1946 年，兰德公司首次用这种方法来进行预测，后来该方法被迅速、广泛地采用。德尔菲法依据系统的程序，采用匿名发表意见的方式，即估算参与人员（或专家）之间不得互相讨论，不发生横向联系，只能与调查人员发生关系，通过多轮次调查对问卷所提问题的看法，经过反复征询、归纳、修改，最后汇总成参与人员（或专家）基本一致的看法，作为预测的结果。这种方法具有广泛的代表性，较为可靠。

德尔菲法的基本过程是：首先向估算参与人员（或专家）简要介绍项目和要估算的活动，然后让这些估算参与人员中的每个人给出他所能得到的最好的估算，这是第一轮估算，其结果以列表和直方图的形式反馈给这些参与人员；在第一轮基础上，让给出的估算与平均值相差大的人讲述自己的理由，然后每个人进行第二轮估算，得到新的结果；再次让这些估算参与人员讨论，并进行第三轮估算；在第三轮结果的基础上进行调整，得到的平均值就是估算结果。如果结果不令人满意的话，还可以继续下去，最终通过这种估算和反馈过程，得到综合各方面意见的更为准确的估算结果。

德尔菲法的具体实施步骤如下：

（1）组成项目估算参与人员（或专家）小组。按照项目活动持续时间、成本和资源估算所需要的知识范围，确定估算参与人员（或专家）。估算参与人员人数的多少，可根据预测项目活动持续时间、成本和资源涉及面的宽窄而定，一般不超过 20 人。

（2）向所有估算参与人员（或专家）提出所要预测的项目活动持续时间、成本和资源估算问题及有关要求，并附上有关这个项目活动持续时间、成本和资源估算问题的所有背景材料，同时请估算参与人员提出还需要什么材料。然后，由他们做书面答复。

（3）各个估算参与人员（或专家）根据他们所收到的材料，提出自己的项目活动持续时间、成本和资源预测意见，并说明自己是怎样利用这些材料并提出预测值的。

（4）将各位估算参与人员（或专家）第一次判断意见汇总，列成图表，进行对比，再分发给各位估算参与人员，让估算参与人员比较自己同他人的不同意见，修改自己的意见和判断。也可以把各位估算参与人员的意见加以整理，或请身份更高的其他专家加以评论，然后把这些意见再分送给各位估算参与人员，以便他们参考后修改自己的意见。

（5）将所有估算参与人员（或专家）的修改意见收集起来汇总，再次分发给各位估算参与人员，以便做第二次修改。逐轮收集意见并为估算参与人员反馈信息是德尔菲法的主要环节。收集意见和信息反馈一般要经过三四轮。在向估算参与人员进行反馈的时候，只给出各种意见，但并不说明发表各种意见的估算参与人员的具体姓名。这一过程重复进行，直到每一个估算参与人员不再改变自己的意见为止。

（6）对估算参与人员（或专家）的意见进行综合处理。

德尔菲法同常见的召集专家开会，通过集体讨论，得出一致预测意见的专家会议法既有联系又有区别。德尔菲法能发挥专家会议法的优点，即能充分发挥各位专家的作用，集思广益，准确性高。能把各位专家意见的分歧点表达出来，取各家之长，避各家之短。同时，德尔菲法又能避免专家会议法的缺点：权威人士的意见影响他人的意见；有些专家碍于情面，不愿意发表与其他人不同的意见；出于自尊心而不愿意修改自己原来不全面的意见。德尔菲法的主要缺点是过程比较复杂，花费时间较长。

5.3.8 模拟法

模拟法是以一定的假设条件为前提，计算出多种活动持续时间的估算方法。在这种情况下，项目经理和项目管理人员必须使用三种可能的完成假设前提来得出活动持续时间的估算。

在一些情况下，项目活动的持续时间可以指完成一项作业或一道工序所需要的时间，例如灌浆 100 立方米的水泥作业，搭建两层脚手架作业等，都可能是一个随机变量。在一项作业或一道工序这样的作业活动重复进行时，其实际持续时间一般会表现为一种随机分布的形式，这种随机分布可能集中在一个特定值的周围，也可能比较分散。在这种情况下，项目活动的持续时间就是确定活动的作业时间。作业时间的确定一般有两种方法：

5.3.8.1 单一时间估算法

在确定作业活动的时间长度时，只给出一个估算值。这种方法常应用于具备作业定额资料的条件下，或者具备类似工序作业时间消耗的统计资料的情况时。

5.3.8.2 三点时间估算法

三点时间估算法是最常用的模拟法，其基本原理是在作业活动持续时间较长且不可知因素较多或无先例可循的条件下，对某项作业活动预先估算出三种可能的时间长度：最乐观时间、最悲观时间和最可能（正常）时间，假设这三个时间服从 β 分布，然后运用概率的方法计算出各作业活动的最可能的时间长度。这三个估算时间为：

（1）最乐观时间（t_o）：指假定一切按计划顺利进行，且只遇到很少的困难（这种情况的发生概率大约为 1%），某项作业活动在最有利的情况下完成所需要的持续时间。

（2）最可能时间（t_m）：指在正常情况下完成某项作业活动最经常出现的时间。如果某项作业活动已经发生过多次，则其最经常发生的时间长度可以看做该作业活动的最可能的持续时间。

（3）最悲观时间（t_p）：指假定一切全都不按计划进行，且未预见到的困难都将发生（这种情况的发生概率大约为 1%），某项作业活动在最不利的情况下完成所需要任务的持续时间。

根据经验，在将这三种时间合并为单个时间期望值的表达式之前，必须做两个假设。第一个假设是，标准偏差 δ 是时间需求范围的 1/6，这个假设源于概率论，曲线终点离平均值三个标准方差。第二个假设要求作业活动所需时间的概率分布可用 β 分布表示。

作业活动所需持续时间长度的期望值可用下面的计算公式表示：

$$t_e = (t_o + 4t_m + t_p) / 6 \tag{5-3}$$

式中，t_e 为时间期望值，t_o 为最乐观时间，t_m 为最可能时间，t_p 为最悲观时间。

进一步，可以计算每一作业活动持续时间的标准方差，其计算公式如下：

$$\sigma_{t_e} = (t_p - t_o) / 6 \tag{5-4}$$

式中，σ_{t_e} 为期望时间 t_e 的标准方差。

5.3.8.3 总项目持续时间估算

为了计算项目按时完成的概率，就必须知道每一作业活动的标准方差。

例如，某一简单项目网络结构图如图 5-8 所示，其项目的关键路径由三个作业活动 A、E 和 G 组成，作业活动 A、E、G 在正常情况下的时间长度分别是 4 天、8 天、4 天，在最有利的情况下时间长度分别是 3 天、5 天、2 天，在最不利的情况下其时间长度分别是 5 天、11 天、6 天。试计算该项目各作业活动的期望时间和标准方差，以及整个项目的标准方差。

最乐观时间（t_o）

最可能时间（t_m）

最悲观时间（t_p）

3，4，5   5，8，11   2，4，6

| A | → | E | → | G |

$\sigma_{t_e}=0.33$ $\sigma_{t_e}=1.00$ $\sigma_{t_e}=0.67$

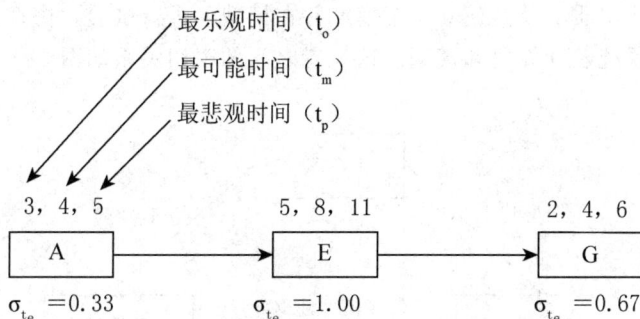

图5－8 项目网络结构图及关键路径期望时间分析

解：根据式（5－3）有：

作业活动 A 的期望时间 $t_e=$（3+4×4+5）/6=4（天），作业活动 A 的标准方差 $\sigma_{t_e}=$（5－3）/6≈0.33；

作业活动 E 的期望时间 $t_e=$（5+4×8+11）/6=8（天），作业活动 E 的标准方差 $\sigma_{t_e}=$（11－5）/6=1.00；

作业活动 G 的期望时间 $t_e=$（2+4×4+6）/6=4（天），作业活动 G 的标准方差 $\sigma_{t_e}=$（6－2）/6≈0.67；

所以该项目最可能完成时间的平均值为（4+8+4）=16（天）；

该项目关键路径的标准方差通过各活动标准方差平方和的平方根计算而得：

$$\sigma_{total}=\sqrt{\sigma_A^2+\sigma_E^2+\sigma_G^2}=\sqrt{0.33^2+1.00^2+0.67^2}\approx1.25$$

5.3.9 仿真法

仿真方法就是以相似原理、系统理论、计算机技术以及仿真应用领域的有关专业技术为基础，找出待研究系统对象中的关键要素，建立与现实系统对象相对应的模型，利用模型对系统对象（已有的或设想的）进行研究的一门多学科的综合性的方法。

仿真方法本质上是一种知识处理的过程，典型的系统仿真过程包括系统模型建立、仿真模型建立、仿真程序设计、仿真试验和数据分析处理等来模仿真实系统对象的运行过程，通过数据采集和统计分析，得到系统对象的统计特性，并据此推断和估计系统对象的真实参数和性能测度，为辅助决策提供依据。它涉及多学科、多领域的知识与经验。

仿真方法实质上就是建立系统模型并在模型上进行试验,仿真方法包括三个要素,即系统、计算机和模型。这三者之间的密切关系如图5—9所示。

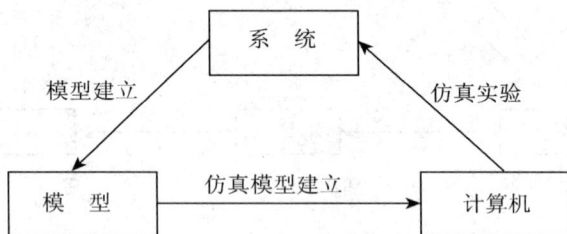

图5—9 计算机仿真方法三要素及其三个基本活动

仿真方法是模型(物理的、数学的或非数学的)的建立、验证和试验运行技术,与其他建模方法相比,其建模求解的不同点在于建模的不唯一性和求解过程的实验性。因此,为保证建模的有效性和运行结果的正确性,仿真方法具体步骤如图5—10所示。更为具体地说,可将仿真分成十个步骤:

(1)系统定义(System Definition)。确定所研究的系统对象的边界与约束。对系统对象的问题和研究目标进行描述,明确需要解决的问题和应达到的目标,这是系统对象建模和模型运行的基础。在此基础上,选择描述这些目标的关键要素和状态变量,明确定义所研究问题的边界范围和约束。

(2)建立模型(Model Formulation)。把实际系统简化或抽象为数学公式或逻辑流程图。建立模型表达是对所研究系统对象运行过程的一种抽象描述并能反映系统的本质属性。通常,系统建模是面向问题和运行过程的建模方式,又分为离散事件系统的仿真建模和连续系统的仿真建模。

(3)数据准备(Data Preparation)。核对模型所需要的数据,并简化为适当的形式。只有输入正确的数据,在此基础上仿真运行所建模型的逻辑关系和数学关系,并进行相应的运算和统计分析,才能得出正确的仿真输出结果。

(4)模型确认(Validation)。有信心断定所建系统的模型是正确的。所建立的系统仿真模型是否代表所研究的真实系统对象,是决定仿真成败的关键。通常可用三个步骤确认:①由熟知该系统的专家对模型做直观的、内涵的分析评价;②对模型所做的假设、输入数据的合理性进行检验;③对模型做试运行,观察初步仿真结果与真实系统的统计数据是否一致,或改变主要输入变量的数值时,输出变量的变化趋势是否合理。

```
                    ┌──────────────┐
                    │   问题提出    │
                    └──────┬───────┘
              ┌──────────> │
              │     ┌──────┴───────┐
              │     │   系统定义    │
              │     └──────┬───────┘
              │            │
              │         ╱──┴──╲         否      ┌──────────┐
              │        ╱ 是否用 ╲──────────────> │  其他方法  │
              │        ╲ 仿真?  ╱              └──────────┘
              │         ╲──┬──╱
              │     ┌──────┴───────┐
              ├────>│   建立模型    │
              │     └──────┬───────┘
              │     ┌──────┴───────┐
              ├────>│   数据准备    │
              │     └──────┬───────┘
              │     ┌──────┴───────┐
              │     │建立计算机仿真模型│
              │     └──────┬───────┘
      不好     │         ╱──┴──╲
              ├────────╱ 模型检验 ╲
              │         ╲──┬──╱
              │          好 │
              │     ┌──────┴───────┐
              ├────>│   战略设计    │
              │     └──────┬───────┘
              │     ┌──────┴───────┐
              │     │   战术设计    │
              │     └──────┬───────┘
              │     ┌──────┴───────┐
              │     │   仿真实验    │
              │     └──────┬───────┘
    不可用      │         ╱──┴──╲
              └────────╱仿真结果可用?╲
                        ╲──┬──╱
                       可用 │
                    ┌──────┴───────┐
                    │ 使用模型或仿真结果 │
                    └──────────────┘
```

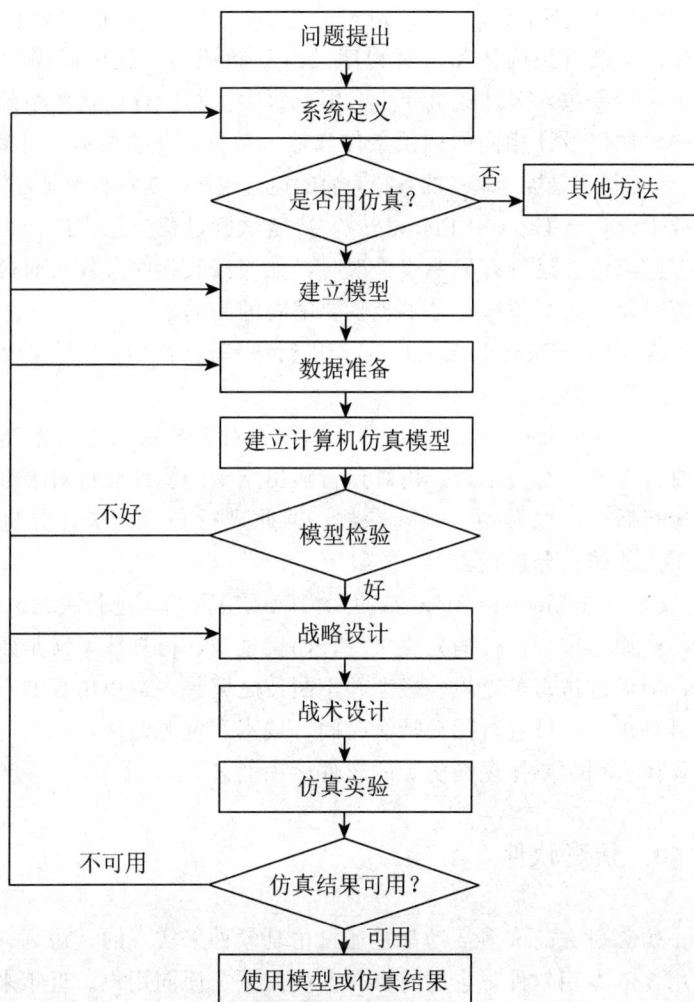

图 5—10 仿真方法的具体步骤

（5）模型解释（Model Translation）。用计算机可接受的语言描述模型，也即建立计算机仿真模型。必须将模型转化成计算机能识别和执行的程序代码，即进行仿真程序编制，才能通过计算机对所建系统的模型进行仿真试验。由于仿真程序的编制转变过程中会有偏差或错误，因此，还需要对仿真程序进行验证，即对仿真程序的逻辑和数学关系、输入和输出响应与模型的一致性进行的测试和检验。

（6）战略设计（Strategic Planning）。设计一个试验，使之能提供所需要的信息。在模型已得到确认和仿真程序已得到验证后，就可对模型作正式运行。由于系统对象包含多种随机变量，因此每次仿真运行仅是对系统对象运行的一次抽样，如何设计相同的初始条件和输入数据，使仿真运行可多次独立地重复进行，从而得到最接近真实的系统对象的运行规律，是本步骤要解决的问题。

（7）战术设计（Tactical Planning）。决定试验过程应怎样进行，比如修改哪些参数等。当仿真运行有偏差或错误时，如何修改某些参数从而得到最接近真实的系统对象的运行规律，是本步骤要解决的问题。

（8）仿真实验（Experimentation）。进行仿真运行，得出所需要的系统对象数据，并进行敏感性分析。

（9）整理（Interpretation）。由仿真的结果对系统对象进行推断，得到一些设计或改进系统的有益结论。仿真运行输出结果的统计分析对模型进行多次独立重复运行后，可以得到一系列参数，据此进行必要的统计分析和统计推断，形成正式的仿真分析报告。

（10）实现（Implementation）。使用模型或仿真结果进行决策。

总之，模型是进行仿真的先决条件，而反过来，仿真技术又是建立模型的重要手段，即通过仿真可以检验模型并不断使之完善。运用仿真的方法，项目经理和项目管理人员可进行活动持续时间、成本和资源的估算，而这种仿真估算方法的具体应用主要体现在仿真的软件运用上。

5.3.10　仿真软件

目前，仿真研究的许多活动都是通过仿真软件来实现的，仿真软件是一类面向仿真用途的专用软件，它的特点是面向问题、面向用户。近年来，多种仿真软件已广泛运用于项目管理过程中。下面对国外和国内广泛应用的一种项目过程仿真软件——ProModel 仿真软件作一简介。

ProModel 仿真软件简介

ProModel（Production Modeler）是由 PROMODEL 公司开发的一个用于模拟许多制造系统、工程系统和服务系统的仿真工具。在制造系统方面，若要建立一座工厂，就要设计、制造、安装和调试工厂里面的各个工作站，运输、传输路线，以及大量生产、装配线，柔性制造系统、精益生产、看板系统等，而这些项目实施过程能够被 ProModel 模型化，从而通过仿真得出项目实施过程所需的时间、资源等参数。在服务系统方面，医院、电话中心、仓库运作、交通系统、杂货店或百货公司、信息系统、顾客服务管理、供应链、物流系统以及其他的商业过程也能用 ProModel 快速并且有效地进行模型化，从而通过仿真得出建立这些服务系统过程所需的时间、资源等参数。

　　ProModel 在工程师和管理者的手中是一个很有用的工具。它帮助工程师和管理者在项目方案实施前测试可替换设计、想法和过程图。在承诺花费时间、金钱及其他资源前，可以对已存在的系统或者新设计的系统进行改进。大量的运行和控制数据能够列出进行对比和分析。大多数人都运用仿真工具，通过对现实场地的模拟来精确地预测和改进系统运行状况，或者是了解一个大概的过程。通过测试大量的 what-if 特定情况，可以选出管理运行的最优方案。

　　ProModel 集中于资源利用、生产能力、生产力、库存等级、"瓶颈"、生产量次和一些其他的性能量度的分析。ProModel 是一个离散事件仿真器，并且也是用于建立离散系统模型的。它也可用于模拟事件发生在某些特定时刻点上的系统。这个时间是可以控制的，并且是从 0.01 小时到 0.00001 秒间的排列。图 5—11 所示为 ProModel 仿真软件在设计盐湖城冬奥会交通管制项目中的运用事例。

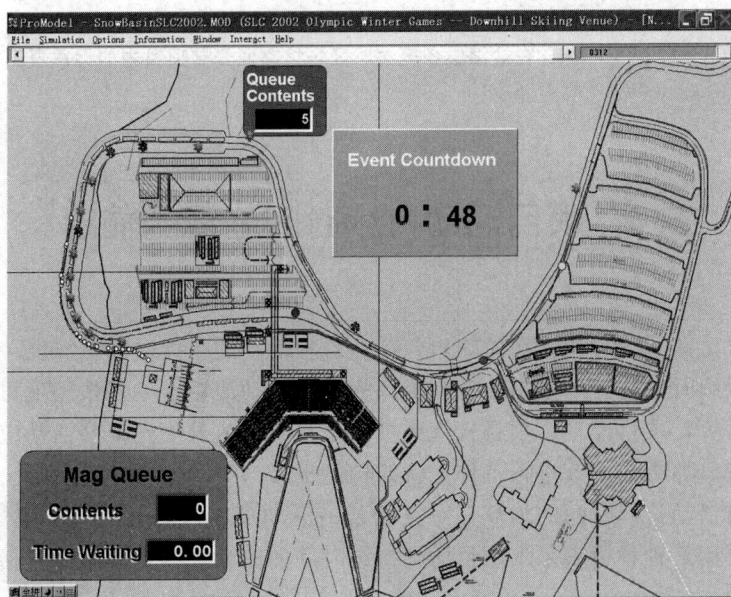

图 5—11　ProModel 在盐湖城冬奥会交通管制项目中的运用事例

图5-12所示为 ProModel 仿真软件在设计盐湖城冬奥会城区场馆交通管制项目中的运用事例。

图5-12　ProModel 在盐湖城冬奥会城区场馆交通管制项目中的运用事例

5.4　项目活动持续时间估算的输出

项目活动持续时间估算的输出包括：各项活动的持续时间估算值、说明项目活动持续时间估算的依据文件和更新的项目活动清单。如果根据项目活动持续时间估算，项目经理、项目管理人员和项目组织成员决定某些活动应该被进一步分解，那么还应该进行工作分解结构的更新。

项目活动持续时间的估算是对完成某一活动可能需要的时间的定量估算，并且还要用某种指标表示出项目活动持续时间的变动范围，其结果包括以下几个方面的内容。

5.4.1　活动的持续时间

估算出的项目活动持续时间可以按下面例子的方式表示：

（1）例如，某项目活动持续时间为 1 周±1 天（每周 5 天工作制），表明该项目活动至少需要 4 天，最多不超过 6 天。又例如，某项目活动持续时间为 3 周±2 天（每周 5 个工作日），表明该项目活动至少需要 13 天，至多需要 17 天。

（2）例如，某项目活动持续时间超过 3 周的概率为 10%，表明该项目活动在 3 周内完成的概率高达 90%。

估算出的活动持续时间或项目完成时间可以反映在项目网络图中，表达的符号参见活动排序一章。如图 5－13 所示为 Microsoft Project 2003 生成的引入案例"居室装修工程项目活动持续时间"示例。

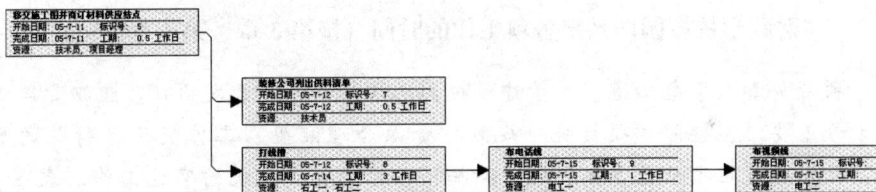

图 5－13　居室装修工程项目活动持续时间

5.4.2　估算的依据文件

项目活动持续时间估算的所有依据都应当作为项目活动持续时间估算结果的补充说明材料，以文档形式保存下来，作为项目管理的备查资料。活动持续时间估算的依据在前面已有介绍，这里不再赘述。

5.4.3　更新的活动清单

一般说来，项目经理、项目管理人员和项目组织成员在对项目活动持续时间估算的过程中，可能会发现项目活动清单存在各种错误，例如活动清单遗漏

笔记栏

了一些活动或活动间的逻辑关系不恰当等，因此需要对项目活动清单进行修正和更新。

项目活动持续时间估算就是估计各个活动的时间分布状况、确定活动持续时间的依据以及活动的更新，是对将来时间的量化估计，所以它必须含有一定的概率特性，所有的时间都只能标记为"很有可能"、"有可能"、"或许"等字眼，所以从这种意义上来说，项目时间估算完全是不确定型的，在后面的内容介绍中还将看到，关键路径法（CPM）是确定型的时间估算，而计划评审技术（PERT）则是不确定型的。

项目活动的时间估算以及整个项目的完成时间估算在项目管理中起到了很重要的作用，在此基础上项目经理和项目管理人员可以对项目进行计划编制与计划控制，并给各种活动分配相应的资源（人力和物力），而项目成本是和完成项目所需要的时间紧密相关的。只有比较准确地估算出项目的持续时间范围，才能够对项目各方面的工作有比较全面的了解，实现有效的项目管理。

· 本章案例 ·

省财政学校校园网系统各项工作的时间（接第 3 章、第 4 章案例）

项目负责人李磊知道，对于建设校园网这样的系统开发项目，组织管理工作十分重要。拟按照"项目统一规划、资源合理配置、工作交叉进行"的原则，开发项目在项目负责人的统一指挥下，协调整个系统的实施工作。表 5—8 是李磊组建的项目开发团队人员配置情况：

表 5—8　校园网系统开发项目人力资源列表

编号	姓名	人员类别	备注
1	韩雪梅	系统工程师	6 年工作经验
2	国亚坛	系统工程师	6 年工作经验
3	董烨宸	软件工程师	5 年工作经验
4	袁明霞	软件工程师	4 年工作经验
5	吴学毅	软件工程师	4 年工作经验
6	李林娟	软件工程师	4 年工作经验
7	袁　媛	软件工程师	4 年工作经验
8	罗发光	软件工程师	5 年工作经验
9	唐建民	软件工程师	5 年工作经验

续表

编号	姓名	人员类别	备注
10	邓 伟	软件工程师	4 年工作经验
11	倪文佳	软件工程师	1 年工作经验
12	罗南金	软件工程师	1 年工作经验
13	董殿楠	软件工程师	1 年工作经验
14	李开远	网络工程师	5 年工作经验
15	刘瑞龙	网络工程师	4 年工作经验
16	孙晋鹏	网络工程师	4 年工作经验
17	杨 磊	网络工程师	1 年工作经验
18	赵超强	网络工程师	1 年工作经验

　　信息系统公司将派 18 名工程师参加整个校园网系统开发项目的施工、开发、调试及维护，其中系统工程师 2 名，软件工程师 11 名（其中 3 人是新手），网络工程师 5 名（其中 2 人是新手），根据需要还可以临时雇请辅助人员 5 人。省财政学校该项目协调人为卿光明老师。

　　校园网系统开发项目的经费清单如表 5—9、表 5—10、表 5—11、表 5—12 所示：

表 5—9　校园网系统硬件部分经费预算

序号	名称	型号	单位	数量	单价（元）	小计（元）
1	数据库服务器	IBM eServer iSeries 1GB 120GB	台	7	26000	182000
2	交换机	Cisco Catalist 5500	台	5	17000	85000
3	路由器	Intel 8100	台	50	7280	364000
4	服务器 UPS		台	7	3800	26600
5	机柜（1.1 米）		台	7	1500	10500
6	配线架（AMP48 口）		个	7	1550	10850
7	信息节点		个	3000	5	15000
					总计：	693950

笔记栏

表 5—10 校园网系统软件购置费

序号	名 称	型 号	单位	数量	单价（元）	小计（元）	备注
1	系统软件	MS—BackOffice	套	1	20000	20000	1250 用户
					总 计：	20000	

表 5—11 校园网系统应用模块开发费

序号	名称型号	单位	数量	单价（元）	小计（元）	备注
1	信息交流 电子邮件、公告栏、校内动态信息 大事记、报刊摘要、互联网信息、校内期刊、互联网导航、校园杂谈、校长信箱、电子书库、图书馆查询		1	120000		
2	办公自动化 发文管理、收文管理、办公系统导航、会议管理、领导日程安排、财务信息一览、制度规章、物资申购及领用		1	80000		
3	教务管理 自动排课、师资管理系统、教学管理、考绩管理、综合查询系统、全校学生数据库、教学计划		1	120000		
4	人事管理 劳资人事、员工动态		1	60000		
5	学生管理 学籍管理、招生管理、分班及管理、学生档案管理、操行评定系统		1	100000		
6	综合信息 消息发布、招生广告、形象宣传、课业辅导、教案参考展示、资料查询及远程教学		1	120000		
	总 计：			600000		

表 5－12　校园网系统综合布线经费预算

序号	产品名	描　述		金　额
1	7 英尺跳线			
2	分支线路 PVC 管（@32）			
3	分支线路 PVC 管（@20）			
4	PVC 管及配件			
5	其他辅助材料			
6	室内线槽（小线槽）			
7	网线			
		合计（3000 点）：		100000

其他经费预算：整个校园网系统的建设、安装、调试、维护、保修和用户培训的费用为：（设备总额＋应用系统总额）×7％＝1413950×7％＝98976（元）。

则校园网系统金额合计：1512926 元。

讨论题

1. 项目负责人李磊和他的项目开发团队会用到哪些时间估算方法来估算校园网系统各项工作的时间？

2. 尝试估算校园网系统各项工作的时间并列表。

3. 试画出该项目开发团队各成员的责任矩阵表。

·本章小结·

项目经理和项目管理人员在进行项目进度计划编制前，必须进行项目活动持续时间的估算工作。对项目经理来说，只有明确了完成一个项目需要多少时间以及需要花费多少成本，才能编制出较合理的项目进度计划。同时，要意识到这些初步的活动估算只是一种大致推测，发生在编制项目进度计划的"初期"阶段，今后随着项目的实施过程还会不断调整。对项目活动持续时间估算主要是对时间、成本、资源和人员配备进行估算。在进行项目活动持续时间估算时一般会用到专家判断法、类比估算法、德尔菲法、模拟法、仿真法及仿真软件等方法和工具，这些方法和工具能使项目活动持续时间的估算工作更加有效。

·关键概念·

活动持续时间估算的定义　资源需求　资源分配　时间估算　成本估算

资源估算　专家判断法　类比估算法　德尔菲法　模拟法　仿真法

· 思考题 ·

1. 项目的估算主要包括哪些内容？如何进行项目的估算？

2. 某项活动持续时间的最乐观时间为 3 天，正常时间为 6 天，最悲观时间为 9 天，此活动的预期持续时间为几天？

3. 什么是活动的时间分段的估算？

4. 专家判断法有哪些优点和缺点？

5. 类比估算法在什么情况下运用最合适？

第 **6** 章

项目进度计划编制

　　项目进度计划编制的主要目的是建立一个现实的项目进度计划，控制和节约项目的时间，并为监控项目的进展情况提供一个评价基准，保证项目在规定的时间内能够完成。本章首先介绍了项目进度计划编制的输入依据：项目网络图、活动持续时间估算、项目资源需求、活动逻辑关系、作业约束因素、活动提前和滞后、日历表等；接着重点讨论了编制项目进度计划的工具和方法，主要有甘特图法、关键路径法、计划评审技术、图表评审技术、进度计划优化（时间优化、成本优化和资源优化）；最后介绍了项目进度计划编制输出结果：项目进度计划、计划补充说明、进度管理计划及资源需求修改。

6.1 项目进度计划编制概述

项目进度计划编制（Schedule Development）就是在工作分解结构的基础上，根据前面内容所涉及的项目时间管理过程的活动定义、活动排序及活动持续时间估算的输出结果和所需要的资源，对项目所有活动进行一系列的进度计划编制工作，其主要工作是要确定项目各活动的开始时间以及项目各活动的结束时间、具体的实施方案和措施。前面的内容已介绍了项目的主要特点之一就是有严格的时间期限要求，因此项目进度计划编制在项目管理中具有重要的意义，它既是项目跟踪与控制的服务目标与对象，又是项目跟踪与控制的行动指南，所以一个好的项目进度计划应有利于项目跟踪与控制的实施和项目目标的实现。

编制项目进度计划工作本身是一项带有极强目的性的活动，它是对项目的全部活动做出的事先分析、策划和安排。对于任何带有目的性的活动，都要在实施前制订好工作计划，在对项目进度计划的编制过程中同样要进行过程跟踪、报告与控制工作，这是做好编制项目进度计划工作的关键一步。

为做好项目进度计划工作，项目经理和项目管理人员在项目进度计划编制之前必须尽量找出所有有关项目未来实施中的模糊之处及存在的问题。对于可能涉及关键路径上的各种主要影响因素还要设立专项课题进行分析研究。这不仅需要在项目的前期工作中投入大量的信息和人力资源，还要建立相应的管理与信息系统，力争减少由于对影响未来项目实施因素的认识不清所带来的计划不当，降低项目实施风险。

编制项目进度计划时，项目有关干系人和主要职能部门都应该积极参加，明确对各部门的要求，各职能部门据此可拟订本部门的项目进度计划。无论是编制项目进度计划还是执行项目进度计划，项目经理和项目管理人员都会经常面临各种选择。这些选择可能包括项目时间管理过程、可交付物质量标准、外包的程度等。项目进度计划可以看做是在这些情况之间选择的一个记录，而且通常要依赖于项目经理和项目管理人员所愿意接受的风险程度，以及项目进度计划中准备了多少应急资源储备。因此，在项目进度计划最终确定下来之前，所有的项目时间管理过程常常会出现几次反复，也就是说项目进度计划编制过程必须反复迭代进行，为项目进度计划编制提供的输入过程也需要反复进行，尤其是项目活动持续时间估算和项目成本估算的过程。

目前，有几项项目进度计划技术的形式可以用于项目进度计划编制过程，甘特图是显示项目信息最常用的工具，但由于它对工作间的逻辑关系表示不清楚，时间参数和关键线路的信息也反映不出来，进行优化比较困难，因此只能凭项目经理和项目管理人员的经验进行局部优化调整；PERT 分析是评价项目进度风险的一种手段；关键路径分析是编制和控制项目进度计划的一种很重要的工具。尤其是运用了计算机项目管理软件技术后，这些技术形式更加有助于项目经理和项目管理人员明确项目各活动之间的相互关系，更加有利于对项目实施过程中各管理环节之间的协调与控制。

编制项目进度计划阶段的主要工作如表 6－1 所示。

表 6－1　编制项目进度计划的主要工作

输　　入	工具和方法	输　　出
项目网络图 项目资源需求 活动持续时间估算 活动逻辑关系 作业约束因素 活动提前和滞后 日历表	甘特图 关键路径法 计划评审技术 图表评审技术	项目进度计划 项目进度计划补充说明 项目进度管理计划

由于项目进度计划是对未来活动做出的事先确定和安排，它具有假设性和预测性。预测工作的成效直接与计划者所掌握的信息和经验积累有关。在现代项目进度计划编制管理中，仅满足于编制出项目进度计划，并以此来进行资源调配和完成时间控制是远远不够的，还必须依据各种内部、外部条件，在满足项目完成时间要求的同时，合理安排时间、费用与资源，力求达到资源消耗合理和经济效益最佳这一目的，这就是项目进度计划的优化。按项目进度计划的优化目标分，有时间优化、费用（成本）优化和资源优化。

项目经理和项目管理人员在进行项目进度计划优化时可利用项目活动所具有的时差进行相关调整，从而使项目进度计划的优化得以实现，但其优化是建立在多次反复计算的基础上的，工作量很大，其过程十分烦琐，稍复杂一点的进度计划（如超过 50 个活动），用手工优化就已近乎不可能，所以，现在的项目进度计划的优化工作主要是通过计算机及软件来完成的。本章只介绍基本的优化原理及方法，关于运用计算机项目管理软件来优化项目进度计划的详细方法请参考相关项目管理软件应用书籍。

6.2 项目进度计划编制输入

项目进度计划编制的输入依据是根据前面所涉及的项目时间管理过程的活动定义、活动排序及活动持续时间估算的输出结果和所需要的资源来进行。

6.2.1 项目网络图

项目网络图确定了项目活动的顺序以及这些活动相互之间的逻辑关系和依赖关系，项目进度计划的编制主要就是按照项目网络图来确定项目活动之间的关系。详细内容请参看第 4 章的项目活动排序相关内容。

6.2.2 项目资源需求

资源需求是指项目活动对资源数量和质量方面的需求，它对项目进度会产生一定的影响，这又涉及项目资源库的描述。具体来说，对项目进度编制而言，资源需求就是项目的各项活动在什么时候需要何种资源，这些资源又以何种方法可供利用，以及当项目的几项活动共用一种资源时，如何进行合理的资源平衡，从而确定如何安排项目各项活动的进度。注意安排共享的资源也许是特别困难的一件事，因为这些资源的可利用性是高度可变的。

在对资源库进行描述中，对各资源的详细程度的要求是变化的。例如，一个咨询项目在最初的进度计划编制时，仅须知道在某一段时间内有两个咨询人员可供利用，然而在同一项目的最终进度编制时，必须确定使用哪一位特定的咨询人员。详细内容参看第 5 章的项目活动资源估算相关内容。

6.2.3 活动持续时间估算

项目活动持续时间的估算是通过第 5 章介绍的估算方法和估算程序得到的，主要包括时间、资源和成本估算。详细内容请参看第 5 章的项目活动持续时间估算相关内容。

6.2.4 活动逻辑关系

一般来说，项目活动有其固有的逻辑关系，而这又与项目各活动的作业过程安排直接相关。项目经理和项目管理人员必须在对这些逻辑关系进行分析后，才能编制项目进度计划。例如，项目进度计划的编制必须考虑项目小组在完成某项活动时一周的工作日是标准工作日还是非标准工作日，即一周是工作 5 天还是 7 天，若是前者可能完不成该项活动。详细内容请参看第 4 章的项目活动排序相关内容。

6.2.5 作业约束因素

项目经理和项目管理人员在编制项目进度计划时，也必须要考虑项目活动的各种约束因素。

（1）强制性日期：项目干系人（项目客户或其他外界因素）要求某些项目交付物必须在某一特定日期完成（例如，对于某技术项目的特定市场销售期，某董事会就要求在某日期前必须完成一个环保项目）。

（2）关键事件或里程碑事件：项目干系人（项目客户或其他外界因素）提出在某一特定日期前必须完成某些项目交付物，一旦定下来，这些日期就很难被更改了。

详细内容请参看第 3 章的项目约束因素的相关内容。

当然，除了项目活动的作业约束因素外，项目经理和项目管理人员还要注意项目的时间约束或资源约束类型，一般需要参考它们的优先级矩阵来决定其约束种类。

时间约束类型项目是必须在规定时间内完成的项目。如果需要的话，可以增加资源来保证项目在规定时间内完成。尽管时间是关键因素，但资源的使用量不应超出项目必需的使用量。

资源约束类型项目是假设资源可用水平不能超过项目必需的使用量。如果资源不充分，则项目进度延迟是可以接受的，但应该尽可能小。

项目经理和项目管理人员用一个简单的检查就可以判断项目是时间约束型还是资源约束型——"如果关键路径上的活动延迟，是否能够通过增加资源来使项目进度回到原进度计划?"如果回答是可以，就可以假定项目是时间约束类型；如果不是，那么就可以假定项目是资源约束类型。

在项目进度计划中，时间约束意味着时间（项目时间长度）是固定的，资源是灵活的，而资源约束意味着资源是固定的，时间是灵活的。

6.2.6 活动提前和滞后

活动提前（Lead）是指活动的逻辑关系中允许将后续活动提前；活动滞后（Lag）是指活动逻辑关系中可推迟后续活动。

在项目进度计划中定义项目活动时，为了精确说明活动间的相互关系，需要了解项目活动提前和滞后的时间，例如在订购一台设备和使用这台设备之间有两个星期间隔，那么这就意味着订购活动必须提前使用活动两个星期进行。项目经理和项目管理人员在编制项目进度计划时，一般要明确哪些项目活动需要提前的准备时间，哪些活动需要滞后一些时间，才能开始后续的活动。图6—1表示活动提前和滞后的逻辑关系。

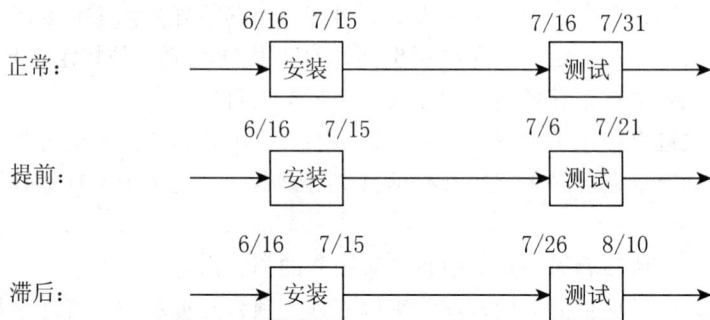

图6—1　活动提前和滞后的逻辑关系

在不增加项目成本的前提下，项目经理和项目管理人员一般都倾向于使项目活动提前进行，以避免一些可能的项目不确定性和风险。但有经验的项目经理和项目管理人员常常注意项目活动滞后的使用。滞后是一个依赖活动必须延迟开始或结束的最小持续时间长度，滞后的使用使得项目经理和项目管理人员在进度计划编制时能提供更大的灵活性。在项目网络使用滞后主要是两种原因：

（1）当持续时间较长的活动延迟了后继活动的开始或结束时间，项目经理和项目管理人员在进度计划编制时，通常将该活动分解为更小的活动，以避免后续活动的过长延误。使用滞后可以避免这种延迟，并减少网络细节。

（2）滞后可以用来限制活动的开始和结束时间。

6.2.7 日历表

日历表分为项目日历表和资源日历表，它们确定了项目组织成员可用于工作的具体日期。项目日历表是所有资源都使用的日期表，对所有资源有影响，例如，一些项目仅在法定的工作时间（工作日）内进行，而有的项目可一日三班安排工作。项目资源日历表是特定的资源使用的日期表，只对特定的资源有影响，例如，某些项目组织成员可能正在放假或接受培训；某个劳动合同可能限定工人一周法定的工作天数。

项目经理或项目管理人员在编制项目进度计划时会将项目日历表和资源日历表分派给项目的活动。如果没有使用计算机项目管理软件，就需要手工分派，展开项目日历表（排除非工作日）和资源日历表，将它们编号，然后将日历表工作日和项目网络上的工作时间关联起来，分派给项目的各个活动。绝大多数计算机项目管理软件会自动识别项目日历表和资源日历表的开始日期、非工作日和其他信息之后自动分派日历表工作日。

图6-2为Microsoft Project 2003项目管理软件显示的某项目具有日期的项目日历表和资源日历表分派情况示例。

图6-2 （a） **Microsoft Project 2003** 项目管理软件显示的项目日历表预览

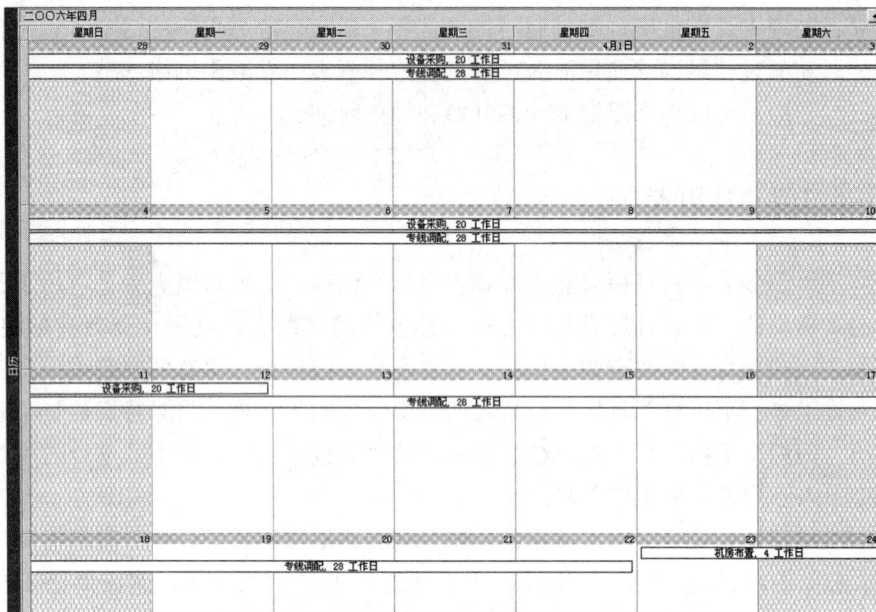

图 6-2（b）　Microsoft Project 2003 项目管理软件显示的项目日历表

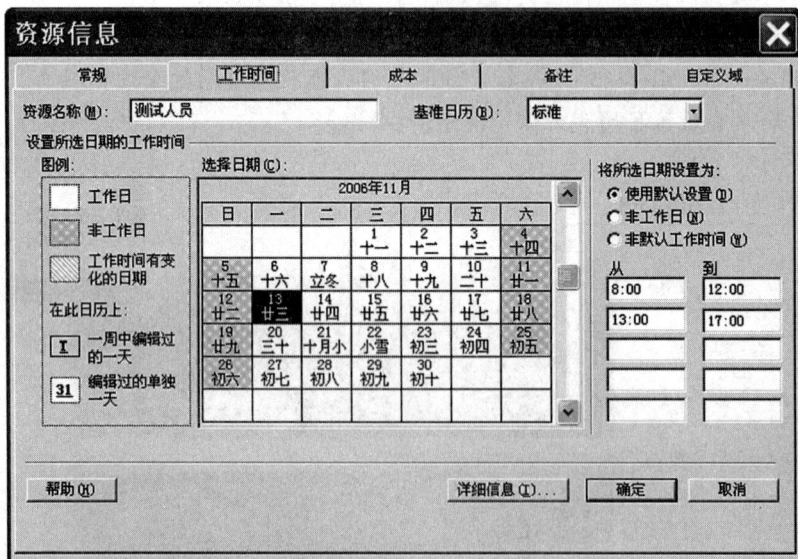

图 6-2（c）　Microsoft Project 2003 项目管理软件显示的特定资源（测试人员）日历表

6.3 项目进度计划编制工具和方法

在编制项目进度计划时，首先假设不考虑资源约束，用数学分析方法在理论上计算出每个活动的最早开始和结束时间与最迟开始和结束时间，得出时间进度计划网络图，但此时的时间进度计划网络图还不是项目的实际进度，还要再根据资源需求和可用因素、活动持续时间和其他限制条件来调整活动的进度，最终形成最佳的项目进度计划。

项目进度计划要说明哪些活动必须于何时完成和完成每一活动所需要的时间，但最好同时也能表示出每项活动所需要的资源数量。最常用的编制进度计划的数学方法有甘特图法、关键路径法（CPM）、PERT（计划评审技术）分析、GERT（图表审评技术）分析等。本章将对这几种方法展开讨论，并讨论它们各自的优缺点。

6.3.1 甘特图法

甘特图（Gantt Chart，GC）又称横道图、条形图，它通过日历形式列出项目活动持续时间及其相应的开始和结束日期，为反映项目进度信息提供了一种标准格式。

亨利·甘特在第一次世界大战期间，为了在工作车间进行进度计划，首创了甘特图。甘特图的早期版本只是在左边的一栏中列出项目活动或活动，在右边的一栏中列出日历时间单位，比如"月"；在日历单元的下边，用水平横道线表示活动什么时候开始与结束。

在甘特图中，可以依据项目进度计划的详细程度，以年、月、周、天或小时来作为度量项目进度的时间单位。下面以表 6－2 所示的某项目活动关系为例，绘制出该项目活动的甘特图示例，如图 6－3 所示。

表 6－2　某项目活动关系表

活动名称	活动开始日期	活动结束日期
活动 A	6 月 1 日	6 月 26 日

活动名称	活动开始日期	活动结束日期
活动 B	6 月 1 日	9 月 1 日
活动 C	6 月 26 日	11 月 5 日
活动 D	7 月 17 日	9 月 22 日

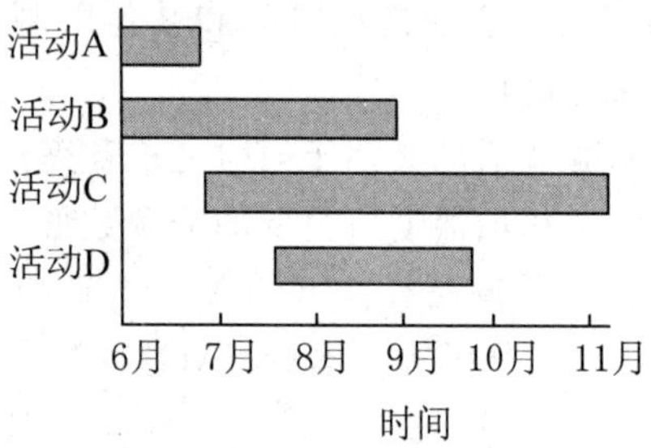

图 6－3　某项目的甘特图

　　甘特图可以明显地表示出各活动所持续的时间，横道线显示了每项活动的开始时间和结束时间，横道线的长短代表了活动持续时间的长短。注意，甘特图中的活动应该与工作分解结构中的活动一致。

　　甘特图的最大优点在于简单、明了、直观，易于编制，它为显示项目计划进度与实际进度信息提供了一种标准格式。但是，甘特图的缺点也是显而易见的，主要缺点在于它通常不能系统地反映项目各项活动之间的逻辑关系或依赖关系，难以进行定量的分析和计算，同时也没有指出影响项目进度的关键活动所在，这是它最大的缺陷。相反，网络图或 PERT 图可以做到这一点。因此，甘特图一般适用于比较简单的小型项目，对于复杂的项目来说，甘特图就显得难以应付了。

　　如今，大多数项目经理或项目管理人员都选择使用项目管理软件来创建更复杂的甘特图。实际上，现代项目管理软件将甘特图进行了很多改进，在原来甘特图的基础上发展出了列表甘特图、跟踪甘特图等形式，可以反映项目各项活动之间的逻辑关系或依赖关系，因而可以更容易地显示和更新项目信息，这对于项目经理或项目管理人员更加精确地编制和控制项目进度计划非常有帮助。对于非常大的项目来说，高级项目经理可能只想在甘特图上看到里程碑事件。图 6－4 为 Microsoft Project 2003 项目管理软件显示的某项目列表甘特图、跟踪甘特图示例。

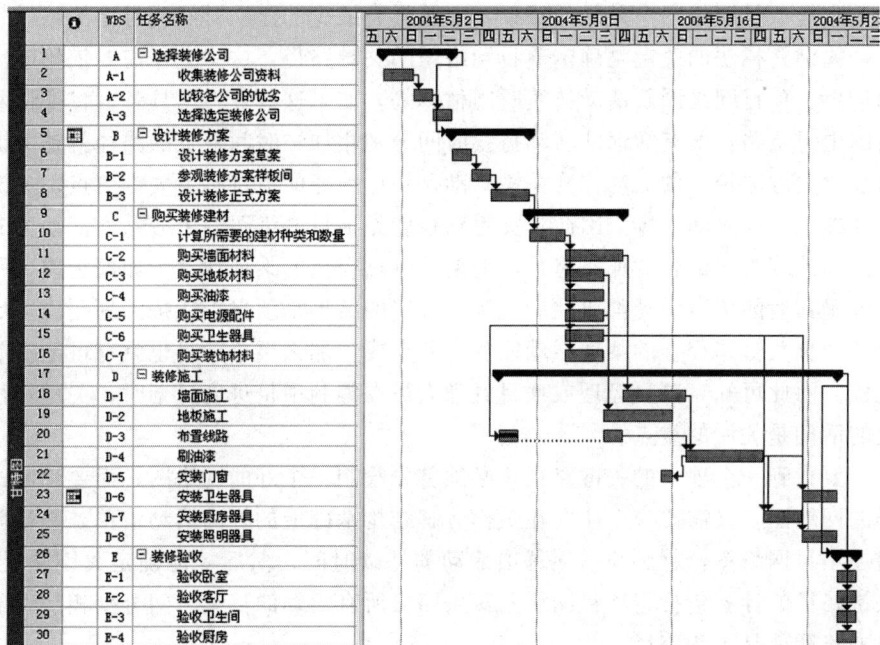

	❶	WBS	任务名称
1		A	□ 选择装修公司
2		A-1	收集装修公司资料
3		A-2	比较各公司的优劣
4		A-3	选择选定装修公司
5		B	□ 设计装修方案
6		B-1	设计装修方案草图
7		B-2	参观装修方案样板间
8		B-3	设计装修正式方案
9		C	□ 购买装修建材
10		C-1	计算所需要的建材种类和数量
11		C-2	购买墙面材料
12		C-3	购买地板材料
13		C-4	购买油漆
14		C-5	购买电源配件
15		C-6	购买卫生器具
16		C-7	购买装饰材料
17		D	□ 装修施工
18		D-1	墙面施工
19		D-2	地板施工
20		D-3	布置战路
21		D-4	刷油漆
22		D-5	安装门窗
23		D-6	安装卫生器具
24		D-7	安装厨房器具
25		D-8	安装照明器具
26		E	□ 装修验收
27		E-1	验收卧室
28		E-2	验收客厅
29		E-3	验收卫生间
30		E-4	验收厨房

图 6－4　Microsoft Project 2003 项目管理软件显示的某项目列表甘特图、跟踪甘特图

6.3.2　关键路径法

关键路径法（Critical Path Method，CPM）也称为关键路径分析，是一种最常用的项目管理数学分析技术，它是一种运用特定的、有顺序的网络逻辑，通过分析一组（或几组）活动序列（哪条路线）进度安排的灵活性（总时差）最少来预测总体项目活动持续时间的项目网络分析技术。具体而言，该方法依赖于项目网络图和活动持续时间估算，通过顺推法计算各项活动的最早时间，通过逆推法计算活动的最迟时间，在此基础上确定关键路径，并对关键路径进行调整和优化，从而使项目完成时间最短，使项目进度计划最优。关键路径法是帮助项目经理或项目管理人员战胜项目进度延迟现象的一种重要工具。

6.3.2.1 关键路径的确定

前面已经提到一个项目的关键路径是指一系列决定项目最早结束时间的活动。它是项目网络图中最长的路径，并且具有最少的浮动时间或时差的路径。

关键路径法的关键是确定项目网络图的关键路径，这一工作需要依赖于活动清单、项目网络图及活动持续时间估算等，如果这些资料已具备，将项目网络图中每条路径所有活动的活动持续时间分别相加，时间最长的路径就是关键路径，关键路径上的活动称为关键活动，关键路径的节点称为关键节点，关键活动的总浮动时间为零。因此，关键路径就是项目网络图中由一系列活动构成的活动持续时间最长的那条路径，如果关键路径上的某项活动未如期完成，所有处于其后的项目活动都要往后拖延，最终的结果是项目不能按计划完成。反之，如果关键路径上的某项活动能够提前完成，那么整个项目也就有可能提前完成。由此可知，项目经理或项目管理人员在编制项目进度计划时，关键路径上的活动是关注的重点。

要找到一个项目的关键路径，必须首先绘制一个好的网络图，而要绘制这样的网络图，又需要一个建立在工作分解结构基础上的好的活动清单。一旦创建了项目网络图，就必须估计每项活动的持续时间，然后才能确定关键路径。关键路径的计算包括将项目网络图每条路径所有活动的持续时间分别相加，最长的路径就是关键路径。

6.3.2.2 计算关键路径

借助于项目管理软件，关键路径的识别和计算可以自动完成，如果采用手工计算，可以遵循以下步骤：

（1）把所有的项目活动及活动的持续时间估算反映到一张工作列表中，如表 6-3 所示。

（2）计算每项活动的最早开始时间和最早结束时间，计算公式为：$EF = ES + Dur$（活动持续时间估算）。

（3）计算每项活动的最迟结束时间和最迟开始时间，计算公式为：$LS = LF - Dur$（活动持续时间估算）。

（4）计算每项活动的总时差，计算公式为：$TS = LS - ES = LF - EF$。

（5）将每条路径上各个活动的持续时间求和，拥有最长持续时间的路径就构成项目关键路径；或找出总时差（浮动时间）最小的活动，这些活动构成的路径就是项目关键路径。

表6-3　项目活动及活动持续时间估算列表

序号	活　动	时间估算 Dur	最　早		最　迟		总时差 TS
			开始时间 ES	结束时间 EF	开始时间 LS	结束时间 LF	
1	A	7	1	7	1	7	0
2	B	3	1	3	8	10	7
3	C	6	8	13	8	13	0
4	D	3	4	6	11	13	7
5	E	3	7	9	14	16	7
6	F	2	4	5	12	13	8
7	G	3	14	16	14	16	0
8	H	2	17	18	17	18	0

在表6-3、图6-5和图6-6中，反映了项目网络图从头至尾的所有路径，总共有3条。注意，每条路径从第一个节点 Start 开始，在最后一个节点 Finish 结束。通过该图将每条路径上各个活动的持续时间求和，就可以计算出每条路径的长度。由于路径 A—C—G—H 有最长的持续时间——18天，所以这条路径是项目的关键路径。关键路径可以在网络图中标明。

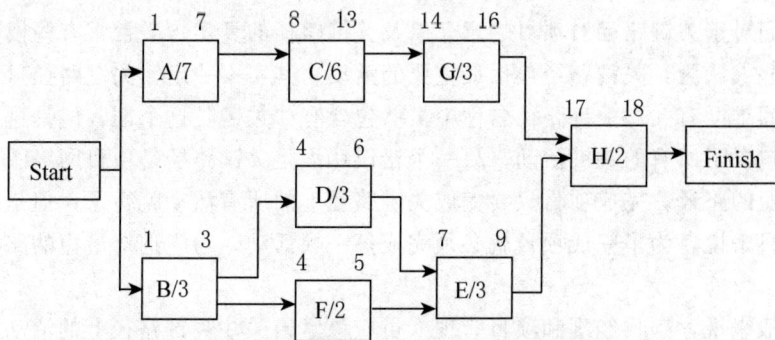

图6-5　通过顺推法计算各项活动的最早时间网络图示例

笔记栏

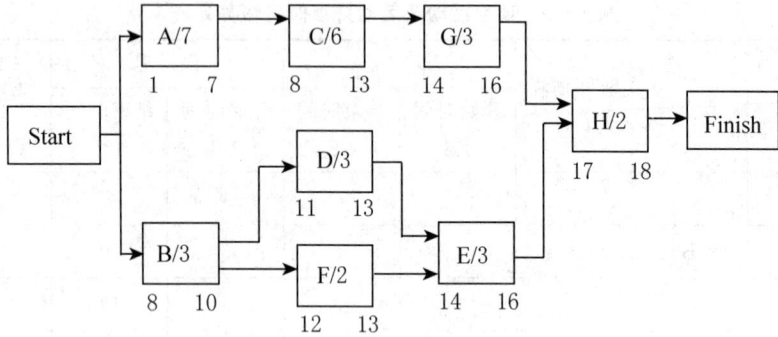

图 6-6　通过逆推法计算活动的最迟时间网络图示例

需要说明的是，在以上有关关键路径的讨论中隐含着一个前提，就是项目活动的持续时间具有单一的估算值，这一估算值可依据历史数据确定，采用的是活动持续时间的最可能值。因此关键路线法主要适用于项目大多数活动同以往执行过多次的其他活动类似、活动持续时间估算有历史数据可供参考的项目。

6.3.2.3　对关键路径的认识

项目关键路径反映了项目完成的最短时间。尽管关键路径是最长的路径，但是它代表了为完成项目所花费的最短的时间。如果关键路径上有一项或多项活动所花费的时间超过计划的时间，那么总体项目进度就要延迟，除非项目经理或项目管理人员采取某种纠正措施。

人们对于关键路径对项目的意义以及关键路径的真实含义常常有些模糊认识。一些人认为，关键路径包括最重要的活动。其实不一定，关键路径只与项目的时间维度有关。关键路径名称中虽然包含有"关键"这个词，但是这并不表明它包含了所有的关键活动。另一个错误认识是关键路径是项目网络图从头至尾最短的路径，完成项目只要完成关键路径上的所有活动就行了。但是对于整个项目来说，为了完成项目就必须完成每一项活动，与它选择最短的路径没有关系。

一般来说，项目经理和项目管理人员应该紧密关注关键路径上的活动实施情况，避免拖延项目完成时间，但关键路径分析还有一些方面也可能使人们认识不清。比如，一个项目可能有一条以上的关键路径吗？关键路径可能发生变更吗？

笔记栏

在表 6−3、图 6−5 和图 6−6 的例子中，假设活动 B 的持续时间估算为 10 天，而不是 3 天。这一新的持续时间估算会使路径 B—D—E—H 的长度增加为 18 天。现在，项目就有两条长度相同的最长路径，所以有两条关键路径。因此，一个项目可能会有超过一条的关键路径。如果有一条以上的关键路径，项目经理和项目管理人员应该同时注意两条关键路径上的活动实施情况。

随着项目进度的实施，一个项目的关键路径也可能会发生变更。例如，在表 6−3、图 6−5 和图 6−6 的例子中，项目开始时，各种情况都按预定计划进行。假设活动 A—C—G—H 和 B—F—E—H 全都按计划开始与完成。然后，活动 D 出了问题。如果活动 D 的完成时间不是 3 天，而实际是 11 天，那么它就会使路径 B—D—E—H 的持续时间比其他路径长。这种变动会使路径 B—D—E—H 成为新的关键路径。因此，一个项目的关键路径可能发生变更。

确定关键路径的方法除了找出所有活动的活动持续时间相加最长的路径外，还有一种常用的方法就是找出那些具有最小时差（浮动时间）的活动，即用每项活动的最迟结束时间减去最早结束时间（或用最迟开始时间减去最早开始时间），然后找出浮动时间值最小的各活动（如果浮动时间都是正的，则选择正浮动时间值最小的活动；如果存在负浮动时间，则选择负浮动时间绝对值最大的活动），所有这些活动就是关键路径上的活动。

例如，在表 6−3、图 6−5 和图 6−6 的例子中，由表 6−3 中的总时差值可看出，活动 A—C—G—H 具有总时差为零的最小时差，因此，活动 A—C—G—H 构成网络图的关键路径。

6.3.2.4　缩短关键路径

在某些情况下，当项目经理和项目管理人员使用时间估算法来估算了每项活动（或第一次估算）的完成时间后，发现关键路径上的完成总时间对于项目干系人或项目组织而言太长了，此时项目经理和项目管理人员可以通过按比例减少每项活动的时间，从而使期望的完成时间与进度计划相符，但通常这都不太符合现实。

实际上当需要缩短项目进度时，项目经理和项目管理人员一般是选择修改进度计划，而不是仅仅修改活动的完成时间。合理的做法应该是对活动进行重新估算调整，从而使它们提前于第一次估算的完成时间。总而言之，要从项目计划的早期阶段着手，对它们进行重新计划以便能够使其尽早地完成（对项目后期阶段的活动请保持它们的第一次时间估算，以防出现未预料到的问题）。因此，项目经理和项目管理人员应尽量压缩那些成本和风险比较低的活动的时间，而且要小心，不要制造出另一条关键路径。假如这样做还不能缩短足够多的时间，那就只能重新计划整个项目了，可能还需要让某些活动并行进行。

6.3.3 计划评审技术

计划评审技术（Program Evaluation and Review Technique，PERT）是项目时间管理的另一项网络分析技术。它是当项目的某些或者全部活动持续时间估算事先不能完全肯定或存在很大的不确定性时，用来估算项目时间长度的网络分析技术。它综合运用关键路径法和加权平均持续时间估算法来对项目时间长度进行估算。

一个项目可能包括只有很少经验数据或根本没有经验数据的活动，但在大多数项目进度计划编制中，项目经理或项目管理人员可能拥有一些相关的经验，因此在大多数情况下，可以依据其得出这些活动持续时间最有可能的预测，所以这种网络分析技术适用于不可预知因素较多、从未做过的新项目和复杂项目情况下的活动持续时间估算。

另外，也可以估算在情况比预期好的条件下，项目需要多长时间；在情况比预期差的条件下，项目需要多长时间，分别称其为乐观和悲观条件。但是注意，不能将其定义为最好或最差条件。

计划评审技术法采用概率时间估算，对每项活动都采用三个时间估算值——根据乐观的、最可能的、悲观的活动持续时间估算来进行项目时间长度估算的方法。实际上，计划评审技术法就是先用概率统计方法求得项目活动的期望平均时间，并以此时间作为网络图中相关活动的持续时间，化不确定性进度计划为确定性进度计划，再进行进度计划时间参数估算和分析。

计划评审技术法对活动持续时间的估算与项目活动持续时间估算方法——三点法非常相似，它假设活动的时间是一个连续的随机变量，并且服从 β 概率分布，它一般涉及三个时间的估算：

（1）乐观时间（Optimistic Time）：在顺利的情况下完成项目活动所需要的最少持续时间，用符号 a 表示。一般含义是如果活动在实质相同的条件下重复实施，20 次中仅可能出现一次比这一时间更短的持续时间。

（2）最可能时间（Most Likely Time）：在正常的情况下完成项目活动所需要的持续时间，用符号 b 表示。一般含义是在分布中最常见的持续时间值，或比其他值更可能出现的值。

（3）悲观时间（Pessimistic Time）：在不顺利的情况下完成项目活动所需

要的最多持续时间，用符号 c 表示。一般含义是如果活动在实质相同的条件下重复实施，20 次中仅可能出现一次比这一时间更长的持续时间。

为了结合这三种估算，计算出活动的期望平均时间长度，计划评审技术法根据统计学原理给出下面的公式来计算每个项目活动持续时间估算的期望平均值：

$$活动持续时间的期望值\ t = \frac{乐观时间 + 4 \times 最可能时间 + 悲观时间}{6}$$

$$= (a + 4b + c)\,/6$$

为了计算项目按时完成的概率，就必须知道每一活动的标准方差：

活动持续时间的标准方差 $\sigma = (c - a)\,/6$

项目活动持续时间的期望值表示项目活动耗费时间的多少，活动持续时间的标准方差表示在期望的时间内完成该活动的概率。该标准方差越小，则表明在期望时间内完成该活动的概率（可能性）越大；该标准方差越大，则表明在期望的时间内完成该活动的概率（可能性）越小。

计划评审技术法像关键路径法一样，是建立在项目网络图（通常是 PDM 图）的基础之上。给定了项目活动的期望平均时间估算，其网络计算就与关键路径法（CPM）的网络计算相同了。顺推法计算可得到项目活动最早结束时间，而逆推法计算得到项目活动最晚开始时间。

项目网络图中关键路径上各项活动完成的总时间概率服从正态分布，其平均值等于各项活动持续时间期望值之和，标准方差等于各项活动持续时间标准方差之和。可以利用这些关系估算出项目完成时间的平均值，以及项目在计划时间完成的概率。所以，项目总时间长度估算的标准方差为该项目关键路径的标准方差通过各活动标准方差平方和的平方根计算而得：

$$\sigma_{total} = \sqrt{\sigma_1^2 + \sigma_2^2 + \cdots + \sigma_i^2} \quad （i\ 为项目关键路径上的活动数）$$

由于项目各活动持续时间采用的是通过估算所得的项目活动期望平均时间，不是十分准确，也与实际情况不一定相符，应进一步根据概率统计理论来分析其实现的概率大小。在计算项目在计划时间内完成的概率时，可依据下列公式：

$$Z = (r - e)\,/\sigma$$

式中：r——项目要求的完工时间（最迟结束时间）；

　　　e——项目关键路径所有活动持续时间的平均值（正态分布的均值）；

　　　σ——项目关键路径所有活动持续时间的标准方差（正态分布的标准方差）。

通过查标准正态分布表就可以得到在项目计划要求完成时间内的完成概率。

例如，假设某项目的关键路径如图 6－7 所示由三个活动 A、B、C 组成，首先进行每项活动的最乐观的、最可能的和最悲观的时间长度估算，活动 A、B、C 在正常情况下的持续时间分别为 17 天、19 天、16 天，在最有利的情况下持续时间分别是 15 天、16 天、11 天，在最不利的情况下持续时间分别是 21 天、23 天、20 天，试运用计划评审技术法分析该项目在 54 天内完成的概率。

解：活动 A 时间的期望值 t_A＝（15＋4×17＋21）/6＝17.33（天）

活动 B 时间的期望值 t_B＝（16＋4×19＋23）/6＝19.17（天）

活动 C 时间的期望值 t_C＝（11＋4×16＋20）/6＝15.83（天）

该项目完成时间的期望平均值 t＝（17.33＋19.17＋15.83）＝52.33（天）

活动 A 时间的标准方差 σ_A＝（21－15）/6＝1（天）

活动 B 时间的标准方差 σ_B＝（23－16）/6＝1.17（天）

活动 C 时间的标准方差 σ_C＝（20－11）/6＝1.5（天）

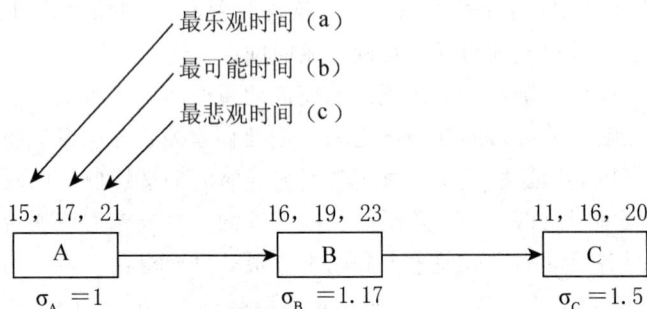

图 6－7　用计划评审技术法进行的关键路径的期望时间分析

整个项目完成时间的标准方差＝$\sqrt{1^2+1.17^2+1.5^2}$＝2.15

于是有 Z＝（54－52.33）/2.15＝0.77

查标准正态分布表得到概率 P（z）＝77.94%

即在计划的 54 天内完成该项目的概率为 77.94%。

过去认为关键路径法与计划评审技术法是不同的，前者主要是用于确定性的项目，而后者则主要用于不确定性项目。但目前两者日趋合并，因为作为两种方法的根本不同点在于对活动持续时间的估算上。

计划评审技术法的最大优点在于试图将风险与持续时间的估算联系起来，但计划评审技术法也有不足：假设乐观时间、悲观时间分别为存在 1% 概率的时间，而且又以这种时间的假设呈 β 分布为前提的，是否呈 β 分布，是带有某种主观猜测性的。另外计划评审技术法的实际应用比较麻烦，如果 PERT 网络制定的活动过细，则当一个活动持续时间较大偏离时，将需要重新调整整个网络，如果制订的进度计划不准，大大落后于实际进度，频繁的调整会使主管这方面的人员失去信心。为了避免对 PERT 网络更改的困难，一般与计算机项目管理软件结合起来，采用项目管理软件的控制和报告系统来调整网络图。

进度计划编制的详细程度，往往用每个活动的平均时间来表示，它与项目类型、项目期限、项目的成本和项目所承担的风险有关。目前在美国有两种控制标准：

（1）每个活动的最长时间一般不超过 10 个工作日（两周），也不主张分得过细。这样做的目的在于以各个环节上的灵活性来保证大而复杂的网络相对稳定性。

（2）为了控制项目的风险和降低其不肯定性，规定每一活动的成本不超过整个网络平均活动成本的 10 倍，不允许任何一个活动的成本大于总成本的 1%（因为每一活动的成本平均值为 0.1%）。活动持续时间长短的控制，既要防止过长，增加其风险和不肯定性；又要避免过细，而影响其弹性。因此需要在两者之间取得适当的平衡。

项目经理和项目管理人员也要注意计划评审技术法的缺点：

①由于它需要几个持续时间估算值，所以使估算工作量加大两倍；

②在评估风险方面有很多更好的概率方法（见"项目风险管理"）；

③当项目活动较多时，在实践中很少使用手工来编制 PERT 网络。

实际上，由于网络图常被称为计划评审技术图表，所以许多人将计划评审技术与项目网络图错误地混为一谈。

6.3.4　图表评审技术

图表评审技术（Graphical Evaluation and Review Technique，GERT），也称随机网络技术，它类似于计划评审技术，但又有所区别。在计划评审技术法中活动之间的相互关系是确定的，但是在生产和科研实践中，有些活动之间的相互关系却是随机性的。

例如在新产品的研制当中，研制某一新产品的过程为：研制，试验，经试验后研制或成功（鉴定），或失败（废品处理），或局部修改图纸。这三个事件的发生都具有一定的概率，设它们的概率分别为 a、b、c（a＋b＋c＝1）。若研制成功或失败，则研制工作结束；若需局部修改图纸，则需进一步研制，之后再经过试验，然后再根据试验结果做进一步的决策。这个过程其实包含了新产品研制过程中经常出现的返工或者反馈的现象，从而导致了循环回路的产生；在试验完成之后，随后的活动不是确定的，而是随机的；网络图中有两个终点——研制成功或研制失败，并都分别具有一定的概率；再有就是新产品经试验后还要经过哪些工序，或需要几次局部修改图纸，都是随机的。

由于有这些原因，所以就不能采用计划评审技术来解决，而图表评审技术可以对项目活动的逻辑关系和时间估算进行概率处理，并具有随机性。图表评审技术由节点和箭线组成，下面介绍图表评审技术中涉及随机网络的一些基本概念。

随机网络是由一些逻辑节点和连接两个节点之间的箭线组成。逻辑节点包括输入侧和输出侧。输入侧有三种逻辑关系，输出侧有两种逻辑关系，可得到六种不同的节点，如表 6－4 所示。

表 6－4　GERT 输入、输出关系节点表

输出侧　＼　输入侧	异或型	或型	与型
输入侧	◁|	◁	⊐
确定型	⊃	◁⊃	◁	◯
概率型	▷	◁▷	◇	▷

注：输入表示三种活动与节点的关系。

6.3.4.1　节点

图表评审技术的节点由输出和输入组成，它表示一定的逻辑关系，从而可以处理活动的复杂关系。节点的类型如表 6－4 所示。

节点输入侧：

（1）异或型（Exclusive Or）关系。表示几个活动中只有一个能够实现，在给定时间内当该活动完成后，节点才能实现。

（2）或型（Inclusive Or）关系。表示任何活动完成后，都可使节点实现，因此首先完成的活动结束时间就是该节点的实现时间，即实现的时间是由引至该节点所有的活动中完工最短的时间，但该节点的其他活动仍在进行。

（3）与型（And）关系。表示所有活动结束时，节点才能实现。因此，最后完成的活动结束时间是该节点的实现时间，即实现的时间是引至该节点所有活动中完工最长的时间。此时，该节点的外向（输出）才能开始进行。关键路径法（CPM）和计划评审技术法（PERT）的节点输入都表示"与"关系。

节点输出侧：

（1）确定型。若节点已实现，则从该节点射出的箭线都要实现，即节点的实现使所有的外部活动都能开始进行，且所有箭线实现的概率均为 1。关键路径法（CPM）和计划评审技术法（PERT）的节点输出是确定型的，每个外向活动的实现概率都是 1。

（2）概率型。若节点已实现，则只能有一条从该节点射出的箭线实现。即节点外向活动中只有一个能进行，且有一定的实现概率，概率为 P，且这种节点所有外向活动的概率之和为 1。箭线上表示的活动持续时间为 t，它是个随机变量或者是一个常数。如果是随机变量，应给出理论分布的密度函数、均值和方差。在随机网络中的 t 用均值表示。

根据以上的讨论可以看出，计划评审技术法（PERT）网络图与图表评审技术（GERT）相比较而言只是随机网络的一个特例。

6.3.4.2　箭线

箭线表示活动情况的变化，主要标注活动发生的概率、时间长度和成本等因素。

图表评审技术允许出现循环、分支以及多个项目结果。例如，有的活动可能根本不实施，有的活动可能实施好几次，而也有一些活动可能只实施一部分。这在节点图、箭线图中是不允许的。

6.3.4.3　图示评审基本方法

图表评审技术估算活动的时间非常复杂，难以借助数学方法加以分析，在此只是简单介绍有关图表评审技术的基本概念和理论基础，其具体应用及一些数学计算，都是非常复杂的问题，一般要借助计算机用仿真法求解。

图示评审的基本方法可以分为两大类：

（1）解析法。解析法利用随机网络中给定的参数，把概率和随机问题化为确定性问题来求解，也可采用信流图理论，用等效函数法求解。

（2）模拟法。在计算机上进行模拟试验，由于这种方法能够方便而迅速地处理随机问题，所以被广泛地应用。

图示评审技术与编制进度计划的步骤基本上是相同的，只是图示评审技术中要遇到很多随机事件，有时所要求解的问题也有所差异，所以在具体的内容和方法上是不同的。图示评审技术的一般程序为：

（1）系统分析。要求图示评审技术所要解决的问题在通常情况下是一个比较复杂的随机系统。这就需要首先对系统的约束条件、所要求的问题与预期的目标、系统的构成与活动的划分，以及各活动之间的相互关系，进行细致而完整的分析。

（2）绘制随机网络图。根据系统分析的结果，特别是活动的合理划分，各活动之间的相互关系，正确地选择输入侧与输出侧节点的符号，绘制随机网络图。

（3）参数的确定与估计。在绘制随机网络图的同时，就要考虑每条弧出现的概率及作业时间。如果作业时间是随机变量，还要预测它们的理论分布与密度函数以及期望值和方差，确保随机网络必要的精度。

（4）随机网络的计算或模拟。通常是在计算机上进行计算或模拟。根据系统目标的要求，对时间、资源和费用进行计算和优化。需要时还要对系统在空间范畴内的网络流进行分析计算，使系统在空间范畴内保持协调。

（5）综合评价与审定。对计算的结果（常数或随机变量）进行分析和评价。在确认得到令人满意的计划方案之后，做出决策，指导监督并控制计划的执行。

随着图示评审技术的推广，随机网络的计算机解法逐渐开发出采用不同的计算机语言，求解不同要求的随机网络的计算机程序。用这种模拟程序包求解随机网络的方法称为仿真图示评审技术（GERTS）。

图表评审技术法的优点在于，它试图将风险与持续时间的估算联系起来。图表评审技术法的缺点在于，由于它需要多个时间长度估算值，所以工作量较大。

6.3.5　编制方法比较

用于项目进度计划编制的各种方法之间的比较如表 6—5 所示。项目经理及项目管理人员应该充分了解这些方法的不同特点和应用条件。

表 6—5　项目进度计划编制方法比较表

进度计划方法	类型	活动流向	活动的时间	逻辑关系
甘特图	确定型	活动之间的流向不明确	确定	所有的活动都必须实现

续表

进度计划 方法	类型	活动流向	活动的时间	逻辑关系
关键路 径法	确定型	所有活动均由始点流 向终点，无回路	确定	所有的活动都必须实现
计划评审 技术	概率型	所有活动均由始点流 向终点，无回路	服从概率分布，用 平均值来表示	一般的活动必须实现，但 条件变化时可预测概率
图表评审 技术	随机型	活动的流向不受限 制，允许存在回路	服从概率分布，按 照随机变量分析	节点与活动有不同的逻 辑关系，不一定都实现

6.3.6　进度计划优化

在现代项目时间管理中，很重要的一点是项目经理及项目管理人员不能仅仅满足于编制出项目进度计划，并以此来进行资源分配和进度控制，还必须依据项目各种主、客观条件，在满足项目完成时间要求的同时，合理安排时间与资源、时间与成本，力求达到资源消耗合理和经济效益最佳这一目的，这就是项目进度计划的优化。

当采用项目进度计划优化时，可利用项目关键路径上的活动所具有的时差进行一些相关平衡和调整，从而使项目进度计划的优化得以实现。能够帮助项目经理及项目管理人员优化进度计划的一项工具是确定项目每个活动的自由时差和总时差。自由时差（或自由浮动时间）是指一项活动在不耽误后继活动的最早开始时间的情况下，可以延迟的持续时间长度。总时差（或总浮动时间）是指在不拖延项目计划完成时间的情况下，一项活动从其最早开始时间算起，可以被拖延的时间。了解时差的多少，可以帮助项目经理及项目管理人员知道进度计划是否具有弹性和有多大的弹性。

前面已经介绍，可以通过顺推或逆推网络来计算自由时差（或自由浮动时间）。一项活动的最早开始时间是指一项活动根据项目网络逻辑关系，最早可能开始的时间；一项活动的最早结束时间是一项活动根据项目网络逻辑关系，最早可能完成的时间。运用顺推法可确定各项活动的最早开始时间与最早结束时间。项目开始时间与第一项活动的最早开始时间是一致的。最早开始加上第一项活动的持续时间，就等于第一项活动的最早结束时间。它也等于每一后继活动的最早开始时间。当一项活动有几个前置活动时，其最早开始时间是这些前置活动最早结束时间中最晚的时间。同理，在网络图上应用逆推法可以确定每项活动的最晚开始时间与最晚完成时间。一项活动的最晚开始时间是在不拖延项目完成时间的情况下，一项活动开始的最晚可能时间。一项活动的最晚完成时间是指在不拖延项目完成时间的情况下，一项活动可以完成的最晚可能时间。理解了如何计算并使用时差信息，项目经理及项目管理人员可以为优化项目进度计划打下一个基础。

表 6-6 某项目的自由时差和总时差

活动	开始时间	结束时间	最晚开始时间	最晚完成时间	自由时差（天）	总时差（天）
A	8月3日 星期一	8月3日 星期一	8月5日 星期三	8月5日 星期三	0	2
B	8月3日 星期一	8月4日 星期二	8月3日 星期一	8月4日 星期二	0	0
C	8月3日 星期一	8月5日 星期三	8月5日 星期三	8月7日 星期五	0	2
D	8月4日 星期二	8月7日 星期五	8月6日 星期四	8月11日 星期二	2	2
E	8月5日 星期三	8月11日 星期二	8月5日 星期三	8月11日 星期二	0	0
F	8月5日 星期三	8月10日 星期一	8月14日 星期五	8月19日 星期三	7	7
G	8月6日 星期四	8月13日 星期四	8月10日 星期一	8月17日 星期一	0	2
H	8月12日 星期三	8月19日 星期三	8月12日 星期三	8月19日 星期三	0	0
I	8月14日 星期五	8月17日 星期一	8月18日 星期二	8月19日 星期三	2	2
J	8月20日 星期四	8月24日 星期一	8月20日 星期四	8月24日 星期一	0	0

项目进度计划的优化是建立在多次反复计算的基础上的。项目经理及项目管理人员可以手工确定每项活动的最早开始时间和最晚开始时间，表 6-6 显示了某项目的网络图上所有活动的自由时差和总时差，活动 F 有最长的自由时差——7 天，但手工确定工作量很大，其过程十分烦琐，稍复杂一点的进度计划（如超过 50 个工作日），用手工确定就已近乎不可能，但使用项目管理软件要快得多。所以，项目进度计划的优化主要是通过计算机项目管理软件来完成的。本章只介绍基本的优化原理及方法。项目进度计划的优化按优化目标分，有时间优化、成本优化和资源优化。

6.3.7　时间优化

时间优化就是调整项目进度计划的估算时间，使其在满足项目完成时间要求的前提下，达到时间最为合理的目的。

6.3.7.1　时间优化的概念

项目时间并不是越短越好，项目时间过短，就可能会造成项目成本费用的大量增加。所以时间优化并不是单纯缩短时间，而是在满足项目完成时间要求的前提下，使项目进度计划时间尽量保持在合理的时间范围之内。当项目完成时间比较合理或是不容改动时，时间优化就包含两个方面内容：

（1）进度计划的估算时间超过要求的项目完成时间，就必须对进度计划进行优化，使其估算时间满足要求的项目完成时间，且保证因此而增加的费用要最少。

（2）进度计划的估算时间远小于规定的项目完成时间，这时也应对进度计划进行优化，使其估算时间接近于要求的项目完成时间，以达到节约成本的目的。

在项目进度计划的时间优化中，前者最为常见，后者则较为少见。

6.3.7.2　时间优化的步骤

前面已介绍过，对项目进度计划完成时间有影响的只是项目的关键活动，项目进度计划的时间优化就是通过改变关键活动持续时间的方式来实现的。下面介绍压缩项目进度计划完成时间的方法，其步骤如下：

（1）找出项目进度计划中的项目关键路径，并估算出项目进度计划总完成时间。

（2）估算应压缩的时间量 ΔT：

$$\Delta T = e - r$$

式中：e——项目进度计划关键路径所有活动的估算完成时间；

r——项目要求的完工时间（最迟结束时间）。

（3）选定最先压缩持续时间的项目关键活动时应考虑如下因素：

①缩短持续时间后，对项目质量和安全影响不大；

②有充足的备用资源；

③缩短持续时间所需增加的成本费用相对较少。

（4）确定压缩时间。将选定的项目关键活动的持续时间压缩至"允许"的最短时间。这里所谓的"允许"是指要尽量保持其关键活动的地位，因其一旦被压缩成非关键活动后，再继续压缩其持续时间，对缩短项目完成时间就已失去作用了。

当然，如果需要将某一关键活动必须压缩成非关键活动时，项目经理及项目管理人员就应对新出现的关键活动再次压缩。

（5）压缩另一关键活动。若压缩后的估算完成时间仍不能满足项目计划完成时间的要求，则按上述原则选定另一个关键活动并压缩其持续时间，直至满足项目计划完成时间为止。

实际上在进行项目时间优化时，应该将选定的关键活动持续时间压缩到何种所谓的"允许"程度取决于项目网络的敏感性。项目网络的敏感性是指具有多条关键或接近关键的路径，在这种情况下，压缩项目活动持续时间一般是要花费成本和资源来缩短关键活动的持续时间，这又会导致项目自由时差的减少和/或更多关键路径和活动的出现。

在时间优化过程中如出现多条关键路径，则会增加项目更大延迟的风险，同时项目活动的自由时差减少。所以，项目经理及项目管理人员最好对各条关键线路的持续时间同时压缩至同一数值，否则起不到压缩项目完成时间的作用。

如果接近关键路径的活动被延迟，变成关键活动，那么实际的结果可能是用更高的项目总成本、更高的费用来缩短原始关键路径上的活动持续时间，这会是另一种浪费。也就是说具有多条接近关键路径的项目活动持续时间的压缩减少了进度计划安排上的灵活性，同样增加了项目延迟的风险。这个分析的结果说明对于敏感的项目网络需要进行细致的分析，项目经理及项目管理人员最好仅需要对部分项目的关键活动持续时间进行优化调整就可以了。

一种较好的情况是一个项目网络如果其主导的关键路径是不敏感的，也就是说，没有接近关键路径的其他活动路径，此时的时间优化就可以导致成本或资源非常实际的大量节约。在这种情况下，压缩关键活动持续时间不会产生新的关键或接近关键的活动，非关键活动的自由时差减少仅会略微提高它们变为关键活动的风险。不敏感的网络最有可能实现项目总成本上的真正节约，这种节约有时还很大，而同时非关键活动变为关键活动的风险最小。在现实项目中不敏感的项目网络并非少见，它们大约占所有项目的 25%，项目经理及项目管理人员应该充分注意这一点。

当将所有的关键活动的持续时间都压缩至"允许"的最短持续时间，仍不能满足要求完成时间时，说明原进度计划的技术、组织方案编制不合理，应重新进行修正、调整。当然，也有可能是要求的完成时间不现实，此时，项目经理及项目管理人员可对要求的项目完成时间重新进行审定。

在有些项目中，时间优化是指延长项目进度计划的完成时间，使其接近要求完成时间，其优化方法与上述压缩项目进度计划完成时间的优化方法在步骤上基本一样，也是反复选定一关键活动增加其持续时间，或是增加非关键活动持续时间使其成为关键活动，并超过原相应关键活动的持续时间，以达到增加进度计划完成时间的目的。

6.3.7.3 时间优化的策略

但是注意，即使是对于一个中等规模的项目，压缩活动的时间也是困难的，一些项目经理及项目管理人员对压缩活动的时间感觉非常不舒服。有时候项目经理及项目管理人员采取观望策略是最明智的做法。在项目实施初期若过早地压缩关键活动的时间，如果其他关键活动提早结束或某个非关键路径变成新的关键活动，就可能导致资源和费用的浪费，在这种情况下，通过压缩活动持续时间来提早完成活动反而徒劳无益。反之，当后面的活动很可能延迟而耗费获得的时差时，项目经理及项目管理人员压缩早期关键活动的持续时间可能是明智的，否则项目经理及项目管理人员只有压缩最后的活动持续时间才能纠正进度计划偏差。另外，压缩活动持续时间的确定是一种判断，需要对可用的选择、涉及的风险和满足最终期限的重要性加以仔细考察。

如果使用计算机项目管理软件来求解压缩活动持续时间，则需要加以小心，虽然项目管理软件求解对关键活动持续时间进行压缩出错的概率更小一些，但项目管理软件求解不会自动考虑不确定性或风险问题。此外，在庞大复杂的项目进度计划中，数据的收集工作量往往让人无法承受，并且也很昂贵。在这种情况下，项目经理可以召开项目的关键管理人员会议，可在项目中找一小段进度，在这一小段进度中，在关键路径上压缩活动持续时间的可能性最大，同时成本相对较低。因此，可以使用计算机项目管理软件对这一段进度建立时间—成本图及时间—资源图来进行时间优化。

笔记栏

最后要注意的是，压缩活动持续时间存在一个潜在线性假设的误导前提，即时间和成本、时间和资源的关系是线性的，压缩活动持续时间后成本或资源量是线性的增加或减少。但实际上，时间和成本、时间和资源之间的关系不是线性的，而是非线性的。在实践项目管理中，项目经理及项目管理人员很少注意到这点。使用线性假设可以进行合理而快速的比较，这种简单方法对于绝大多数项目是合适的。但在少量的非常庞大、复杂和长时段的项目环境中，使用线性假设就可能会出问题。

6.3.8 成本优化

项目成本也是项目经理、项目管理人员和项目干系人最为关心的事项，如何做到以合理的项目成本来实现项目目标是本节要讨论的内容。

6.3.8.1 成本与时间的关系

实施一个项目的成本，通常可分为直接成本和间接成本两部分。直接成本包括材料费、人工费、设备购置与使用费等直接用于项目实施的成本；间接成本包括项目组织日常管理等工作所需要的成本。一般情况下，项目成本与项目进度完成时间的关系如图 6-8 所示，其间接成本与项目完成时间大致成正比关系，它随项目完成时间的延长而递增；其直接成本与项目完成时间呈一曲线关系。在通常情况下，它会随项目完成时间的缩短而增加，但完成时间不正常延长时，其成本也会增加。项目的总成本为直接成本和间接成本之和。所以，项目的总成本与项目完成时间的关系也是一条曲线，此曲线上有一项目总成本最低点 O，它所对应的完成时间就是项目最优完成时间。项目经理、项目管理人员和项目干系人应充分意识到努力优化项目进度计划使项目在项目总成本最低点 O 附近运行的重要意义。

从图 6-8 的项目总成本与完成时间的关系中可以看到，最优项目时间点 $T_{优化}$ 代表了减少的项目总成本，少于原来计划的项目正常时间点 T_0 的项目总成本。接近正常时间点 T_0 的项目直接成本曲线通常相对平坦，又由于项目的间接成本在同一范围内的变化通常会更大，所以间接成本在最优项目时间点 $T_{优化}$ 通常会少于正常时间点 T_0。根据成本—时间过程的关系，项目经理和项目管理人员一般应将项目时间长度减少到总成本的最低点对应的项目最优完成时间点 $T_{优化}$。但是，项目经理和项目管理人员是否应按照优化的成本—时间关系进行项目实施呢？答案是"看情况"，项目风险必须要加以考虑。

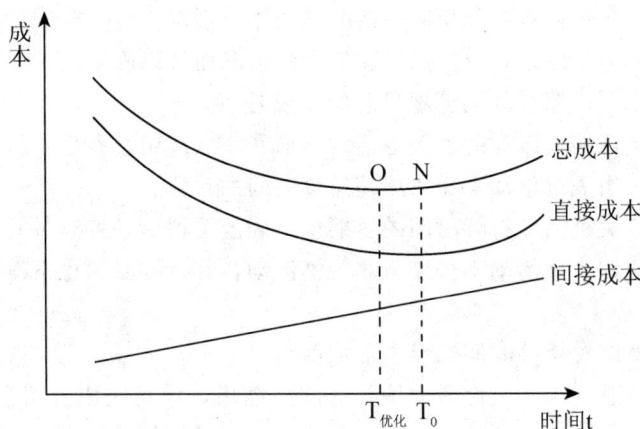

图 6—8　项目总成本与完成时间的关系

6.3.8.2　成本优化的步骤

成本优化又叫时间成本优化，就是通过项目进度计划的调整，使项目完成时间接近最优完成时间，以实现项目实施总成本最少的目的，成本优化的步骤如下：

（1）估算项目实施总直接成本。项目总直接成本等于该项目全部工作的直接成本之和。

（2）估算各活动的直接压缩费率。直接压缩费率是直接成本压缩费率的简称，指一项活动每缩短一个单位时间所需增加的直接成本，它等于活动最短时间直接成本和正常时间直接成本之差，再除以正常持续时间与最短持续时间之差的商值，即：

$$\Delta C_i = (CO_i - CN_i) / (DN_i - DO_i)$$

式中：ΔC_i——压缩活动 i 的持续时间的直接费率；

　　　CO_i——活动 i 持续时间为最短时间时所需的直接成本；

　　　CN_i——活动 i 持续时间为正常时间时所需的直接成本；

　　　DN_i——活动 i 的正常持续时间，即在合理组织条件下，完成一项

　　　　　　活动所需要的时间；

　　　DO_i——活动 i 的最短持续时间，即在最理想的条件下完成活动所

　　　　　　需的持续时间。

（3）确定间接压缩费率。间接压缩费率是间接成本压缩费率的简称，它指

一项活动缩短单位持续时间所减少的间接成本。活动i的间接压缩费率表示为ΔCI_i，它一般都是由各单位根据活动的实际情况而加以确定的。

（4）确定关键路径并估算项目总的完成时间。

（5）确定压缩持续时间的关键活动。取费率（或组合费率）最低的一项关键活动（或一组关键活动）作为压缩持续时间的对象。

（6）确定关键活动持续时间的压缩值。确定关键活动持续时间压缩值的原则是在时间压缩后该活动不得变为非关键活动，其持续时间也不得小于最短持续时间。

（7）估算缩短持续时间的成本增加值。

（8）估算总成本。关键活动持续时间压缩后，项目完成时间会相应缩短，项目的直接成本会增加，而间接成本会减少，所以其总成本应为：

$$C_t = C_{t+\Delta t} + \Delta T（\Delta C_i - \Delta CI_i）$$

式中：C_t——将完成时间缩至 t 时的总成本；

$C_{t+\Delta t}$——项目完成时间为 $t+\Delta t$ 的总成本；

ΔT——项目完成时间压缩值（压缩时间）；

ΔC_i——压缩活动 i 的持续时间的直接费率；

ΔCI_i——压缩活动 i 的持续时间的间接费率。

（9）再压缩新的关键活动并估算其成本。确定新的应压缩持续时间的关键活动（或一组关键活动），并按上述（6）、（7）、（8）的步骤估算新的总成本。如此重复，直至总成本不可再降低为止。

为使优化过程表述清晰，可将其成本压缩优化过程列于表6－7。

表6－7 成本压缩优化过程表

序号	1	2	3	4	5	6	7	8	9
压缩过程	压缩次数	压缩活动代号	压缩活动名称	直接费率或组合费率	费率差（正或负）	压缩时间	压缩成本（正或负）	总成本	完成时间

注：费率差＝（直接费率或组合费率）－（间接费率）＝$\Delta C_i - \Delta CI_i$

6.3.9 资源优化

考虑到项目资源的有限性，在进行项目进度计划过程中，项目经理和项目管理人员必须了解对资源（人力、物力）进行有效管理的重要性。为了获得项目在实施过程中任何一个进度状态下所有的项目活动需要的资源数量，项目经理、项目管理人员及项目组织在完成网络图绘制和资源估算工作后，应该进行资源优化管理工作。资源优化管理工作主要包括资源负荷图的绘制，以及根据资源负荷图对活动进行优化等内容。绘制和使用资源负荷图的技巧在前面章节已经介绍，本节重点介绍资源优化的方法。

6.3.9.1　资源优化的概念

所谓项目资源优化，首先是指在提供的资源有所限制时，要使每个进度时段的项目资源需求量都能满足资源限量的要求，并使项目实施所需的完成时间最短；其次是指当项目完成时间固定时，怎样使项目资源安排得更为均衡合理。前者称为"资源有限——完成时间最短"的优化；后者则称为"完成时间固定——资源均衡"的优化。但是注意，资源优化不是指通过优化将完成项目所需的资源量减至最少。

在前面章节中介绍的项目活动（或工作包）的时间估算是在假设项目资源充分足够的情况下独立估算出的，这种假设在实际中可能成立也可能不成立，但一般来说，项目活动持续时间估算不能完全解决资源的需求量和可支配性问题。如果资源不足以满足项目某进度时段峰值的资源需求量，项目的一些关键活动的最迟开始时间可能必须延迟，从而项目完成时间也就可能会延迟，这一过程的优化被称为"资源有限——完成时间最短"。另外，如果项目资源是足够的，但资源需求在项目实施过程中发生了较大变更，那么利用一些优化方法来平衡资源需求可能是合适的，即通过（使用时差）延迟非关键活动来降低项目某进度时段峰值的资源需求量，从而提高资源利用率，这一过程的优化被称为"完成时间固定——资源均衡"。

资源需求量和可支配性是一个不那么明显的问题，所以实践中资源优化工作常常没有引起项目经理和项目管理人员应有的关注。但是，没有对有限的项目资源进行优化的后果可能是高成本的项目活动实施和项目延迟；没有对资源进行优化的另一种后果是不能降低资源需求量在项目某进度时段上波峰与波谷的波动。又由于项目资源通常会被过度分配，也因为资源很少根据可支配性和需求优先级来排队，所以需要一些优化方法来优化解决资源利用率和可支配性问题。

6.3.9.2 资源强度、资源需求量和资源限量

这里先介绍资源使用的相关概念。在进行资源优化时，经常要用到资源强度、资源需求量和资源限量这几个概念。

资源强度是指在完成一项项目活动（或工作包）时，每单位时间内所需的资源量。项目活动（或工作包）k 的资源强度用 r_k 表示。

资源需求量是指项目进度计划中，某一单位时间内进行各项活动（或工作包）所需某种资源数量之和。如取天为单位时间，则第 t 天的资源需求量用 Q_t 表示。

资源限量是指单位时间内可提供使用的某种资源的最大数量，用 Q 表示。

6.3.9.3 资源有限——时间最短的优化

"资源有限——完成时间最短"的优化，又叫"资源计划安排法"。其优化过程就是不断调整进度计划安排，使得在完成时间延迟最短的条件下，逐步达到满足资源限量的目的。可按下述优化步骤进行：

（1）首先估算进度计划每天资源需求量 Q_t。

（2）检查资源需求量是否超过资源限量 Q。检查应从进度计划的开始时间起，随项目时间推进逐段进行。如在整个项目生命周期完成时间内每天的资源需求量均能满足资源限量要求，现有的进度计划即已为优化方案，无须再行优化；如有不满足资源限量要求的情况，则必须对该进度计划进行优化。

（3）调整超出资源限量时段的活动安排。每天资源需求量相同的时间区段称为一个时段。对于超过资源限量的时段，必须逐段进行调整以满足资源限量要求。调整方法是在该时段内同时进行的几项活动中，安排一项活动在另一项活动完成后进行，即使这两项活动从平行作业关系变为依次作业关系，从而减少该时段的资源需求量。此时，项目进度计划的完成时间将相应延长，其延长的完成时间等于：

$$\Delta D_{i-j} = EF_i - LS_j$$

式中：ΔD_{i-j}——将活动 i 安排在活动 j 之后进行时，项目进度计划完成时间延长的时间；

EF_i——活动 i 的最早结束时间；

LS_j——活动 j 的最迟开始时间。

（4）确定有效调整方案。当在一个项目进度时段里有好几项需要同时进行的活动时，其中任何一项活动都可安排到其他任何一项活动后进行，所以

其调整的方案是很多的。但这些调整方案中，有的可使该时段资源需求量减少到满足资源限量的要求，该方案即为有效调整方案；而有的并不能满足这一要求，这样的调整方案便是无效调整方案。一个时段可有一个或多个有效调整方案。进行优化时，项目经理和项目管理人员应将所有的有效调整方案都识别出来。

（5）调整其他超出资源限量的时段。以上一时段每一个有效调整方案为基础，对下一超过资源限量的时段进行调整。如此不断反复调整，直至全部时段的资源需求量等于或小于资源限量为止。

（6）确定最优方案。在所有有效调整方案中，完成时间最短的有效调整方案即为最优方案。

6.3.9.4　完成时间固定——资源均衡的优化

"完成时间固定——资源均衡"的优化过程就是不断调整项目进度计划安排，从而在保持项目完成时间不变的前提下，实现项目资源需求量尽可能均衡的目的。

（1）衡量资源均衡性的指标。所谓资源分布的均衡性，就是力求每天的资源需求量尽量接近平均值，避免出现短时期内的高峰和低谷，也就是说避免出现资源的过度使用和过度闲置问题。它可用不均衡系数、极差值及均方差等指标来衡量。

①不均衡系数 K：

$$K = Q_{max} / Q_m$$

式中：Q_{max}——最高峰时间的每天资源总需求量；

Q_m——资源每天平均需求量，其值为：

$$Q_m = \frac{1}{T} \sum_{t=1}^{T} Q_t$$

式中：T——项目总的完成时间；

Q_t——第 t 天的资源需求量。

资源需求量不均衡系数 K 愈小，资源需求量均衡性愈好。

②极差值 ΔQ：

$$\Delta Q = \max \left[\mid Q_t - Q_m \mid \right]$$

式中 Q_t、Q_m 的物理意义同上。

资源需求量极差值愈小，资源需求量均衡性愈好。

③均方差 σ^2：

$$\sigma^2 = \frac{1}{T} \sum_{t=1}^{T} (Q_t - Q_m)^2$$

化简后可得：

$$\sigma^2 = \frac{1}{T} \sum_{t=1}^{T} Q_t^2 - Q_m^2$$

式中各物理量的意义同上。资源需求量均方差值愈小，其均衡性愈好。

（2）判断公式。在进行资源均衡优化时，主要是利用一些活动所具有的时差，将其作业时间予以调整，使每天的项目资源需求量发生变化，从而达到资源均衡的目的。但活动的作业时间移动后，资源均衡性是否一定会得到改善，则需通过判断公式来判定。

由式 $\sigma^2 = \frac{1}{T} \sum_{t=1}^{T} Q_t^2 - Q_m^2$ 可知，资源每天平均需求量 Q_m 与完成时间 T 皆为常数，当 $\sum_{t=1}^{T} Q_t^2$ 变小时，均方差 σ^2 也会变小，即资源均衡性会得到改善。

现假设将活动 k 的开始时间推迟一天（右移一天），即开始时间从第 b 天开始调整为 $b+1$ 天开始，其完成时间由第 n 天推迟为第 $n+1$ 天。此时，调整后与调整前的 $\sum_{t=1}^{T} Q_t^2$ 的差值 Δ 为：

$$\Delta = [Q_1^2 + Q_2^2 + \cdots + (Q_b^2 - r_k)^2 + Q_{b+1}^2 + \cdots + Q_n^2 + (Q_{n+1} + r_k)^2 + \cdots + Q_T^2] - [Q_1^2 + Q_2^2 + \cdots + Q_b^2 + Q_{b+1}^2 + \cdots + Q_n^2 + Q_{n+1}^2 + \cdots + Q_T^2]$$

$$= 2Q_{n+1}^2 \times r_k - 2Q_b \times r_k + 2r_k^2$$

化简后得：

$$\Delta = 2r_k (Q_{n+1} - Q_b + r_k)$$

当 Δ 为正值，表明调整活动推迟一天后 $\sum_{t=1}^{T} Q_t^2$ 会变大，其对应的均方差 σ^2 也变大，资源均衡性会恶化。反之，当 Δ 为负值时，资源均衡性将得到改善。所以，只需判断 Δ 值的正负，即可知资源均衡性是否会得到改善。

进一步分析 $\Delta = 2r_k (Q_{n+1} - Q_b + r_k)$ 可知，资源均衡性得到改善（即 Δ 为负值）的条件为：

$$Q_b > Q_{n+1} + r_k$$

式中：Q_b——活动调整前的第 b 天的资源总需求量，b 为欲调整活动的开始时间；

Q_{n+1}——活动调整前的第 $n+1$ 天的资源总需求量，n 为欲调整活动的完成时间。

r_k——欲调整活动 k 的资源强度。

上式即为活动 k 推迟一天（开始时间右移一天）能使资源均衡性得到改善的判断公式，即当活动 k 开始那天的资源总需求量大于其完成那天的后一天资源总需求量与该活动资源强度之和时，活动 k 推迟一天能使资源均衡性得到改善。

（3）优化步骤。"完成时间固定——资源均衡"的优化步骤如下：

①确定调整的活动。为保证项目进度计划总的完成时间不变，所以关键活动即总时差为零的活动时间不得推迟，只有那些具有总时差的活动才能考虑推迟，也就是说不能选择项目关键活动来进行调整。

选定调整活动应从进度计划的终止节点开始，按活动终止节点的编号值，依从大到小的顺序逐个选定，同一终止节点有多个可调整活动时，开始时间较迟的活动先进行调整。

②判断调整效果。利用公式 $Q_b > Q_{n+1} + r_k$ 判断所选定活动后移一天对资源均衡性的影响，如能改善，则后移一天，并判断再后移一天的影响，如此重复，直至不能后移或活动总时差已用完为止。

③选定新的调整活动并进行调整。按步骤①和步骤②所述方法再选定新的可调整活动并进行调整，直到所有可调整活动都调整完毕。

④再次调整。为使资源均衡性最优，在对所有可调整活动调整完成后，要从终止节点开始，从右至左、从后向前再进行调整，如此反复，直到所有活动的位置都不能再移动为止。

6.3.9.5　多项目的资源优化

为讨论简单和理解容易起见，前面的章节只讨论了单个项目情况下的关键资源分配和优化问题。而在现实中，资源的分配和优化在很多情况下是发生在多项目的环境中，因此，项目经理、项目管理人员和项目组织必须建立和管理一套系统，以便有效地在具有不同优先级、资源需求、活动集合和风险的多个项目中对资源进行分配和优化安排。这种系统必须是动态的，能够容纳新项目，以及能在某个项目工作结束时立刻重新分配资源。在给定了项目之间的依赖关系条件下，适用于单个项目的资源分配和优化原则也适用于这种多个项目的环境，只不过应用和求解更为困难而已。

以下列出了项目经理、项目管理人员和项目组织管理多项目资源进度计划中遇到的三种最为常见的问题。注意，这些问题在单个项目中的宏观表现会在多项目环境中被放大。

（1）进度全面延迟。由于多个项目常常分享同一资源，所以一个项目上的延迟可能会造成一系列连锁反应，使其他项目延误。例如，在某个软件开发项目中由于在原来计划安排下的一个关键活动的程序分析工程师在完成另一个开发项目上的工作时延误，从而使这个软件开发项目上的工作可能会延误。

（2）不充分的资源利用率。由于各个项目具有不同的进度计划和要求，在总体资源需求上存在波峰和波谷需求。例如，一个项目组织可能有 10 个工程师来满足峰值的人力资源要求，但正常情况下只需要 5 个。

（3）资源"瓶颈"。多个项目同时需要的同一关键资源缺乏的结果是多个项目活动的延迟和进度计划的延长。例如，在可编程序控制器系列产品的开发中，由于多个开发人员都要争抢使用所必要的同一测试设备，所以会使系列产品开发项目进度计划被延误。

为了解决这些问题，项目组织应成立项目协调办公室或部门来监管多个项目的资源计划安排问题。多个项目的资源计划安排的一种方法是使用先到先得的服务规则，产生一种项目资源排序系统，其中正在进行的项目具有比新项目更高的资源优先级别，新项目的资源计划基于其他项目分配后的资源可用性。这种排序往往能形成更为可靠的时间估算。但是这种简单方法的缺点在于它没有最优化地利用资源，也没有考虑项目优先级问题。

近年来计算机项目管理软件的改进已能够对特定多个项目的资源分配进行优先分级，例如，Project Server 2003。项目以降序优先分级（例如，1，2，3，4…），这些优先分级规则会使资源分配到优先级列表中最高的项目中去。集成化的项目进度计划使得项目经理、项目管理人员和项目组织更容易识别阻碍项目进度的资源"瓶颈"。资源"瓶颈"信息一旦被识别出来，"瓶颈"的影响就可以记录在案，并用来证实需要获得额外的设备、工具，成为招募关键人员或者延迟项目的依据。

当然，项目经理、项目管理人员和项目组织也会使用业务外包的方法来作为处理其资源分配问题的一种手段。在一些案例中，一个项目组织可以减少它们需要进行内部管理的项目数量，只管理核心项目，而将不关键的项目转包给承包商和咨询公司。在另一些案例中，项目的特定进度时段被外包，以便克服资源不足和进度安排冲突的问题。项目组织可以雇用临时工来加速落在项目进度计划后面的特定活动，或者在峰值时段没有充足的内部资源来满足所有项目的需要时将项目工作转包出去，这样使得其资源的利用率更高和更有效。许多项目组织都利用这些更为复杂的过程来对资源进行计划安排，以提高项目组织的项目管理效率和控制能力。

但多项目的资源管理和优化的前提是项目经理、项目管理人员和项目组织要不断监控资源随项目进度实施过程的使用量,为基于所有项目上的进度和资源可支配性提供更新的多项目进度计划。

6.3.10　项目管理软件

许多项目包含了成百上千个彼此有着复杂依赖关系的活动。在录入了必要的项目活动之间的关系或依赖关系等相关信息之后,使用项目管理软件可以帮助项目经理和项目管理人员很方便地绘制项目网络图、创建甘特图、确定项目关键路径,并可用来报告、浏览和筛选具体的项目时间管理信息。同时项目管理软件会自动产生 PERT 视图,估算所有活动的自由时差、总时差。项目管理软件还可以帮助项目经理、项目管理人员与项目干系人及时地交换与进度有关的信息,决策支持模型可以帮助项目经理和项目管理人员分析与进度有关的各种权衡。

使用项目管理软件可以避免繁重的手工估算,而且可以进行假定方案的分析,例如活动持续时间估算或依赖关系的变动会如何影响项目进度完成时间。又如,通过了解活动的最长浮动时间,项目经理和项目管理人员可以重新分配资源,或者为了压缩进度或保持进度,做出其他一些相应的变更。

6.3.10.1　进度计划编制

使用项目管理软件可以方便地进行项目进度计划编制。一般来说建立项目网络图是第一步要做的工作,首先输入项目活动(或任务)名称、活动之间的依赖关系或前置活动(或任务)关系、活动开始和完成时间及活动所需的资源,项目管理软件会自动把这些活动之间的关系或依赖关系用箭线连接符号显示在甘特图上。

甘特图上项目活动在表的左侧列出,时间在表的顶部列出,这样甘特图就提供了项目进度计划的清晰概况。图 6-9 所示为引入案例居室装修工程项目的 Microsoft Project 2003 生成的两种形式的甘特图;图 6-10 所示为该项目的 Microsoft Project 2003 生成的网络图和显示的项目关键路径。

项目管理软件在理解和熟悉本书所讨论的工具和技术的项目经理和项目管理人员手中会有非常大的用处。然而,没有什么事比那些对项目管理软件如何导出其输出结果没有多少理解的人使用项目管理软件更为危险的了。输入数据

	WBS	任务名称	工期	开始时间	完成时间	前置任务	资源名称
1	1	签订装修合同	0.5 工作日	2005年7月6日	2005年7月6日		现场管理人员
2	2	⊟ 施工准备	1 工作日	2005年7月7日	2005年7月7日		
3	2.1	制定项目施工组织计划(设备、人员、材料、技术方…	1 工作日	2005年7月7日	2005年7月7日		现场管理人员[50%]
4	2.2	办理施工手续、出入证等	1 工作日	2005年7月7日	2005年7月7日		现场管理人员[50%]
5	3	提交业主采购计划	0.25 工作日	2005年7月8日	2005年7月8日		现场管理人员
6	4	⊟ 屋顶花园:屋顶上人地面铺装地砖和墙面铺装墙砖施工工程	2.5 工作日	2005年7月8日	2005年7月10日		
7	4.1	通知业主采购墙地砖和辅助材料	0 工作日	2005年7月8日	2005年7月8日	5	现场管理人员
8	4.2	组织泥工及机具进场	0.5 工作日	2005年7月8日	2005年7月8日	7	现场管理人员
9	4.3	屋顶墙面铺装墙砖	1 工作日	2005年7月8日	2005年7月8日	8	泥工一, 泥工二, 泥工三
10	4.4	屋顶上人地面铺装地砖	0.5 工作日	2005年7月9日	2005年7月10日	9	泥工一, 泥工二, 泥工三
11	4.5	屋顶花园验收	0.5 工作日	2005年7月10日	2005年7月10日	10	现场管理人员
12	5	⊟ 综合布线工程:电话线、视频线、音频线、网络线及监控线	5 工作日	2005年7月8日	2005年7月13日		
13	5.1	通知业主采购线材、电器元件和相关辅材	0 工作日	2005年7月8日	2005年7月8日	5	现场管理人员
14	5.2	组织电工进场	0 工作日	2005年7月8日	2005年7月8日	13	现场管理人员
15	5.3	综合布线工程:电话线、视频线、音频线、网络线	4.5 工作日	2005年7月8日	2005年7月12日	14	电工
16	5.4	综合布线工程验收	0.5 工作日	2005年7月12日	2005年7月13日	15	现场管理人员
17	6	⊟ 门窗工程:卧室门、窗;大书房门、窗;小书房门、窗;厨房门、窗,客卫生间门,屋顶门,客厅门,屋顶窗及休息厅窗	28.25 工作日	2005年7月8日	2005年8月5日		
18	6.1	通知业主采购门窗材料	0 工作日	2005年7月8日	2005年7月8日	14	现场管理人员
19	6.2	组织 木工及机具进场	0 工作日	2005年7月8日	2005年7月8日	18	现场管理人员
20	6.3	⊟ 上层门窗(屋顶窗、休息厅窗、卧室窗、屋顶门、卧室门、主卫生间门)	21.5 工作日	2005年7月13日	2005年8月3日		
21	6.3.1	上层门窗基底、门套、刮腻子	2 工作日	2005年7月13日	2005年7月15日	16	泥工一[50%], 泥工二[50%]
22	6.3.2	上层门窗油漆	3 工作日	2005年7月24日	2005年7月27日	42	漆工一
23	6.3.3	上层门窗安装	1 工作日	2005年8月2日	2005年8月3日	26FS+6	木工一
24	6.4	⊟ 下层门窗(大书房门、小书房门、厨房门、客卫生间门、客厅门、大、小书房门的窗)	20.5 工作日	2005年7月15日	2005年8月4日		
25	6.4.1	下层门窗基底、门套、刮腻子	2 工作日	2005年7月15日	2005年7月17日	21	泥工一[50%], 泥工二
26	6.4.4	下层门窗油漆	3 工作日	2005年7月24日	2005年7月24日	42	漆工一[50%]
27	6.4.6	下层门窗安装	1 工作日	2005年8月3日	2005年8月4日	26, 23	木工一
28	6.5	门窗工程验收	0.75 工作日	2005年8月4日	2005年8月5日	23,27	现场管理人员
29	7	⊟ 上层主卫生间:防水层处理,地面铺装地砖和墙面铺装墙砖施工工程	15 工作日	2005年7月13日	2005年7月28日		

图 6-9 (a)　居室装修工程项目的列表甘特图

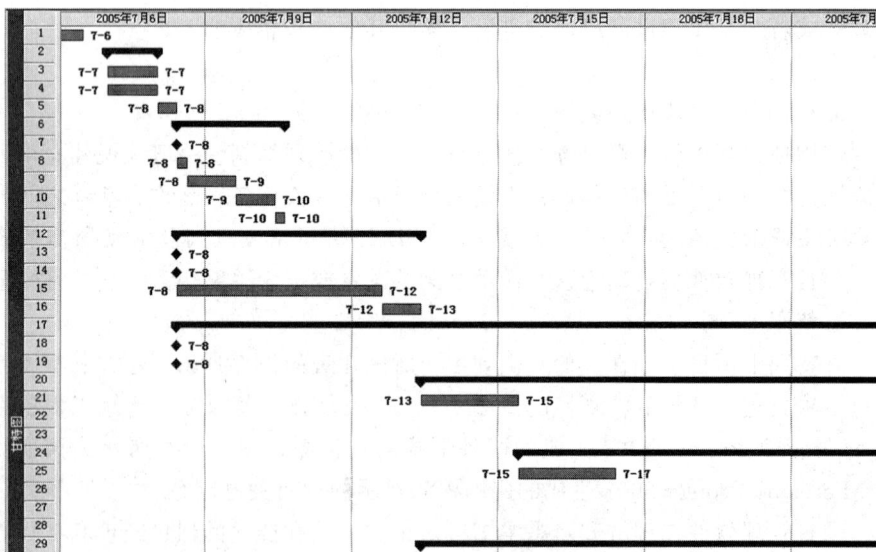

图 6-9 (b)　居室装修工程项目的甘特图

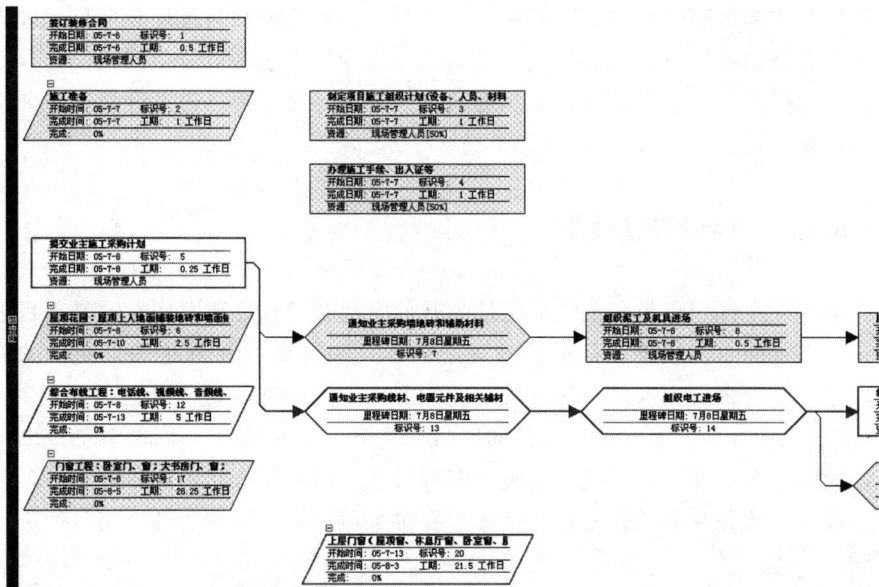

图 6－10　居室装修工程项目的网络图和关键路径

的错误是非常普遍的，需要在概念、工具和信息系统方面有经验的项目经理和项目管理人员来识别错误和加以纠正，从而避免错误的决策。

6.3.10.2　使用项目管理软件的注意事项

许多人在使用项目管理软件的时候，由于不理解隐藏在创建网络图、确定关键路径或设定进度计划基准计划背后的概念，而没有恰当地使用项目管理软件。理解这些概念对成功地使用项目管理软件（甚至是手工使用某些工具）是非常关键的。

为了有效地利用项目管理软件，项目经理和项目管理人员必须在项目管理软件方面接受足够的培训，同时理解这些软件建立的基础概念和基本原理。

6.4　项目进度计划编制输出

不管怎么说，编制一个好的项目进度计划能帮助项目经理和项目管理人员在项目的实施过程中预防很多问题，尤其对没有经验的项目经理和项目管理人员而言更是如此。但是，应强调的是项目进度计划不能绝对避免问题，这点在前面已经提到。项目进度计划编制的输出结果就是关于项目进度计划的系列文件，主要包括：

6.4.1　项目进度计划

项目进度计划包括各项活动的计划开始时间和预计完成时间，这是项目进度计划编制的主要成果。在资源配置之前，这种进度计划只是一个初步的计划，在资源配置得到确认和优化后，就能形成正式的项目进度计划。如图 6－9、图 6－10 所示。如有多个项目同时进行，还必须建立一套管理系统，以便有效地确定多个项目的不同优先级、资源需求、活动集合和风险，对多个项目统一进行资源分配和优化安排，从而编制多个项目相互协调的各个项目的进度计划。

6.4.2　计划补充说明

补充说明主要包括对项目假设条件和制约因素的说明、进度计划具体实施细节和进度风险的估算等方面的内容。如有多个项目同时进行，还必须说明各个项目的不同优先级、资源需求和风险，各项目之间的依赖关系等。

6.4.3　进度管理计划

项目进度管理计划说明了项目经理、项目管理人员和项目组织应该如何应对项目进度的各种变动，尤其是在多个项目同时进行时是非常重要的。它可以是正式的，也可以是非正式的。它是项目进度计划的补充部分。

6.4.4　资源需求修改

项目经理和项目管理人员在编制项目进度计划的同时，也在对项目的资源数量和质量方面的需求不断进行修改，在项目资源库中不断添加和删除各种资源，反复进行迭代，从而确定项目各项活动的合理资源平衡。一般来说，在对项目进度计划编制完成后，也就得到了新的项目资源需求计划和新的项目资源库。

笔记栏

　　注意，在今后项目进度计划的实施过程中，项目经理和项目管理人员还会根据项目的具体情况变化对项目的资源数量、质量方面的需求和项目资源库进行不断的调整和修改。所以，随着项目进度的实施，项目的资源需求往往是高度动态变化的，项目经理和项目管理人员必须高度意识到这一点。

　·本章案例·

省财政学校校园网系统项目进度计划编制（接第 3、第 4、第 5 章案例）

　　项目负责人李磊和他的项目开发团队将省财政学校校园网系统项目实施划分为三个阶段。第一阶段为准备阶段，主要进行硬件体系的基础设施准备及网络系统施工；第二阶段为网络调试阶段，主要进行服务器、网络站点设置和网络调试；第三阶段为软件体系的应用系统模块开发、安装和设置阶段。各阶段工作的预计完成时间如表 6—8 所示。

表 6—8　校园网系统开发项目各阶段工作的预计时间

阶　段	项目工作内容	时间（工作日）
第一阶段	基础设施准备及网络系统施工	40
第二阶段	网络调试	15
第三阶段	应用系统模块开发、安装和设置	120

　　有经验的李磊知道第一阶段和第二阶段只能串行实施，而第三阶段实际上可以和这两个阶段交叉进行，这样安排可以做到一般情况下不加班，否则可能会增加项目成本和完工期的风险。于是，他运用项目管理软件 MS－Project 2003 对校园网系统开发项目进行了项目进度计划编制。在编制过程中，他与项目开发团队各个成员就项目进度计划反复协商，并进行了时间优化、成本优化和资源优化的多次调整，最后把编制好的项目进度计划请财政学校该项目协调人卿光明老师核对，此时项目负责人李磊才感到项目的实施是有把握的了。

讨论题

1. 试编制校园网系统开发项目的详细项目进度计划。
2. 试找出校园网系统开发项目进度计划的关键路径。

·本章小结·

一个有效的项目进度计划编制就是根据项目活动定义、活动排序及活动持

笔记栏

续时间估算的结果和所需要的资源对项目活动进行进度计划编制，确定成功完成项目所需的每一个活动事项、项目各活动的开始时间、结束时间以及相关的里程碑；定义项目各活动所需的资源，反映出这些资源的参与，确保这些资源在需要时的最优可用性以及对它们具体的实施方案和管理措施（包括合理的应急储备）；对每项活动都应有成本预算。项目进度计划编制的主要目的是建立一个现实的项目进度计划，控制和节约项目的时间，并为监控项目的进展情况提供一个评价基准。项目网络图、活动持续时间估算、项目资源需求、活动逻辑关系、作业约束因素、活动提前和滞后、日历表等为编制项目进度计划提供了输入依据；在编制项目进度计划时运用的工具和方法主要有甘特图法、关键路径法、计划评审技术、图表评审技术、进度计划优化（时间优化、成本优化和资源优化），还有项目管理软件。项目进度计划编制还为项目进度监督提供了基础。

要注意，由于项目进度计划是对未来活动做出的事先确定和安排，它具有假设性和预测性。预测工作的成效直接与计划者所掌握的信息和经验积累有关。

·关键概念·

项目进度计划编制的概念　甘特图法　关键路径法　计划评审技术　图表评审技术　进度计划优化的概念　时间优化　成本优化　资源优化

·思考题·

1. 比较项目进度计划编制方法的区别。
2. 简述项目进度计划编制的准则。
3. 叙述项目进度计划的重要性。
4. 简述项目进度计划编制的步骤。
5. 编制项目进度计划时一般哪些人员应该参与？

第7章

项目进度计划控制

　　项目进度计划不变是相对的，变是绝对的；平衡是暂时的，不平衡是经常的。项目的一个特征是它通常都不会自动按进度计划进行。在项目开始的时候，项目经理及项目管理人员是不会知道项目将在哪里以及如何偏离计划。通过对进度的监督可以察觉到与进度基准计划的偏离，因而形成了项目实施过程中的偏差信息，这就是项目实施过程的绩效测量，它用于帮助评估项目实施过程发生的偏差的程度，确定引起偏差的原因，并且决定是否需要采取纠正措施。若偏差超过一定程度，此时意味着项目出现了问题，应该重新调整项目进度计划。本章首先介绍了项目进度计划控制的基本概念、基本目标、控制过程和项目进度计划控制主要输入依据；接着讨论了项目进度计划控制的工具和方法：进度跟踪系统、项目跟踪对象、项目跟踪过程、偏差分析技术、项目进度变更和项目进度控制；最后讨论了项目进度计划控制主要输出结果：补充计划编制、纠正措施和教训经验。

7.1　项目进度计划控制概述

在项目时间管理中，项目进度计划的编制为项目的实施提供了科学、合理的前提和依据，从而为确保项目可以按期完成打下良好的基础，但这并不等于项目进度计划会自然顺利地执行，在项目实施过程中就不会出现任何问题。实际上，由于项目进度计划是对未来项目活动做出的事先确定和安排，它必然带有一定的假设性和预测性前提。编制的项目进度计划是否与未来实施情况吻合取决于预测工作的准确性，而预测工作的准确性直接与项目经理、项目管理人员和项目组织所掌握的信息和经验有关，这当然要靠他们对已完成或正在进行的项目信息的日积月累。另一方面，在项目进度计划的实施过程中，由于外部环境和条件总是会不断变化，项目的实际进度经常会与项目的计划进度发生偏差，项目经理和项目管理人员如果不能及时发现并纠正这些偏差，项目时间管理目标的实现就会受到影响，甚至可能会导致整个项目延期完成，严重的可能会造成整个项目的失败。因此，这就要依靠项目经理、项目管理人员和项目组织对项目进行过程跟踪及控制工作来实现，同时这也是项目进度计划控制的必要性所在。

项目进度控制就是根据项目进度计划与项目的实际进展情况不断进行跟踪、对比、分析和调整，从而确保项目目标的实现。项目进度控制是项目实施阶段的重要职能，也是项目时间管理的最后一环，其目的就是使项目按预定的轨迹运行和实现。具体来说，项目进度计划控制就是对项目各阶段的工作内容、工作程序、时间长度和衔接关系编制调整计划，将该计划付诸实施，在实施的过程中经常检查实际进度是否按计划要求进行，对出现的偏差分析原因，采取补救措施或调整、修改原计划，直至项目结束，交付使用。项目进度控制的关键是项目经理和项目管理人员如何有效地利用一切可行的工具和方法，达到实现项目计划的目的，即实现项目进度过程控制。由于项目活动的系统性、协调性、开放性和复杂性等特点，项目控制过程是一种特定的、有选择的、能动的动态作用过程，在对项目进行控制管理时，应坚持控制论、系统论和信息论相结合的指导思想。

项目进度计划控制是项目实施过程中与质量控制、成本控制并列的三大目标之一。它们之间有着相互依赖和相互制约的关系，项目进度加快，一般会增加成本，但项目能提前结束就可以提高投资效益；项目进度加快有可能影响项目质量，而质量控制不恰当的过于严格，则有可能影响项目进度；但如因质量的严格控制而不致返工，又会加快项目进度。因此，项目经理和项目管理人员就应当在工作中对三个目标全面系统地加以考虑，正确处理好进度、质量和成本的关系。实际上，如前面章节所述，现代项目管理除了涉及时间、成本、质量外还会涉及其他项目管理要素，如工作范围、组织、客户满意度及风险等。项目经理和项目管理人员如何根据外部环境和条件变化在这些项目管理要素间取得平衡，是提高项目综合效益的关键，也是评价一个优秀的项目管理者的度量标尺。特别是对一些投资较大、周期较长且环境变化多的项目，如何在项目管理各要素间取得平衡并确保项目进度目标的实现，是项目进度计划控制的关键所在，其结果往往会对项目的综合经济效益产生很大影响。

由上面分析可知，项目进度计划控制的意义其实是不言而喻的，随着项目所处的外界环境和条件变化越来越快，项目投资越来越大，项目活动越来越复杂，项目实施过程越来越长，项目的风险也就相应越来越大。所以，对于项目经理和项目管理人员来说项目进度计划控制是一件非常重要的工作。

项目进度计划控制的主要工作内容包括：

（1）利用一定的组织和手段跟踪核查项目的实际进度；

（2）利用一定的工具和方法分析比较项目的实际进度与计划进度是否发生了偏差变化，如果发生了，找出偏差变化的原因；

（3）如有必要就及时对影响项目进度偏差变化的因素进行控制，采取措施纠正偏差变化，不错过项目进度计划控制的最佳时机，从而确保这种偏差变化朝着有利于项目目标实现的方向发展。注意，项目进度计划控制的最佳时机的掌握非常重要。

项目进度控制的主要工作如表 7—1 所示。

表 7—1 项目进度控制的主要工作

输　入	工具和方法	输　出
进度基准计划 项目进度报告 变更申请 进度管理计划	进度跟踪系统 偏差分析技术 绩效分析方法 进度变更系统 进度控制系统 项目管理软件	更新的进度计划 纠偏措施 经验教训

7.2　项目进度计划控制目标

　　项目进度计划控制的最终目标是确保项目进度、成本费用和质量目标的实现，它既是项目跟踪与控制的服务目标与对象，又是项目跟踪与控制的行动指导。因此，一个好的项目进度计划应有利于项目跟踪与控制的实施和目标的实现。有关项目进度计划的内容，前面已经介绍很多，这里就不再赘述。

　　由于前期项目进度计划编制工作的不确定性和实施过程中多种因素的干扰，一般来说，项目的实施进展会不可避免地偏离预期轨道。也就是有经验的项目经理和项目管理人员常说的：项目进度计划不变是相对的，变是绝对的；平衡是暂时的，不平衡是经常的。因此，为了有效跟踪和控制项目实施进度，必须具体明确项目的进度控制目标，而不能以"赶前不赶后"、"尽早完成"等这类模糊描述语言作为进度控制的目标。在建立项目进度控制目标时，除明确项目控制总目标以外，还必须根据进度计划，按项目实施的阶段及分工等设立不同层次的进度分目标，并构成一个有机的进度目标系统。这些分目标相对独立而又相互制约，它使项目各实施单位及项目各实施阶段的目标都十分明确。项目经理和项目管理人员在对各阶段进度分目标进行控制时，还可以暂时不用考虑项目总进度计划，而着眼于本阶段详细进度计划的控制，这样的控制将更方便、更有效。项目进度分目标可根据不同的具体要求而设立，一般有以下几种情况。

7.2.1　按项目实施阶段设立分目标

　　根据项目的特点，项目经理和项目管理人员可把项目实施过程分成若干实施阶段。每个实施阶段又可根据自身特点，再分成下一层次的相关阶段。每个阶段都可设立相应的进度控制目标，由此形成按实施阶段设立的项目进度目标系统。如本书引入案例居室装修工程项目，就可依装修程序分为居室设计阶段、实际装修阶段和装修验收阶段。居室设计阶段又可分为提出居室装修建议、对居室进行装修设计、制定居室装修预算和装修活动计划等更为详细的相关阶段。而实际装修阶段又可分为装修人员进场、材料采购和装修施工。装修验收阶段又可分为装修监理、质量验收、装修费用支付等阶段。在项目进度总计划确定后，还可依据总进度计划的要求，设立各个层次上相关阶段的进度控制分目标。图7—1即为引入案例居室装修工程项目各阶段进度目标分解图。

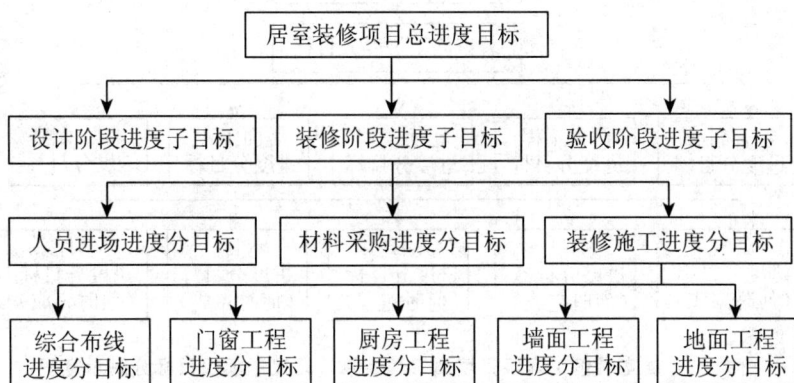

笔记栏

```
                    ┌─────────────────────┐
                    │  居室装修项目总进度目标  │
                    └─────────────────────┘
        ┌──────────────────┼──────────────────┐
┌───────────────┐  ┌───────────────┐  ┌───────────────┐
│ 设计阶段进度子目标 │  │ 装修阶段进度子目标 │  │ 验收阶段进度子目标 │
└───────────────┘  └───────────────┘  └───────────────┘
        ┌──────────────────┼──────────────────┐
┌───────────────┐  ┌───────────────┐  ┌───────────────┐
│ 人员进场进度分目标 │  │ 材料采购进度分目标 │  │ 装修施工进度分目标 │
└───────────────┘  └───────────────┘  └───────────────┘
┌──────┬──────┬──────┬──────┬──────┐
│综合布线│门窗工程│厨房工程│墙面工程│地面工程│
│进度分目标│进度分目标│进度分目标│进度分目标│进度分目标│
└──────┴──────┴──────┴──────┴──────┘
```

图7—1 居室装修工程项目各阶段进度目标分解图

7.2.2 按项目所包含的子项目设立分目标

通常，一个大的项目总是由许多子项目组成的。如一个发电厂项目就包含有发电厂地基工程、厂房工程、发电机组工程等子工程项目。项目经理和项目管理人员可依据项目总进度计划的要求，确立各子项目的进度目标。如图7—2所示，为本书引入案例居室装修工程项目中的墙面工程装修阶段按子项目进行目标分解的示意图。

7.2.3 按项目实施单位设立分目标

一个项目，通常都是由不同的承包单位共同完成的。在项目实施过程中，这些单位的工作总是相互衔接、交叉进行的，每个单位各阶段工作的进度，对项目总进度目标及相关单位的工作都有很大的影响。因此，项目经理和项目管理人员也可以按项目的实施单位，设立其进度目标要求，以保证各单位之间工作的顺利衔接配合，使项目顺利完成。如图7—3所示，本书引入的案例居室装修工程项目装修阶段进度子目标中的人员进场进度分目标就可按不同的承包装修单位设立分目标。

笔记栏

居室装修项目总进度目标

装修阶段进度子目标

装修施工进度分目标

| 综合布线
进度分目标 | 门窗工程
进度分目标 | 厨房工程
进度分目标 | 墙面工程
进度分目标 | 地面工程
进度分目标 |

| 卧室
进度分目标
（何时完成） | 休息厅
进度分目标
（何时完成） | 大书房
进度分目标
（何时完成） | 小书房
进度分目标
（何时完成） | 客厅
进度分目标
（何时完成） |

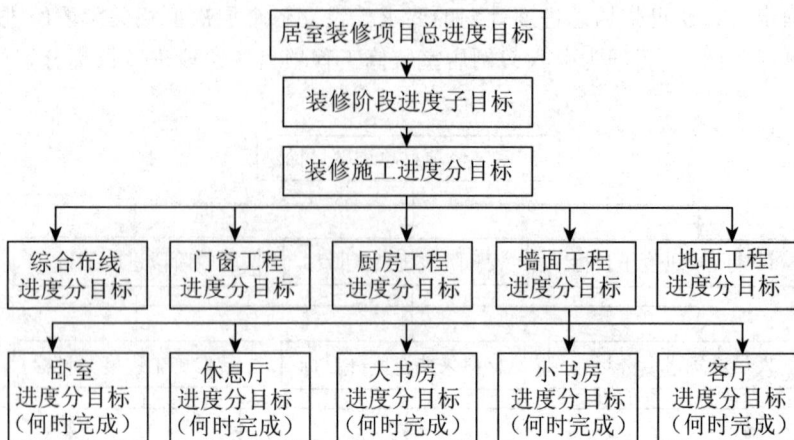

图 7—2　居室装修工程项目墙面工程装修阶段按子项目目标分解示意图

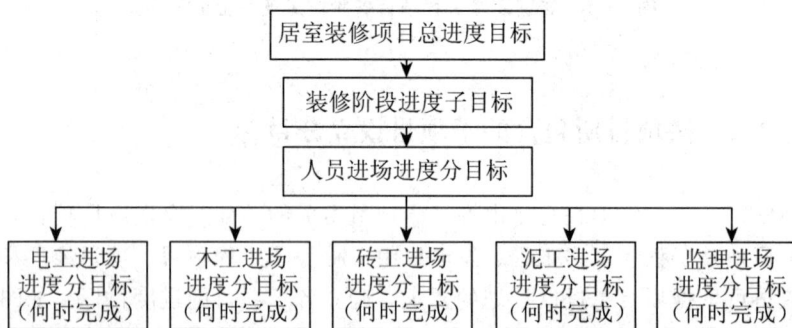

居室装修项目总进度目标

装修阶段进度子目标

人员进场进度分目标

| 电工进场
进度分目标
（何时完成） | 木工进场
进度分目标
（何时完成） | 砖工进场
进度分目标
（何时完成） | 泥工进场
进度分目标
（何时完成） | 监理进场
进度分目标
（何时完成） |

图 7—3　居室装修工程项目装修阶段按不同的承包装修单位设立的分目标示意图

7.2.4. 按时间设立分目标

　　为便于项目经理及项目管理人员检查、监督，也可按项目进度计划总目标的要求，将项目实施进度计划分解成逐年、逐季、逐月的进度计划。这样，可随时检查项目完成情况，提出相应的进度要求。

　　项目进度目标按何种类型、以多少层次来进行分解，项目经理和项目管理人员要依据实际需要和具体情况而定。一般情况下，项目规模越大，时间长度要求越紧，其目标分解的层次就越多，按不同类型进行项目目标分解就越有实际意义。

笔记栏

7.3 项目进度计划控制过程

如果项目经理和项目管理人员知道关键路径上的一项活动落在了进度计划的后面，他们需要决定如何处理这种情况。是否应该重新与项目干系人谈判，是否应该给关键路径上的那项活动分配更多的资源来弥补拖延的这段时间，或者是否项目迟一些结束也没有关系。通过跟踪关键路径，项目经理和项目管理人员应该在控制项目进度计划方面采取一些预防性的措施。

当一个项目已经编制出了其进度基准计划时，项目实际上就可以正式开始了。在按项目进度基准计划实施的过程中，项目实施环境和条件是不断变化的，因此，谁都不能幻想项目一定会按照进度计划进行下去，更多的情况是项目会或早或迟地偏离原来的基准计划。所以，为适应这种情况，当项目正式开始后，项目经理和项目管理人员必须建立一套科学的项目进度控制系统，对项目进度进行及时的跟踪，根据项目跟踪提供的信息，对比原基准计划（或既定目标），找出偏差，分析成因，研究纠偏对策，实施调整措施，以保证项目进度计划得到及时准确的执行。

项目进度控制系统必须具有时刻监控项目的进展状况的功能，以确保每项活动都按进度计划进行。该系统至少包括：高效的跟踪组织系统、健全的进度报告制度和进度监测系统，以保证实际进度资料、数据的收集；科学的数据资料分析系统，以保证数据资料分析和调整措施的科学性及准确性；高效的控制实施系统，以保证项目进度的及时调整控制。

在项目实施过程中，由于各种因素的影响，其实际进度很难与计划进度完全一致，必须对进度计划进行不断的调整、修正，以保证进度计划总目标的最终实现。而这一切又必须建立在对实际进度的准确了解和掌握上。所以，准确掌握有关项目实际进度的资料是项目经理和项目管理人员对项目进度进行有效控制的基础。

在跟踪收集到有关项目实际进展状况的信息资料后，要进行必要的整理、统计和分析，形成与计划进度具有可比性的数据资料。例如，根据项目本阶段实际完成的工作量，确定累计完成的工作量、本阶段实际完成工作量的百分比、累计完成工作量的百分比、进展状况等。如果项目实际进度在一定的范围内落后于计划，就必须采取相应的纠偏措施以维持进度的正常进行。如果项目实际进展远远落后于进度计划，原来的进度基准计划很有可能推倒重来。所以，在进度计划编制好且项目开始实施之后，有效的项目控制关键就在于时刻跟踪收集项目实际进度，及时定期地将它与进度基准计划进行比较，并做出相应的调整。项目经理和项目管理人员永远都不要认为问题会在不采取任何措施的情况下自动消失。项目时间管理是项目生命周期内一件需要常抓不懈的事情，是整个项目始终处于可控状态的重要保证。

根据以上分析，可概括得出实现项目进度计划控制的一般过程：项目（基准）计划—项目跟踪—项目控制及其反馈，也是项目进度计划控制的一般原理。如图7-4所示。

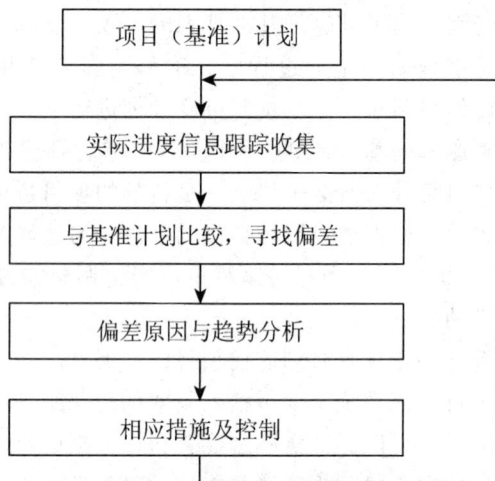

图7-4　项目进度计划控制的一般过程及一般原理

由图7-4可知，项目进度计划控制的基本原理并不复杂，但由于活动和环境的复杂性不断增加，需要在理论和实践中不断研究出新的科学技术、组织和管理方法，以改进实现控制进度计划流程的方法和手段。项目进度计划控制的基本原理都基本相同，但项目进度计划控制系统的设计和组织实现却因不同的项目、不同的组织、不同的人员、不同的时间或拥有不同的资源会有很大的不同，亦反映出不同方面、不同层次的项目控制强度与项目管理水平。这就需要项目经理和项目管理人员具有丰富的知识和经验，能具体问题具体分析，为项目进度计划控制提出及时完善的调整方案来。

对图7-4所示的一般过程进行更具体的分析，可以得出实现项目进度计划控制的详细过程，如图 7-5 所示。

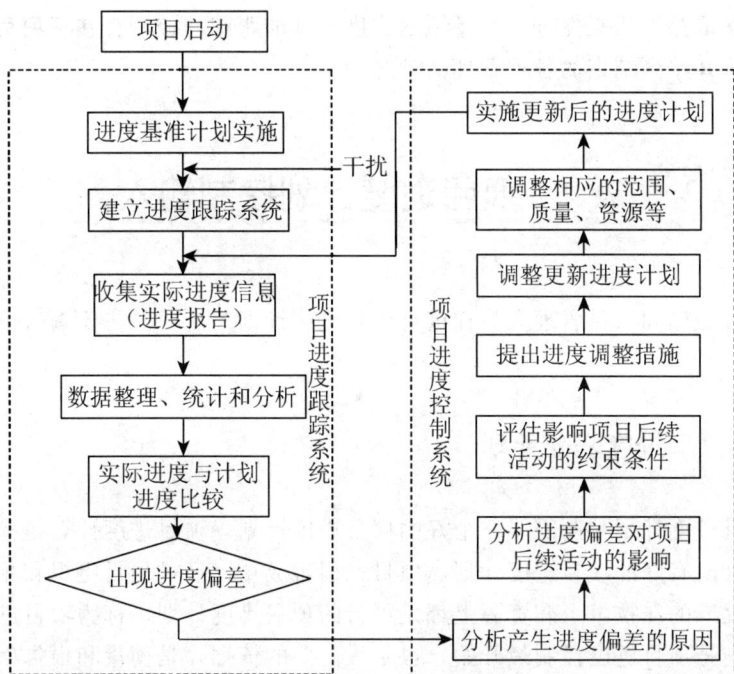

图 7-5 项目进度计划控制的详细过程

　　项目进度计划控制的一般原理是"项目计划—项目跟踪—项目控制"及项目反馈，它是一个闭环的负反馈系统，是一个系统过程，是一个以信息流为核心的相互依赖、相互制约的互动过程。根据现代系统控制论，闭环的负反馈系统在理论上应会使项目进度计划的实施向稳定的方向进行。因此，项目经理及项目管理人员要对项目进度计划进行有效的控制就应根据管理科学的一些基本原理，如系统工程原理、系统控制原理，对项目进度计划进行系统的分析和控制，使之朝实现项目目标的方向稳定进行。

　　由项目进度计划控制的一般原理，计划、跟踪与控制活动之间组成一个闭环负反馈系统，要进行项目进度计划跟踪，必须先了解项目进度计划控制，要建立项目进度计划控制，又必须先确定受控对象、内容以及控制如何实现，这又与项目进度计划有关。而要实现项目进度计划控制系统输出则必须有项目进度反馈信息输入，这就是项目进度计划跟踪的核心目的。项目进度计划的跟踪与控制是项目实施过程中不同性质的活动，但它们彼此之间互为前提，即跟踪为项目进度计划提供控制的反馈信息，控制是项目进度计划跟踪的服务对象，两者相互依存、相互促进。并且项目进度计划的跟踪与控制存在于项目整个生命周期从开始到结束的各项管理活动之中。

7.4　项目进度计划控制输入

项目经理和项目管理人员在进行项目进度计划控制时的主要输入依据有以下几个：

7.4.1　进度基准计划

项目进度计划控制需要一个好的项目进度计划，项目进度计划是检查进度的基准，没有好的项目进度计划，项目就很难成功。经过项目组织和相关项目干系人批准的在技术上和资源上都是可行的项目进度计划，称为项目进度基准计划。它是项目进度控制最开始，也是最主要的依据，是衡量和报告项目实际进度执行情况绩效的基准尺度。但应注意的是，一些专家指出，很多项目进度基准计划缺乏现实的进度估计，尤其是满足不了时间约束条件，从而可能一开始按此项目进度基准计划实施项目就注定要失败。造成这种情况的原因很多，其中之一就是项目经理和项目管理人员在编制项目进度基准计划的过程中，屈服于高级管理层或诸如市场营销的压力，会编制一些虚假项目进度基准计划。再则是项目经理和项目管理人员在"一厢情愿"的信息或愿望支配下编制项目进度基准计划，比如安排人员加班赶进度而没有考虑长时间加班时的工作效率。很多项目管理理论方面的专家建议，项目经理和项目管理人员在计划项目资源时，应该使每种资源的使用率不超过 75%，并且项目经理和项目管理人员要考虑必要时向项目调度额外的资源来弥补项目进度实施过程中由于其复杂性所造成的项目进度偏差。因此，建立现实的项目进度基准计划并在项目生命周期内留出一些应急资源储备是非常重要的。

建立项目进度基准计划的主要原因，是为了监控和报告项目的进展并对成本费用做出预测。因此，将进度基准计划和绩效衡量系统结合在一起是非常关键的。在项目实施过程中，应该不断地将项目进展状态同进度基准计划进行比较，对进度基准计划和实际情况之间的差别进行分析，这样就可以减少项目冲突带来的不利影响，并为项目经理、项目管理人员和项目组织采取正确的决策提供参考。

7.4.2　项目进度报告

要实现有效的项目进度计划控制，首先必须了解项目进度计划控制的一些重要原则，并能有效使用控制工具，进行沟通、跟踪和控制项目进度。项目进度报告就是这些原则和工具的具体体现。

项目实际进度与基准计划进度的对比主要是将项目进度实际的数据与基准计划的数据进行比较，例如将项目进度实际的完成量、实际完成的百分比与基准计划的完成量、计划完成的百分比进行比较。通常可利用表格形成各种进度比较报表或直接绘制比较图形来直观地反映实际与计划的差距。这些项目进度比较报表和比较图形的集合就组成了项目进度报告。项目进度报告是项目沟通管理的一个重要输出文件，它为项目经理、项目管理人员和项目组织提供有关项目进度计划执行的实际情况和进度绩效，以及其他的相关信息。

项目进度报告作为依据的信息有很多种，例如测量数据。很多数据都可以在活动描述中找到，如验收标准、参考标准、可交付物的特点等。

通过项目进度报告的比较，项目经理、项目管理人员和项目组织可以了解项目实际进度比计划进度拖后、超前还是与计划进度一致。例如，哪些项目活动已经如期完成，哪些项目活动未按期完成，项目进度计划的总体完成情况等。另外，项目进度报告还可以提醒项目经理、项目管理人员和项目组织关注那些可能会影响进度的因素或活动。

这里要强调的是，项目进度报告是按一定时间周期或时间点并随项目整个生命周期实施过程产生的系列项目进度报告，通常不会仅有某个阶段的项目进度报告。同时，项目进度报告也是今后其他项目的重要历史参考资料。

7.4.3　项目变更请求

项目变更请求就是项目经理和项目管理人员对项目进度计划提出改动的要求。具体可能是要求推迟项目进度，也可能是要求加快项目进度。项目变更请求可以以多种形式提出，例如口头的或书面的、直接的或间接的、从外部提出的或从内部提出的、法律强制的或可以选择的。

笔记栏

7.4.4　进度管理计划

项目进度管理计划是进度计划制订过程的一个输出，它提供了如何应对项目进度计划变动的措施和安排，是项目进行进度调整的主要依据。项目进度管理计划是项目整体管理中项目计划的一个附属部分，同时也是项目进度计划控制的主要依据之一。项目经理和项目管理人员在有了项目进度管理计划时即可开始进行项目控制，应一直持续进行到项目结束。

7.5　项目进度计划控制工具和方法

在项目进度计划控制过程中会涉及许多问题。首先，项目进度计划要切实可行，但在许多项目中，经常会编制一些不切实际的进度计划，糟糕的是在很多情况下，项目经理和项目管理人员要等到项目进度计划实施后期才会发现这些"不切实际"的地方。其次，项目进度计划要有一个项目组织系统来规范与领导项目进度执行过程，尽管有各种工具和技术可以用来编制和控制项目进度，不过为了使项目不偏离既定轨道，项目经理、项目管理人员和项目组织必须建立一套纪律和制度来对项目内、外部因素和一些涉及人的问题进行管理，强调执行并遵守项目进度计划的重要性。实际上，许多项目的失败是由人的原因造成的，而不是由于事先没有画出一张完美的项目网络图。

7.5.1　进度跟踪系统

项目经理及项目管理人员一般是根据项目活动状态决定项目进度计划控制的方向、方法和手段的。项目进度计划控制的基础是项目进度信息，而信息的获得是靠对项目的跟踪。因此项目经理、项目管理人员和项目组织在建立项目进度计划控制系统的同时，必须首先建立项目进度跟踪系统。

项目进度跟踪系统就是建立为跟踪检查项目进度计划实施应该遵循的一些有效程序，使项目经理及项目管理人员可以执行一系列对项目进度的实际检查，帮助他们了解项目进度计划的实际执行情况。在对项目建立进度跟踪系统时，要考虑的问题很多，诸如确定哪些信息需要收集、什么时候收集、用什么方式收集最有效率、怎样对项目进度计划和方案进行技术经济评估等，并要考虑在信息收集过程中可能发生的资源消耗、成本上升等问题。项目进度跟踪系统应该作为项目整体控制系统的一部分，并与项目进度控制系统及其他部分有机地结合起来对项目进行有效管理。

7.5.1.1　项目进度跟踪概述

项目进度跟踪是指项目各级管理人员根据项目的进度计划和目标等，在项目实施的整个过程中对影响项目进度实施的内、外部因素进行及时的、连续的、系统的记录和报告的系列活动过程。因此，项目跟踪系统的核心在于及时准确反映项目进度的实际变化，提供有关项目进度的各种信息报告。

因此，对于项目进度计划控制管理来说，信息的收集是非常重要的。随着项目复杂性和规模的增大，随着项目实施环境变化的加快，对项目实施内、外环境的跟踪和信息的采集、分析与加工以及加强项目跟踪、建立项目管理信息系统的要求就越来越重要。

要实施对项目进度的跟踪，首先要确定影响项目进度计划和目标实现的因素。在项目实施过程中，影响项目计划和目标实现的因素包括内、外两个方面。

（1）外部因素。外部因素是指来自项目外部的影响因素。像政府的政策、法规、制度、市场价格、汇率、自然状况等。在一般情况下，外部因素的变化是不可控的。对于这类因素的跟踪，其跟踪的主要目的是尽早预测、收集和报告外部因素变化的信息，以便于项目经理、项目管理人员和项目组织迅速采取应变措施。

（2）内部因素。内部因素是指来自于项目内部的各要素。如可用的人力资源、资金筹集与分配、材料采购和运输、项目进度、项目质量及项目成本等。在一般情况下，内部因素的变化是可控的。对于这类因素的跟踪，其跟踪的目的是收集和处理与目标控制决策有关的信息，以便对比项目的进度计划和目标，及时发现实际进度与预期计划进度不相符之处并查找出现偏差的原因。

许多人（包括一些项目干系人）可能会对项目经理及项目管理人员未能及时得到准确的项目进度情况和外部因素的有关信息从而影响到项目的进程大为不解。而项目经理及项目管理人员则非常清楚，实际上，要及时了解和正确判断项目进度实施过程中的每一个活动的具体进展情况，不是一件容易的事，这需要建立科学有效、费用可接受的项目进度跟踪系统。

项目进度跟踪系统在项目进度执行过程中进行跟踪检查的具体工作，主要就是定期收集反映实际项目进度的有关数据。收集的方式主要为报表的形式，其次是进行现场实地检查。收集的数据质量要高，不完整或不正确的进度数据将导致项目经理及项目管理人员不全面或不正确的决策。为了全面而准确地了解进度的执行情况，项目经理或者项目管理人员必须认真做好以下三方面的工作：

（1）经常地、定期地收集进度报表资料；

（2）派检查（监理）人员长驻现场，检查进度的实际执行情况；

（3）定期召开项目现场会议。

究竟多长时间进行一次进度检查，这是项目经理或者项目管理人员常常关心的问题。通常，项目进度计划控制的效果与收集信息资料的时间间隔有关。如果不能经常地、定期地提供项目进度信息资料，就难以达到进度计划控制的效果。此外，项目进度检查的时间间隔还与项目的类型、规模、监测对象的范围大小、现场环境条件等多方面因素有关，可视项目的具体情况，每月、每半个月或每周进行一次。项目实施过程中，若在某一阶段出现不利的进度状况，甚至可以进行每日进度检查。

许多事实说明，项目的失败，主要原因在计划和控制，但究其深层原因则是在项目前期和实施阶段对项目相关信息掌握得不够、不准或不及时，有很多主观"猜想"信息，从而使得项目经理或者项目管理人员对项目的实际情况心中无数，项目风险和失败的概率就大大增加。

这里要强调的是，项目进度信息的收集工作远比信息的处理要复杂和困难得多，所以项目经理及项目管理人员应把重点放在如何获取对项目进展至关重要的信息上。因此，项目进度跟踪系统的主要职能包括：建立项目进度跟踪组织系统，确定项目进度信息收集方法，实施现场检查，召开项目现场会议。

7.5.1.2 项目进度跟踪组织

为了保证项目进度资料、数据的完整与准确，必须建立项目进度跟踪组织并配备专职的、具有相关知识的、责任心强的检查人员来进行项目进度资料数据的收集、分析和整理工作。项目进度跟踪组织的检查人员视具体情况可来自项目组织内部或外部。对于大型复杂的项目，还应建立项目进度的总检查机构，统一制定相应的检查制度和程序，明确各下属部门的检查内容和职责来对整个大型复杂项目进行进度跟踪。委托监理的项目，承包单位除按合同约定，要求监理单位落实进度检查机构和人员外，也应该设立相关的机构或人员，随时对监理人员收集的有关项目实际进度资料进行审核，并对项目进度计划变更请求提出具体意见和措施，以确保项目进度计划的有效控制。

至于项目进度跟踪组织的检查人员的数量，可依项目的复杂程度、进度控制要求的高低、项目成本、项目实施的现场条件及检查的频率等因素，由项目经理或者项目管理人员灵活确定。

7.5.1.3　项目进度信息收集方法

项目跟踪包含了传统"控制"中所含的"监测"之意，即监督和测量。由于项目组织成员的素质、管理手段和水平的提高，"监"的作用越来越弱，而"测"的要求越来越高。现代项目管理要求尽量采用数学方法和科学手段实现对对象的定量测量。测量手段和水平越高，获得的信息就越多、越准、越及时。除"监测"之意外，项目跟踪还包含按踪迹和线索跟踪变化，即紧紧地、快速地跟进之意。在监测中，项目实施过程可能发生的问题或刚开始发生的问题是项目跟踪的首要对象。因此，项目的跟踪应进一步理解为对影响项目目标实现的、自身可能发生变化的因素进行跟踪、检测、信息收集、记录、报告、分析与建议等活动的总称。一般项目进度信息收集可使用下列五种方法：

（1）发生频率统计法。发生频率统计法即是对某一事件发生的次数进行记录的信息收集方法。这种方法常用于收集"投诉"次数、返工次数、延迟报告次数、无事故天数、设备故障次数等信息。这类信息容易收集，并常常以频率或百分比形式进行报告。

（2）原始数据记录法。这是对项目实施过程中实际资源投入量和项目可交付物的技术指标进行统计。如某项活动已投入的工作日、资金、机器设备工作台时或技术性能指标等。

（3）经验法。经验法是指用人的主观意志凭经验来为指标进行定量或定级。如用德尔菲法确定项目可交付物的质量等。

（4）指标法。在项目实施过程中，有一些对象的有关信息是较难甚至无法直接获得的，这时可以寻找一种间接的度量或指标。如要判断项目小组的工作效率，可以用项目变更指令下达速度以及变更指令被接纳、工作进入协调状态的速度来度量。而对项目变更的响应程度和速度，同样是项目组织成员沟通质量的指标。在用这种方法收集信息时，要先确定替代对象、特征指标及特征关系，这需要建立多个候选指标并对它们与测定对象的特征差异或关系进行分析和评价，选择差别最小或关系清楚而又易于测量的对象特征作为替代指标。

（5）口头测定法。这种方法常用于测定项目组织成员的合作质量、成员士气高低、项目组织与客户之间合作程度等。这种方法往往不成系统，但是效率较高。

笔记框

7.5.1.4　项目进度报告的内容和制度

对项目进度实施情况进行跟踪检查的信息收集形式主要为项目进度报告及与之配套的项目进度报告制度。该制度规定，项目进度跟踪组织及其他项目干系人应定期送交收集到的项目实际进度相关报表及有关资料。

项目进度报告的目的是为了及时反映项目进展状况和内、外部环境变化状况，发现存在的问题、发生的变化，分析潜在的风险和预测发展趋势，以便于项目经理或项目管理人员做出正确的判断和决策，实现有效的项目控制。

项目进度报告的内容没有正式统一的格式要求，一般是按行业或项目组织惯例设置，但项目进度报告的内容应满足项目管理决策的信息需要。一般来说项目进度报告应由以下五个方面的内容组成：

（1）项目进度简介。项目进度报告中应列出有关的重要事项。叙述每一个事项近期的成绩、完成的里程碑以及其他一些对项目有重大影响的事件（如采购、人事、客户等）。为使报告既简洁又清楚，报告要有细节，以提供可索取进一步信息的途径。

（2）项目近期走势。近期走势描述从现在到下一次报告时间段项目将要发生的事件。对每个将要发生的事件进行预测及简单说明，必要时附上原因，并提供一份项目下一期的里程碑图表。

（3）项目预算情况。预算情况一般以清晰、直观的图表反映项目近期的预算情况，并对以往的重大偏差做出解释。

（4）困难与危机。困难是指项目组织力所不及的事；危机是指对项目造成重大险情的事。困难与危机信息在这里应当是对项目高层管理人员和相关项目干系人提出应给以支持的请求。

（5）项目绩效。在一个项目中，人是最宝贵的资源。在项目管理中如何调动项目组织成员的积极性，让他们始终保持高效率的工作是项目经理和项目管理人员不可缺少的工作。项目工作是需要意志力的工作，项目成功是每一个项目组织成员长年累月加班加点、不辞辛劳、乐于奉献的结果。项目经理和项目管理人员应设计出一套行之有效的项目绩效评估体系和方法来激励项目中不同的组织、不同的部门和不同层次人员的工作效率，通过提供不同的项目绩效报告来反映项目的实施情况。

项目进度报告制度主要是指项目进度跟踪组织及其他项目干系人如何以及按何种标准程序进行项目进度报告，具体来说就是确定项目进度报告内容的详细程度，项目进度报告的频数和时间点。

（1）报告详细程度。对于基层项目管理人员，他们所关心的是个人和小组工作任务的完成，因此所需要的信息主要是关于个人和小组的工作任务完成情况及其影响因素，而且报告的次数较多。而高层管理者所要求的信息，其内容细节少、综合性强，大多是综述性的项目进展情况，报告的次数少。

（2）报告频数。项目进度报告与项目进度计划和工作分解结构（WBS）的关系是确定报告内容和频次的关键。项目进度报告内容必须与按照特定项目进度计划进行过程控制的信息密切相关。报告的频次应达到在项目进度计划实施期间满足项目进度计划控制所需信息的要求。

（3）报告时间点。原则上项目进度报告应及时给出，以便于项目经理和项目管理人员对项目进度控制的实现，但由于项目现场条件、项目成本及可用的人力资源等原因，项目进度报告实际上不大可能连续、及时地给出，而往往在一些时间点上离散地给出较符合效率原则。因此，项目进度报告给出的时间一般要对应一些重要的时间点，最典型的就是项目里程碑时间点。这就意味着项目进度报告不一定定期提供，除非是提供给高层管理者的进度报告。

项目里程碑的确定是项目进度计划控制的一个有效手段。对项目高层管理者来说，一个项目可能只有几个里程碑，即便是大项目也是如此。而对于项目基层管理者来说，在项目进度计划的实施过程中存在许多关键点，在这些关键之处有许多决策要做。但决策行为是建立在决策者对项目实施状况的了解、分析、判断基础之上的，而决策一定，建立在资源基础上的变化必然会发生。这些关键点包括关键技术能否实现、关键材料供货是否准时等。这些关键点往往就是项目基层管理者的里程碑，这也说明了项目里程碑概念的重要性。当然，项目基层管理中的里程碑的确定还取决于项目进展中的细节内容。

一般来说，里程碑数量越多，所要求的报告的信息内容越详细、报告次数也越多。另外，项目进度报告应和计划、预算、进度系统的逻辑相一致，主要目的是保证通过进度计划控制来实现项目计划的目标。

7.5.1.5　项目进度报告形式

为满足项目进度信息收集需求的目的，项目进度报告的形成与内容可根据项目进度控制的要求而设定，不强求形式统一，通常采用三种不同的报告形式：

（1）每日（或周、旬、月）进度报表。该报表主要用来反映项目每日（或周、旬、月）有规律、经常性的完成进度工作量及资源的配备情况信息，以便于项目经理和项目管理人员对项目进度计划进行比较及对偏差进行分析、调整。但有规律地进行项目进度报告不一定意味着要按工作日历安排报告时间，可视项目进度控制要求而定。表7－2即为本书引入案例居室装修工程项目装修施工阶段每日报表的一种形式。

对于高层管理者，进展报告常常是周期性提供的，但对项目经理和基层管理人员，报告则根据工作实际需要给出。表7－3即为本书引入案例居室装修工程项目装修施工阶段每周报表的一种形式。一般按里程碑时间安排报告时间，有时根据资源利用期限提供日常报表，也有时候每周甚至每日提供报表。

表7－2　项目每日进度报表示例

项目名称：**居室装修工程项目**

文件编号：ZX2005－F13（第1期）　监理单位：　　　　　施工单位：

项目编号：ZX2005－8	项目经理：王岩（13303333333）
填报人：李林娟	填报日期：
发往：王岩	发出日期：

一、当日计划完成工作：

见前日日报表中第四项：次日计划完成工作（共三项）。

补充：

4. 测试网络线系统。

5. 应客户要求，电话线一条客厅电话线插座。

二、当日实际完成工作：

1. 完成。

2. 未完成。

3. 未完成。

4. 完成。

5. 完成。

三、未完成工作原因分析及需要采取的行动：

1. 无。

2. 由于强电的管槽需要重新安装，所以弱电不能施工。等强电管槽铺完，且金属盒完成后，再开始弱电的施工。计划三天后完成。

3. 没有原房屋电话线和网络线详细布置平面图，没法确定安装的位置。公司将与原房屋设计单位联系。计划三天后完成。

4. 无。

5. 无。

续表

四、次日计划完成工作：

四、次日计划完成工作：

　　1. 测试电话线和网络线，看结果。

　　2. 向原房屋设计单位索要电话线和网络线详细布置平面图，并与业主商谈现场安装。

五、其他问题：

　　无。

表7－3　项目每周进度报表示例
项目执行状况周报表
项目名称：居室装修工程项目

文件编号：ZX2005－F45（第3期）　　监理单位：　　　　　施工单位：

项目编号：ZX2005－8	项目经理：王岩（13303333333）
填报人：韩雪梅	填报日期：
发往：关键项目干系人（楼梯供应商、楼梯组小组长、业主）	发出日期：

项目关键里程碑计划：

| 2005.8.12 楼梯尺寸测量 | 2005.10.10 楼梯设计 楼梯定制 | 2005.10.25 楼梯到货 | 2005.10.28 安装调试完成 | 2005.10.29 验收 |

当前进展

项目进度状况：	轻微延误	项目总体表现：	
项目成本状况：	符合	红	
项目范围状况：	轻微超出	黄	
项目质量状况：	符合	绿	√

一、本周工作总结：

1. 子项目1

序号	本周计划工作 WBS 编号	责任人	完成情况	未完成原因	纠正措施
1					
2					
3					
4					
5					

2. 子项目2

序号	本周计划工作 WBS 编号	责任人	完成情况	未完成原因	纠正措施
1					
2					
3					
4					
5					

二、主要项目风险和问题分析：（略）

三、来自客户的意见：（略）（本栏需要项目经理和客户主动沟通，随时了解客户对项目的看法）

四、下周计划：（略）

五、其他事项：（略）

（2）作业状况表。该报表主要反映项目实施中各项工作进展情况的汇集。它要求填报该日或该段时间周期内所进行的各项工作的名称、编号、各项工作已完成工作量的百分比等，如有可能，还应给出相应的生产效率。如表7—4即为作业状况表的一种参考形式。

（3）问题跟踪表。项目问题跟踪表着重于描述项目特别的进展成果或是对项目实施中发生的一些问题进行评述，此种报告方式常用在下面两种场合：

①为项目管理决策提供信息报告，报告一般提供给有关项目管理决策人员。

②公布决策并为之做出解释的报告。例如，当某一个决策是建立在某一例外情况基础之上并必须以文件形式将此决策通知给有关项目管理人员时，可采用此类报告。如表 7—5 和表 7—6 即为本书引入案例居室装修工程项目问题跟踪表的两种参考形式。

项目进度报告除了用文字表达外，图表亦是传递信息的重要工具。报告按传递的方式不同还可分为书面报告、会议报告、口头报告等形式。

表 7—4　作业状况表

编号	工作内容	计划/（实际）	本期完成情况			到本期为止总的完成情况（%）									
			数量	单位	%	数量单位	10	20	30	40	50	60	70	80	90	100

项目名称监理单位：

填表人：　　　　　　　　　　　审核人：

填表日期：　　　　　　　　　　审核日期：

笔记栏

表 7－5　项目问题跟踪表

项目问题处理记录单

项目名称：居室装修工程项目

文件编号：ZX2005－F45（第 2 期）　监理单位：　　　　　　施工单位：

项目编号：ZX2005－1	项目经理：王岩（13303333333）	
填报日期：	填报人：马云	
□关注问题（小组负责）	□主要问题（项目经理负责）	□显著问题（升级管理层）
问题发现人：	解决问题的负责人：	
发现日期：	计划解决日期：	实际解决日期：
当前状况：□正在解决；□已经解决；□其他＿＿＿＿＿＿＿＿		

问题分类：（可多选）　　　　　　　　问题编号：

□技术问题	□进度问题	□人力资源问题
□管理问题	□范围问题	□采购问题
□基础设施	□质量问题	□沟通问题
□客户问题	□成本问题	□客户需求

问题描述：（略）

问题造成的影响评估：（略）

低	
中	
高	

问题原因分析：（略）

纠正措施：（略）

解决情况：（略）

教训总结：

笔记栏

表7—6 项目问题跟踪一览表

项目问题管理一览表

项目名称：**居室装修工程项目**

| 项目文件 5—22 | | 监理单位： | | 施工单位： |

项目编号：ZX2005—1	项目经理：王岩（13303333333）		
文件编号：ZX2005—F32 第 5 期	发布日期：		发布人：<u>马云</u>

问题编号	问题简述	发现日期	影响（高＼中＼低）	计划解决日期	实际解决日期	责任人	当前状况
	（略）						

注：1. 此表由项目经理负责发布，通常在项目例会结束之后发布。

2. 项目经理应该对此表进行持续跟踪。

7.5.1.6 项目进度报告存在的问题

项目进度信息伴随着项目的实施过程，无所不在，无处不有，要想通过报告把任何情况都反映清楚是不可能的。不考虑项目资源的限制，不顾及项目组织成员对信息的接受和忍受力，粗制滥造报告或报告泛滥等都会影响项目管理与控制工作的效率。

项目管理专家通过项目工作的长期实践，总结出在项目进度报告工作中一般存在以下一些典型问题：

（1）报告的责任性。项目进度跟踪组织的相关人员或许不愿意把"大量的时间"白白花费在他们认为意义不大的报告上，他们认为只要他们做到心中有数就可以了。而实际情况经常是，项目进度跟踪组织的相关人员不得不花费一定时间在编制报告上，因而造成一定的抵触情绪，致使报告质量不高，既耗费了时间，报告效果也不佳。

（2）报告的权威性。项目进度跟踪组织的相关人员最了解实际的进度情况，他们提出的报告是最具权威性的，因此他们与项目组织其他成员或项目干系人保持良好的沟通或者关系是非常必要的。

（3）报告的详细性。报告细节内容太多、太细，超越项目干系人有限阅读的需求和耐性，也会阻碍持续的信息采集工作，造成了报告成本高、流于形式，出现缺乏信任、互相扯皮等现象。

（4）报告的经济性。项目进度跟踪组织的相关人员不顾项目的资源、成本和人员限制而进行的信息采集工作，即使最后采集到有用的信息，也会造成项目成本增高，效益变差的情况出现。

（5）信息系统的兼容性。项目组织的管理信息系统和总公司的管理信息系统以及和客户的管理信息系统联系较少，各个系统的信息资源不统一、不共享和不同步更新，资料具有的可比性不多，也会阻碍采集信息的有效利用。

（6）计划与控制的对应性。如项目跟踪系统所跟踪的对象及收集的信息内容与项目进度计划不直接相关，就会造成项目的计划与控制之间对应性差的问题，这种情况会使项目进度跟踪毫无意义。

这里要强调的是，项目进度的实施过程即项目信息产生和流动的过程。项目活动中的信息载体应是丰富多样的，要根据项目的具体情况采用适合的信息收集方法，因此项目进度信息的收集同样存在多种方式。对于项目进度信息的收集效率，既要善于总结、敢于创新，又要考虑针对性、可靠性与经济性。

7.5.1.7　现场检查

项目管理实践证明有了各种项目进度报告并不能保证项目进度一定能顺利进行，项目经理和项目管理人员千万不能只靠看项目进度报告来管理项目进度，否则会犯官僚主义的错误。现代项目变得越来越庞大，涉及面越来越广，使得现代项目管理越来越复杂，因此反映项目进展状态的信息量也就爆炸性地增大。对于结构复杂、进度控制要求高的项目，在其实施的相应阶段，项目经理和项目管理人员应亲自或派出项目进度跟踪组织相关人员长驻现场，随时检查核实项目各项工作的实施情况及后续工作的准备情况，为项目进度控制提供最为准确、及时的第一手资料。

实际上，项目经理和项目管理人员执行的第一项实际现场检查是审查通常包含在项目章程中的进度基准草案。进度计划草案可能只包含项目开始时间与结束时间，但项目章程设定了项目最初的进度期望值。项目经理和项目管理人员接着应该进行的工作是准备一份更加详细的进度基准计划，并获得项目干系人的批准。为了编制项目进度基准计划，促使项目组织全体成员、上层管理者、客户和其他关键的项目干系人参与进度基准计划的编制，并一致同意该进度基准计划，是非常重要的一个环节。

笔记栏

另一种实际检查来自项目干系人的项目进展会议。项目经理对项目按进度实行负责制，项目干系人常常通过高层定期审查会议听取有关项目进展方面的信息。高层管理者们喜欢每月都看到项目有所进展。项目经理和项目管理人员经常使用标有关键可交付物和活动的跟踪项目甘特图来反映项目进展情况。项目经理和项目管理人员需要了解进度计划以及各项活动为什么按照或没有按照进度计划实施，并且为了达到项目干系人的期望，还要采取哪些必要的预防性措施。高层管理者一般讨厌看到意外的情况，所以项目经理和项目管理人员清楚而诚实地汇报项目的状态是很重要的。在项目实际出现严重问题的时候，项目经理和项目管理人员绝不应该制造项目进展顺利的假象。当产生了影响项目进度的严重冲突时，项目经理和项目管理人员必须及时提醒项目高级管理者，并与他们一道解决冲突。

7.5.1.8　现场会议

项目经理和项目管理人员及项目进度跟踪检查人员应定期召开项目活动实施负责人现场会议，这是获取项目实际进度信息的另一种方式。这种方式除能及时、准确地了解项目实施实际进度情况外，还能从交谈中了解到下一阶段项目活动实施时可能潜在的问题。同时，还能对已出现的项目进度偏差和可能存在的问题进行协商，找出解决问题的办法措施或是明确解决问题时的约束条件，为下一步项目进度计划的分析和调整做好准备。

7.5.2　项目跟踪对象

在项目进度实施阶段，凡是对项目实施和项目目标实现存在不确定性或可能发生变化有影响的内部、外部因素就是项目进度跟踪的对象。这些内部、外部因素是项目进度控制的最基本资料，它为确定项目的实际进度与计划进度之间的差距，并为度量这种差距是否达到应采取纠偏措施的程度提供了依据。这些内部、外部因素包括项目的实际执行情况的数据和其他相关信息。跟踪执行情况的方法主要是趋势分析法和实地现场考察法。

但由于项目资源的短缺性，项目经理和项目管理人员应集中优势资源，跟踪那些对决策作用最大、最可能影响决策的关键内部和外部因素。项目实施中的一般跟踪对象包括：

（1）范围；

（2）变更；

笔记栏

(3) 关键假设；

(4) 资源供给；

(5) 非项目时间；

(6) 主要里程碑；

(7) 进度；

(8) 项目组织工作时间及任务完成情况；

(9) 所有项目总结报告。

同时，项目进度跟踪还要确定收集项目进度实施信息的范围：

(1) 投入资源信息，包括资金、材料设备到位率（量）、投入率（量）和已投入人工工时、阶段成本、总成本等；

(2) 采购活动信息，包括采购量、供应量、库存量等；

(3) 实施活动信息，包括项目进度（完成量）、执行中存在的问题、将产生的影响、技术性能指标（质量、项目变更范围和次数、业主态度变化）等；

(4) 项目可交付物信息，包括项目产品产量、收入、利润等；

(5) 项目环境信息，包括政府的政策及法规、汇率、自然灾害等。

7.5.3 项目跟踪过程

衡量项目跟踪活动有效与否的标准是项目跟踪能否获得及时、准确而又对项目决策确有影响的信息。

建立项目进度跟踪系统、规范跟踪程序、充分利用先进的科学方法并在制度上给予保证，是实现项目跟踪目的的关键。项目跟踪程序包括四个基本的过程，具体如下：

(1) 观察。参照项目进度基准计划，在偏差变化一开始就能够抓住非正常情况，需要项目经理、项目管理人员及项目进度跟踪检查人员有敏锐的观察和判断能力。除此以外，还要恰当设立观察点、观察时间及载体。但注意，必须抓住对项目进展有重大影响的内部、外部因素进行跟踪观察。很多时候项目进度跟踪组织的相关人员对那些与项目进展过程影响不大的内部、外部因素进行跟踪观察，收集到的信息可能对项目进度控制毫无价值，而之所以对这些内部、外部因素进行跟踪，只是因为他们可以轻松地获得这些信息。

(2) 测量。测量是一门技术和手段，它离不开工具。常用于项目控制所需信息的测量工具包括人员工作时间（效率）、记录活动实际投入时间/成本的项目内部报告、每周状态报告、每周任务报告、项目总结报告等。

（3）分析。分析是获取信息后的处理过程，无疑是重要的一环。分析过程要根据观测得到的数据，根据本项目的实际特点，从而提出有关问题和解决办法。

（4）报告。报告可以利用简单表格形式概括必须报告的信息。报告可以形成一种固定的模式和固定的制度，但同时也应当灵活加以对待。

总之，项目进度信息的获取是非常重要的一环，完全可以说它关系到整个项目的生死存亡。没有有效的项目进度信息跟踪观察，项目管理层就成了瞎子、聋子，这样的项目很容易出现混乱和失败。因此，项目经理和项目管理人员应当根据本项目或者自己的实际情况，为自己的项目设计一个行之有效的项目进度信息收集跟踪系统，在此基础上建立一个有效的项目信息收集制度。

通过跟踪项目而获得项目实际进度的有关信息资料后，项目经理和项目管理人员下一步工作就是将这些信息资料立即进行整理、统计，并与项目进度基准计划的相关数据进行比较分析，即进行项目进度的绩效测量，得出实际完成工作量的百分比、累计完成工作量的百分比、当前项目实际进展状况等。

项目进度绩效测量的比较分析可用表格形式进行，也可用图形表示。由于利用图形进行项目进度比较分析非常直观、简便和易用，所以采用得较多。

项目进度的绩效测量技术有很多种，例如绩效审查技术、偏差分析技术、趋势分析技术、挣值分析技术等。对项目进度计划的实施情况进行分析时，可以用到偏差分析、趋势分析和挣值分析等多种技术。

偏差分析技术用来在项目进展过程中比较期望的项目计划进度结果和实际进度结果，以确定是否存在偏差。一般来说，项目进度和项目成本是绩效测量的主要方面，但是质量、性能技术指标、风险和项目范围也是绩效测量的要素。

趋势分析用来确定随着时间的推移，项目的实施过程是否得到了提高，其方法是定期分析项目实施结果。通常可以使用多个数学公式来预测项目的未来结果或发展趋势，后面两节分别着重介绍偏差分析技术的基本原理和挣值分析技术的基本原理。

7.5.4　偏差分析技术

将项目实际进度和进度基准计划利用图形形式非常直观地进行比较分析的方法称为偏差分析技术，它可以在项目实际进度滞后的情况下，为项目经理和项目管理人员如何纠正偏差提供非常有用的决策信息。偏差分析技术在项目进度计划控制中非常重要，因为项目进度控制决策是根据偏差分析结果做出的。下面介绍常用的项目实际进度和进度基准计划进行比较分析的偏差分析技术，通常包括甘特图比较法、S 形曲线比较法、双曲线法、甘特图与双曲线综合比较法、模型图比较法、垂直图比较法等。

7.5.4.1　甘特图比较法

前面章节实际上已经介绍了甘特图（Gantt Chart，GC，又称横道图、条形图）的概念，在用甘特图表示的项目进度计划表中，由横轴代表时间，纵轴代表活动（或工作单元），它是一种形象直观、编制简单、使用方便的偏差分析方法，不仅可用来反映较为简单的计划，也是一种反映项目进度实施进展状况的方法。若将项目实施过程中所跟踪收集到的实际进度信息，经整理后用不同颜色或不同线条的横道线直接绘在计划进度的横道线之下，项目经理和项目管理人员就可十分直观明确地比较实际进度与计划进度的关系了。若项目实际进度与计划进度之间出现偏差，就可为采取调整措施提供明确的决策依据。

甘特图比较法是项目进度计划控制经常用的一种最简单和熟悉的方法。但由于项目实施过程中各项活动（或工作单元）的进度速度不一定相同，项目进度控制要求和提供的进度跟踪信息也不相同，因而若对甘特图比较法的应用形式细分，可有三种形式：

（1）匀速甘特图比较法。此法是一种应用较广、相对直观、清晰简单的比较法。因此只适用于各项活动（或工作单元）的进度基本按匀速进行的情况，即当运用此种形式对项目计划进度与实际进度进行比较时，某项活动（或工作单元）每单位时间（年、月、周、日等）内完成的工作量（或完成工作量百分比）必须是基本相等的，累计完成的工作量与时间成正比关系。

这里所指的完成工作量可用不同的物理量来表示，通常采用的三种物理量是实物工程量、工时消耗量和费用支出，为比较方便，一般用累计百分比来表示不同物理量的进度完成量，即用累计工程量百分比、累计工时（人工）消耗百分比以及累计费用支出百分比来进行项目实际完成量与计划应完成量的比较。

匀速甘特图比较法的具体绘图步骤为：

①先根据项目进度基准计划按比例绘出横道线，形式如图 7-6（a）所示；

②在横道线上标出项目进度日期和检查日期，以此来反映项目实施进展情况；

③将跟踪检查收集的实际进度数据，按比例绘一条涂黑的平行横道线于项目进度基准计划横道线的下方，此横道线长度应反映实际累计完成的百分比；

④比较分析项目实际进度与计划进度：若涂黑的横道线右端于检查日期处与计划进度横道线相重合，表明实际进度与计划进度相一致；若涂黑的横道线右端于检查日期处在计划进度横道线左侧，表明实际进度拖后；若涂黑的横道线右端于检查日期处在计划进度横道线的右侧，表明实际进度超前。

例如从图7－6（b）中可知，在第四周周末按计划应完成80％，而实际只完成了70％，其长度应按比例做出。实际上，这条横道线的右端点不一定正好与检查日期相重合。若涂黑的横道线的右端点在检查日期左侧，则表示此刻实际进度比计划进度拖后；反之，若涂黑的横道线的右端点在检查日期右侧，则表示实际进度比计划进度超前。另外，根据检查日期与横道线端点差距的大小，可知进度提前或拖后的大小。例如，从图7－6（b）中可知进度拖延10％。

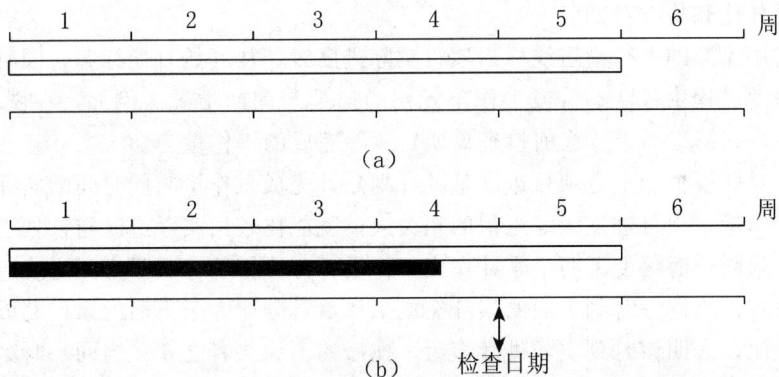

图7－6　匀速甘特图比较法

必须指出，此种比较方法只适用于所表示的某项活动（或工作单元）在从开始到结束的整个过程中，进度速度基本不变，时间与累计完成工作量是成正比的情况，即活动（或工作单元）进展基本是等速率的。若进度速度是变化的，此种比较方法就不能真实反映项目实际进度情况了。其实这种比较形式与前锋线原理是一致的。

例如，从图7－6（b）中可知，到第四周周末，项目计划实际完成70％，这给人的直观印象是进度拖延10％，但如果项目活动（或工作单元）是按变速进展时，则很难判明究竟实际进度比计划进度是超前还是拖延。因此，这就需要对这种表现形式加以改进。

（2）双比例单侧甘特图比较法。当项目活动（或工作单元）的进度为非匀速进展时，累计完成的工作量与时间的关系就不是成正比变化的了，从前面分析可知，匀速甘特图比较法就不能真实反映项目实际进度是比计划进度提前还是拖后，在这种情况下就要对横道图的表示方法稍作修改，此时可以采用双比例单侧甘特图比较法绘制甘特图比较图。

双比例单侧甘特图比较法的具体绘图步骤为：

①先根据项目进度基准计划按比例绘出横道线，形式如图 7－7（a）所示，绘法与匀速甘特图比较法相同。

②在横道线上标出项目进度基准计划日期和计划完成工作量累计百分比，以此来反映项目实施进展情况。如图 7－7（a）所示的累计完成工作量，图中表明在最后的一周半中（占总时间的 30%），按计划要完成总工作量的 30%。

③在项目进度基准计划横道线的下方标出相应日期的项目实际完成工作量累计百分比和检查日期。

④用涂黑的平行横道线标出项目实际进度线，从开始日期标起，同时要反映出进度过程中各活动（或工作单元）的连续与间断情况。例如，在图 7－7（a）中，到第三周半（当前检查日期）实际完成的工作量为 70%。

⑤对照横道线上方项目进度基准计划累计完成工作量与同时间的实际累计完成工作量，项目进度跟踪组织的相关人员就能比较出实际进度与计划进度的差异。当同一时刻上下两个累计完成工作量百分比相等，表明实际进度与计划进度一致；当同一时刻上面的累计完成工作量百分比大于下面的累计完成工作量百分比，表明该时刻实际进度拖后，拖后的量为二者之差；当同一时刻上面的累计完成工作量百分比小于下面累计完成工作量百分比，表明该时刻实际施工进度超前，超前的量为二者之差。

例如，图 7－7（b）表示到第五周半实际完成的工作量为 95%。又例如，从图 7－7（b）可知，除到第四周末前实际进度比计划进度超前外，其余时间均是项目实际进度比计划进度拖后。

双比例单侧横道图比较法是用于项目进度按变速进展的情况下，实际进度与计划进度进行比较的一种方法。

这种比较法的前提是要求项目进度跟踪组织按规定的时间记录当时进度工作量完成情况。在项目实施过程中，每隔一定时间对进度执行情况进行跟踪，并将实际的进展情况标在项目进度基准计划横道线下方，用涂黑的平行横道线标出，如图7-7（a）所示。与匀速甘特图比较法不同的是，该横道线的长度表示实际活动（或工作单元）进度的时间。图7-7（a）所反映的是该项活动（或工作单元）进度实际开工时间落后于计划的开工时间。

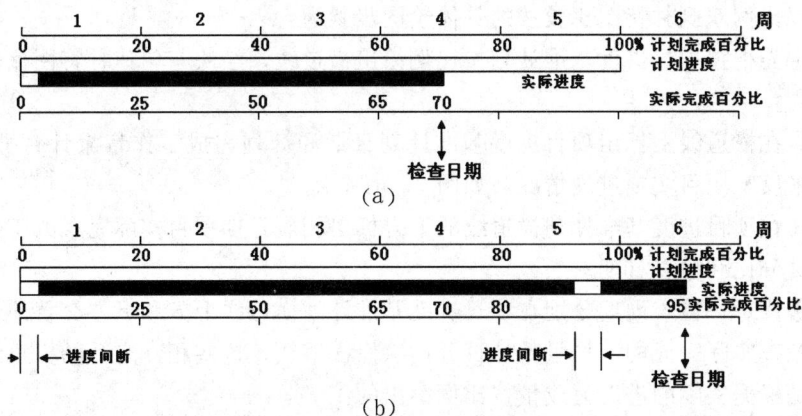

图7-7　双比例单侧甘特图比较法

在应用双比例单侧甘特图比较法时，应特别注意图中实际横道线的含义，它与匀速甘特图比较法所表示的含义有所区别。在双比例单侧甘特图比较法中，不管是计划的还是实际的横道线，都只表示项目活动（或工作单元）的开始时间、时间长度和完成的时间，仅从此横道线看并不能确定项目实际进度比计划进度是提前还是延后，只有通过标于横道线上下两侧的项目计划进度与实际进度完成量的比较后才能确定。由于这两组数字是唯一反映进度实施现实状态的数据信息，因此必须标于同一图上。实际进度的涂黑横道线是从实际项目的开始日期计算起，若实际进度间断，可在图中将涂黑横道线绘制相应的空白，如图7-7（b）所示，图中还反映该项活动（或工作单元）实际开工时间落后于计划的开工时间。双比例单侧甘特图比较法的另一个优点是对于已经完成的项目实际进度，从横道图中仍能观察到它当时的实际进展情况。

（3）双比例双侧甘特图比较法。同样是在项目实际进度按变速进展时采用的偏差比较法，双比例双侧甘特图比较法与双比例单侧甘特图比较法类似但比其更完善，它是将表示项目实际进度的涂黑横道线，按检查的时间和完成的累计工作量百分比交替地绘制在计划横道线的上面和下面，其长度表示该时间内完成的工作量。

项目活动（或工作单元）的实际完成累计百分比标于横道线下面的检查日期处，通过两个上下相对的百分比相比较，就可判断该活动（或工作单元）的实际进度与计划进度之间的关系。这种比较方法从各阶段涂黑横道线的长度，可以看出本期间实际完成的工作量及本期间的实际进度与计划进度之间的关系。

双比例双侧甘特图比较法的具体绘图步骤为：

①先根据项目进度基准计划按比例绘出横道线，绘法与匀速甘特图比较法相同。

②在横道线上标出项目进度基准计划日期和计划完成工作量累计百分比，以此来反映项目实施进展情况，如图7-8所示。

③在项目进度基准计划横道线的下方标出相应日期项目实际完成的工作量累计百分比和检查日期。

④按每一检查周期分别在项目进度基准计划横道线上方和下方交替地绘出每次检查实际完成的工作量累计百分比涂黑横道线，这些相互交替的横道线段长度是根据实际的进度完成量按比例绘出的。

⑤比较实际进度与计划进度。通过标在横道线上下方两个累计百分比，比较各时刻的两种进度的偏差。

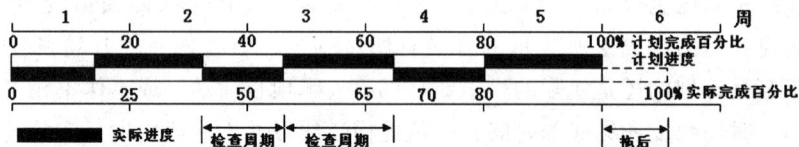

图7-8 双比例双侧甘特图比较法

与匀速甘特图比较法和双比例单侧甘特图比较法相比，双比例双侧甘特图比较法的一个最主要优点是能从图中获得较多的信息，它能更加精确地描述实际工作的进展情况，图中每一条涂黑横道线段表示相应的进度检查周期内实际完成的工作量，便于比较各阶段工作完成情况。例如，到第四个周末实际完成的总工作量为80%，这表明项目实际进度与计划进度一致（按计划进度应完成80%）。但是，若从项目实际进度局部情况来看，在第三个周末实际进度完成的工作量为：

65%-50%=15%

而在第三个周末按照项目进度计划应当完成的工作量为：

$60\%-40\%=20\%>15\%$

这说明在第三周内项目实际进度与计划进度有拖后，即出现项目实际完成的总工作量低于计划应当完成的总工作量。

值得注意的是，双比例双侧甘特图比较法的绘图比匀速甘特图比较法和双比例单侧甘特图比较法相对要难，理解也较难。因此，在利用双比例双侧甘特图比较法对项目进度进行跟踪监测时，项目进度跟踪组织的相关人员有必要向项目管理人员及相关项目干系人解释其含义，以加深对其理解。如果不懂得其含义，可能会得出一些错误的结论。

以上介绍的三种甘特图比较方法，与其他进度控制系统比较，具有形象直观、作图简单、容易理解、应用方便等优点，因而被广泛地应用于项目进度跟踪监测中，并可供不同层次的项目进度控制人员使用。由于在计划执行过程中不需要在原图上进行修改，因而使用起来比较方便。当然，由于甘特图比较方法以项目进度基准计划甘特图为基础，甘特图的使用也有一定的局限性：

（1）当活动（或工作单元）内容划分较多时，进度计划的编制显得比较麻烦；

（2）各活动（或工作单元）之间的逻辑关系不能明确表达，关键活动和关键线路无法确定，因而不便于进行重点管理；

（3）尽管甘特图是一个很好的项目进度跟踪监测工具，但是当活动（或工作单元）进度产生偏差时，难以预测其对后续活动和整个进度计划的影响，不能确定调整方法。

因此，甘特图比较方法作为项目进度计划控制的工具，在某种程度上受到了一定限制。

7.5.4.2　S形曲线比较法

S形曲线比较法是以横坐标表示进度时间，纵坐标表示累计工作量完成情况而绘制出的一条S形曲线图，如图7－9（b）所示，将项目的各检查时间实际完成的工作量在S形曲线图上进行实际进度与计划进度相比较的一种偏差分析方法。

根据大量实际项目统计资料分析可知，对于大多数项目而言，从整个项目的开始实施阶段到完成阶段的时间范围来看，由于项目准备工作及其他配合事项等因素的约束影响，在项目实施的开始阶段和完成阶段其项目进展程度一般都较缓慢，单位时间（天、周、月、季等）消耗的资源（人、财、物等）量较少，而在项目实施的中间阶段，一切趋于正常，随着时间的进展，单位时间消耗的资源量逐渐增多，项目进展程度也要稍快，在某一时期到达高峰后又逐渐减少直至项目完成，呈现累计工作量中间多而两头少的情形，其单位时间内完成的累计工作量曲线形状如图 7－9（a）所示，此时，其累计完成工作量就形成一条中间陡而两头平缓的形如"S"的曲线，故 S 形曲线比较法由此而得名，如图 7－9（b）所示。

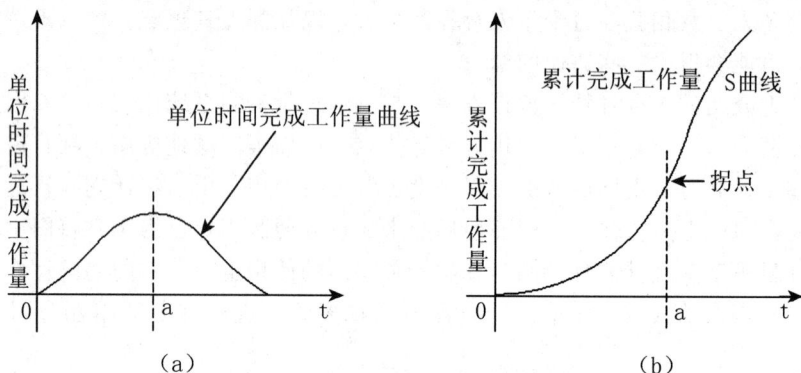

图 7－9　时间与完成工作量关系曲线

　　S 形曲线比较法曲线图累计工作量的具体表达方式可以是实物工程量百分比、累计工时（人工）消耗百分比及累计费用支出百分比。

　　（1）S 曲线的绘制方法。S 曲线的具体绘制步骤如下：

　　首先确定项目进度速度曲线，该曲线主要反映不同时间项目进度工作量完成情况，例如，在任一 t 时刻完成的工作量 y 可用公式表示为：

　　y＝f（t）

　　如图 7－10（a）所示，其中横轴表示时间，纵轴表示工作量。而实际上的项目进度计划曲线，很难找到定量分析的连续曲线，但可以根据每单位时间内完成的实物工程量或工时（人工）消耗与费用支出，估算出单位时间的量值，该量值一般为离散型，则某时刻 i 对应的完成工作量 y_i 值是各单位时间完成的工作量累加求和，如图 7－10（b）所示。

　　y＝y_i

　　其次是计算不同时间的项目累计完成工作量。根据 S 曲线的性质，在 t 时刻的累计完成量可以表示成：

$$y' = \int_0^t f(t)dt$$

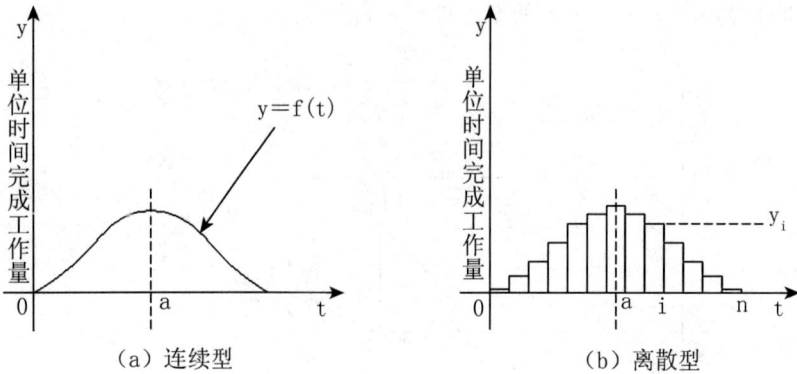

图 7-10 单位时间完成工作量 y 与时间 t 关系曲线图

若项目单位时间的完成工作量为离散型，则有：

$$y' = \sum_{k=1}^{i} y_i$$

最后根据不同时间的 y′ 的值，绘制 S 形曲线如图 7-11 所示。

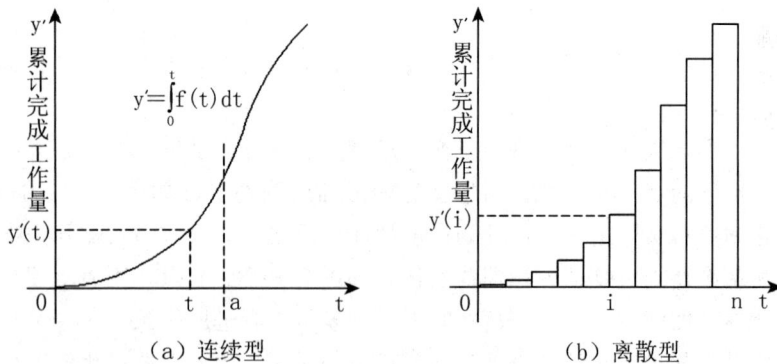

图 7-11 累计完成工作量 y′ 与时间 t 关系曲线图

（2）S 形曲线比较法分析。通常，如同甘特图比较法，负责项目进度控制的项目经理或项目管理人员在项目进度计划实施前绘制出项目进度基准计划的S 形曲线。在项目进度计划实施过程中，每隔一定时间项目进度跟踪组织的检查人员将检查的项目实际进度累计工作量完成百分比曲线绘制在与项目进度基准计划 S 形曲线的同一张图上，S 形曲线就能直观地比较项目的实际进展情况

了，即可得如图 7－12 所示的 S 形曲线比较图。

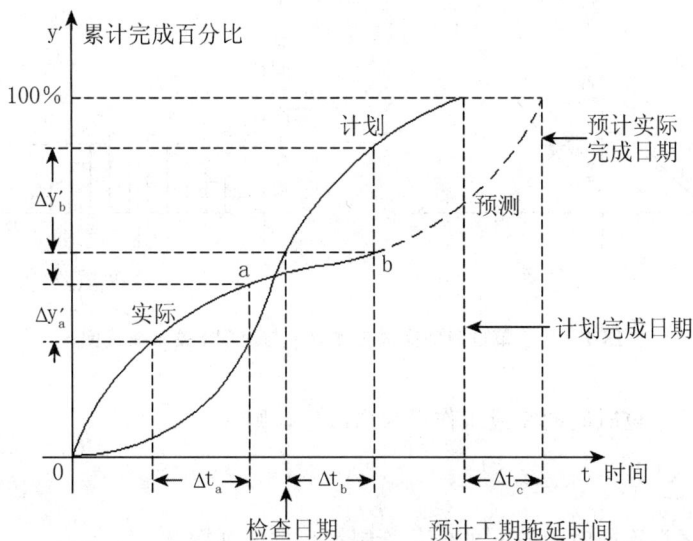

图 7－12　S 形曲线比较图

通过分析比较两条 S 形曲线，可以得到如下项目实际进度与基准计划进度的关系信息：

①项目实际进展速度。将项目实际进度与基准计划进度比较，如果按项目实际进度描出的点落在基准计划进度的 S 形曲线的左侧，如图 7－12 中 a 点，则表示此刻项目实际进度已比计划进度超前；反之，如果按项目实际进度描出的点落在基准计划进度的 S 形曲线右侧，如图 7－12 中 b 点，则表示项目实际进度比计划进度拖后；若刚好落在其上，则表示二者进度一致。

②项目实际进度比计划进度超前或拖后的时间。由 S 形曲线比较图可得知实际进度比计划进度超前或拖后的具体时间，如在图 7－12 中，Δt_a 表示 t_a 时刻进度超前的时间，Δt_b 表示在 t_b 时刻进度拖后的时间。

③项目实际进度比计划进度超额或拖欠的工作量完成情况。由 S 形曲线比较图纵坐标可得知项目实际进度与计划进度的 S 形曲线相对应点处的超额或拖欠的工作量，例如，在图 7－12 中，$\Delta y'_a$ 表示 t_a 时刻超额完成的工作量，$\Delta y'_b$ 表示 t_b 时刻应完成而没有完成从而拖欠的工作量。

④后期进度预测。由 S 形曲线比较图还可得知后期进度若按原计划速度进

行，项目时间长度是否会超前或拖后。例如，图7—12中虚线表示的后期项目进度按原计划进度实施的预测情况，此时，在项目实际进度偏离基准计划进度的情况下，若进度不调整，仍按原基准计划安排的速度进行（如图中虚线所示），则总时间长度必将拖后，其总时间长度拖后的预测值为 Δt_c。

7.5.4.3 "香蕉"曲线比较法

香蕉曲线比较法又称双曲线法，它实际上是由两条S形曲线组合而成的闭合曲线。对于一个项目的进度计划，一般情况下在理论上总是可以分为最早和最迟两种开始与完成时间。在绘制某个项目进度计划的累计完成工作量曲线时，在同一坐标上其中一条是按各活动均为最早开始时间安排进度所绘制的S形曲线（简称ES曲线），而另一条则是按各活动均为最迟开始时间安排进度所绘制的S形曲线（简称LS曲线）。

可以发现，两条曲线具有同一开始时间和同一结束时间，即除开始点和结束点重合外，一般情况下两条曲线其他各点不重合，因此两条曲线是闭合的，且ES曲线皆在LS曲线左侧，形如一支"香蕉"，如图7—13所示，故称其为"香蕉"曲线或双曲线。如图7—13所示的累计完成工作量曲线就是"香蕉"曲线的一个实例。

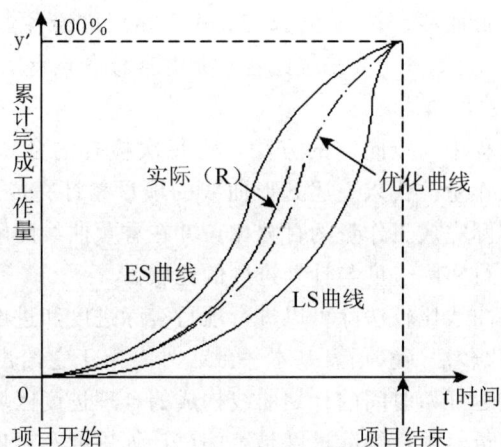

图7—13　香蕉曲线比较图

通常，在项目进度实施过程中，理想的状况是任一时刻项目描绘的实际进度曲线应当落在香蕉状图形所包含的区域内，如图7—13中的R曲线。

实际上，香蕉曲线比较法的作图法与S形曲线的作图法基本一致，不同之处在于它是分别以活动（或工作单元）的最早开始时间和最迟开始时间而绘制的两条S形曲线的结合。其具体步骤如下：

（1）以项目进度基准计划为基础，确定该项目的活动（或工作单元）数目 n 和计划检查次数 m，并计算时间参数 ES_i、LS_i（i=1，2，…，n）。

（2）确定各项活动（或工作单元）在不同时间的计划完成工作量，分为两种情况：

①以项目进度基准计划的最早时间网络图为准，确定各活动（或工作单元）在各单位时间的计划完成工作量，常用 y_{ij} 表示，即第 i 项活动按最早开始时间，在第 j 时间完成的工作量（i=1，2，…，n；j=1，2，…，m）。

②以项目进度基准计划的最迟时间网络图为准，确定各活动（或工作单元）在各单位时间的计划完成工作量用 y_{ij} 表示，即第 i 项活动按最迟开始时间，在第 j 时间完成的工作量（i=1，2，…，n；j=1，2，…，m）。

（3）计算项目的总工作量 y：

①计算在 j 时刻完成的项目总工作量分为两种情况，最早完成的项目总工作量和最迟完成的项目总工作量。

②计算在 j 时刻完成的项目总工作量百分比也分为两种情况，最早完成的项目总工作量百分比和最迟完成的项目总工作量百分比。

（4）绘制香蕉形曲线。按（i=1，2，…，m）描绘各点，并连接各点得 ES 曲线；按（j=1，2，…，m）描绘各点，并连接各点得 LS 曲线，由 ES 曲线和 LS 曲线组成香蕉曲线。

在项目实施过程中，按同样的方法，将每次检查的各项活动（或工作单元）实际完成的工作量，代入上述S形曲线的项目累计完成工作量相应公式，计算出不同时间实际完成工作量的百分比，并在香蕉曲线的平面内给出实际进度曲线，便可以进行实际进度与计划进度的比较。

利用"香蕉"曲线比较法除可以进行项目实际进度和进度基准计划的比较（这点和S形曲线比较法所获信息基本一致）外，由于它给出了按最早开始时间的计划曲线和最迟开始时间的计划曲线构成的合理进度区域，从而使得项目经理和项目管理人员对项目实际进度是否偏离计划进度及对项目总时间长度是否会产生影响的判断更为明确、直观。同时"香蕉"曲线比较法还可以对后期项目进度进行预测，即项目在现有的环境状态约束下，后期项目进度若按最早和最迟开始时间实施，两条曲线各自的发展趋势。所以"香蕉"曲线比较法是项目进度信息比较的一种有用方法。

7.5.4.4 甘特图与"香蕉"曲线综合比较法

甘特图与"香蕉"曲线综合比较法实际上就是将甘特图与"香蕉"曲线重叠绘制于同一张图上，通过此图对项目实际进度与计划进度进行比较。这种比较方法最大的优点是既能反映项目局部具体各项活动实际进度与计划进度的比较关系，又能反映项目总的实际进度与计划进度的比较关系。图 7－14 即为某项目采用甘特图和"香蕉"曲线比较法绘制的项目总进度图。所以说，甘特图与双曲线综合比较法也是一种项目进度信息比较的有用工具。

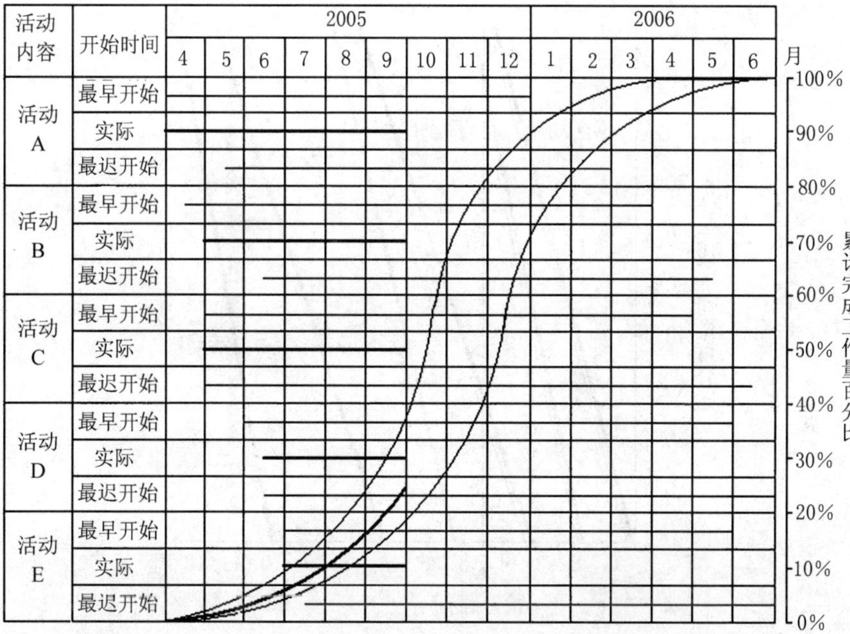

图 7－14 某项目甘特图和"香蕉"曲线总进度比较图

通过分析可得知如下项目进度信息：

（1）通过甘特图可得知各项活动按最早开始时间和最迟开始时间的计划进度安排。

（2）通过"香蕉"曲线可知项目总体进度计划。

（3）通过甘特图中实际进度线可知各项活动与计划进度的差距。

（4）通过项目实际进度的 S 形曲线位置，可知项目总体进度与计划进度的差距。

笔记栏

7.5.4.5 垂直图比较法

垂直图比较法是以横坐标表示时间，纵坐标表示各累计完成工作量的百分比或工作面分段数的偏差分析方法，尤其是那些具有重复性作业的项目（如铁路、公路、隧道、管线等类型项目）进度管理过程喜欢采用此种项目进度偏差分析方法。如图 7—15 所示为某项目的垂直图。垂直图比较法就是在计划进度垂直图上，用别的颜色或其他醒目的方式将实际进度线标于计划进度线之侧，从而可对实际进度与计划进度进行直观的比较，并获取所需的偏差信息。

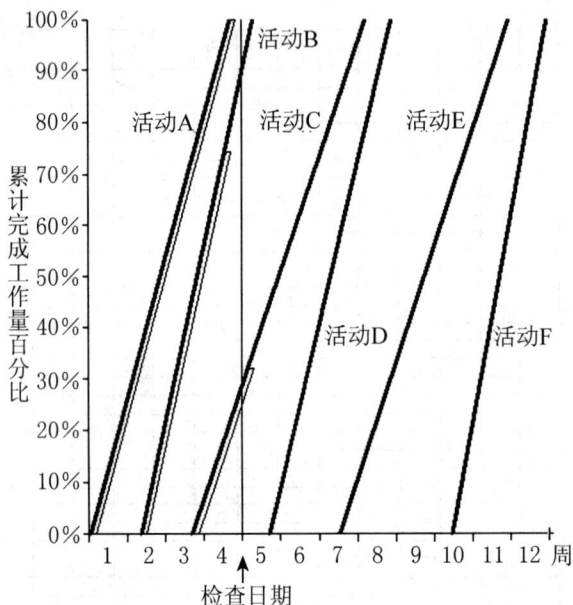

图 7—15 某项目垂直图

如图 7—15 所示，在第四周周末对项目进行跟踪检查，由垂直图可知活动 A 的实际进度与计划进度一致，活动 B 的实际进度比计划进度延迟，活动 C 的实际进度比计划进度超前。

垂直图比较法同匀速甘特图比较法类似，是一种直观、清晰、简单的比较法。但也只适用于各项活动（或工作单元）的进度均按匀速进行的情况，若进度速度是变化的，垂直图比较方法就不能反映项目实际进度情况了。

7.5.4.6 前锋线比较法

在项目的进度计划用时标进度计划表达时，通常还可以采用前锋线比较法来进行项目实际进度与计划进度的对比分析，它只适用于时标进度计划这一表现形式。

前锋线就是从计划检查时间的坐标点出发，根据检查时刻各项活动实际完成的工作量，在时标网络图上找出其对应的实际进度点，用直线依次连接各项活动的实际进度点所形成的折线就形成了前锋线，如图 7－16 所示。前锋线比较法就是通过项目实际进度前锋线与计划进度线交点的位置判定项目实际进度

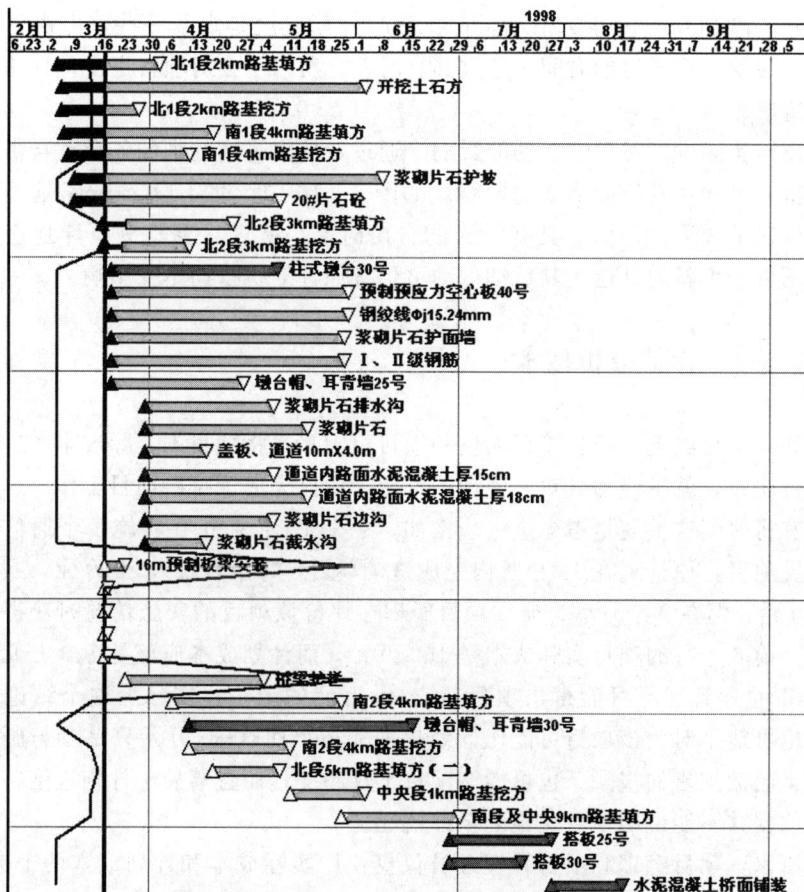

图 7－16 运用 P3 软件表示的某项目前锋线比较法示例

与计划进度偏差的方法。现在的主流项目管理软件都有具有前锋线比较法的功能。

根据项目进度计划的特点，前锋线图可获得比前面几种比较图更多的信息，具体表现为如下信息：

(1) 各项活动实际进展情况。根据前锋线的位置和时标的关系，就可判断各项活动在检查时刻的实际进度与计划进度的关系。如图7-16所示，可知北2段3km路基挖方活动正按计划正常实施，而北1段2km路基填方活动的实际进度比计划进度已延迟3天。

(2) 实际进度对计划进度总时间长度的影响。根据偏离进度计划各项活动的性质，可判断出偏差对整个项目进度计划总时间长度的影响。如图7-16所示，北1段2km路基填方活动虽都比项目计划进度延迟了一些，但由于是非关键性活动，且延迟的时间未超过其总时差，所以不会对项目进度计划总时间长度造成影响。

(3) 实际进度对后续活动的影响。通过对偏离进度计划的各活动自由时差的分析，可知对其后续活动的影响。如图7-16中，北1段2km路基填方活动虽延迟了3天，但由于其有3天的自由时差，所以只要其按原计划速度进行，不再产生新的延迟，其后续活动可仍按原计划执行而不受影响。

7.5.5 挣值分析技术

如果项目经理、项目管理人员和项目组织只是将项目的实际成本和计划成本进行比较，就不能衡量对已使用的资金来说已完成了哪些项目工作，这是因为没有将时间这一变量考虑进去。例如，一个IT企业正在实施一个通信产品的研发项目，原计划在12个月内完成这个项目，每个月投入20万元，共投入240万元。但在6个月后，研发项目经理在评价该项目的实施情况时获得的数据为：前6个月的项目实际成本是150万元，而计划成本应该是120万元。因此，IT企业管理层可能得出项目超支30万元的结论。实际上这个结论可能对，也可能不对。该项目可能比计划提前完成，而这30万元只是参与研发项目员工超额加班的报酬。也可能该项目不仅超支，而且落后于计划进度。所以上述数据并不能说明项目实施的全部情况。

所以，项目经理和项目管理人员仅仅使用实际成本和计划成本两个数据，就很可能误导项目管理层和客户对项目进度和绩效的评价。仅知道成本的偏差（计划和实际值）是很不够的，它不能衡量对于已投入的资金究竟完成了多少项目工作。挣值（Earned Value）这个会计概念解决了这一问题，由于它按时间对计划和成本预算进行跟踪，因此，这一方法便于项目经理和项目管理人员从其产生的根源上跟踪成本。挣值法是最常用的项目绩效测量分析技术，该方法用三项指标来比较项目获得的成果和投入的成本，可以综合分析进度、成本以及项目的范围。挣值法的三个基本值是：

（1）计划值（Planned Value，PV）。在规定的时间范围内，计划在某个活动和工作包（或工作单元）上的成本。这个值是衡量和评价项目进度和项目成本的一个标尺或基准。一般来说，计划值在项目实施过程中应保持不变，除非项目合同的范围有所变更。如果项目合同的范围变更影响了项目的进度和成本，经过批准认可，相应的计划值基准线也应作相应更改。过去在项目管理界把计划值（PV）称为计划工作预算成本（Budgeted Cost of Work Scheduled，BCWS）。按我国的习惯可以把它称为"计划投资额"。公式为：

PV＝计划工作量×计划定额

（2）挣值（Earned Value，EV）。在规定的时间范围内，在已经完成的活动和工作包（或工作单元）上实际发生的直接与间接成本的总和。在进度基准计划中，按时间安排的成本费用应该被放在项目管理层希望它们被"挣出来"的地方。正是由于客户是根据这个值对完成的项目工作量进行支付，也就是项目组织获得（挣得）的金额，故称挣值（也称获得值、净赚值、赚取值、盈余量及实践值等）。

实际项目进度控制过程中，挣值（EV）分析往往用完成项目计划成本的一个实际完成百分比来计算，以简化数据的收集。这种按完成项目计划成本的实际完成百分比来分析挣值的方法有四种最常见的原则，使用前两种可以降低收集详细数据的管理成本。

①0/100 百分比原则。即未完成或已完成原则，这一原则假设一旦完成某个活动（或工作包）便获得了结果。因此，当这个活动（或工作包）被完成时，100％的计划投入都实现了。这一原则适用于周期非常短的活动（或工作包）。

②50/100 百分比原则。即已开始或已完成原则，这一原则指活动（或工作包）开始时就得到了 50％的计划投入，当活动（或工作包）完成后，另 50％的计划投入也到位了。这一原则常见于周期较短、总成本较小的活动（或工作包）。

③完成百分比原则。这一原则是项目经理和项目管理人员最常使用的。利用这一原则将投入成本费用纳入进度基准计划最好的方法是在项目活动（或工作包）实施的整个过程中设定一系列的检查点，并将完成的项目工作量与投入

的成本费用挂钩，譬如 25％、50％、70％、100％等。例如，这些工作量可以是编制了多少行的计算机程序、完成了多少张的设计图纸、浇铸了多少立方米的混凝土等。当项目经理和项目管理人员在项目进度控制过程中衡量完成的百分比时，一般将投入的成本费用限定在 80％以内，直至该活动（或工作包）100％被完成。通过使用完成的百分比这个方法给经常使用的主观观察方法增加了客观性。

④里程碑原则。实践中的另一方法是里程碑方法。这一方法适合那些周期长，并有着显著的、可度量的、连续的事件。每当完成一个事件时，计划确定的成本费用，即挣值（EV）就兑现了。因为里程碑方法与完成百分比方法的原则是一致的（一种是分立的、可衡量的事件，另一种是小的、不连续的活动或工作包）。

选择具体分析挣值的方法要由对项目熟悉的项目经理和项目管理人员来确定。这些方法要在整个项目的进度控制过程中将进度基准计划的成本计划和项目绩效考核结合起来。

过去在项目管理界把挣值（EV）称为完成工作预算成本（Budgeted Cost of Work Performed，BCWP）。挣值反映了满足质量标准的项目实际进度，真正实现了投资额向项目成果的转化。按我国的习惯可将其称为"实现投资额"。公式为：

EV＝已完成工作量×计划定额

（3）实际成本（Actual Cost，AC）。在规定的时间范围内，在已经完成活动和工作包（或工作单元）上实际发生的直接与间接成本的总和。过去在项目管理界把实际成本（AC）称为完成项目的实际成本（Actual Cost of Work Performed，ACWP），按我国的习惯将其称为"消耗投资额"。

PMBOK® 2000 与 PMBOK® 1996 中这些相关术语的变更对照见表 7－7。

用挣值法对一个项目的当前进度状态进行评价同样需要有这三个基本值的数据：PV，EV 和 AC，从这些数据就能计算出成本偏差（Cost Variance，CV）和进度偏差（Schedule Variance，SV）。通过这三个基本值的对比，项目经理和项目管理人员可以对项目实施的实际情况做出明确的测定和衡量，有利于对项目进行监控，也可以清楚地反映出项目管理和项目技术水平的高低。

表 7－7　挣值法术语对照表

术语	含　义	术语	含　义
	PMBOK® 2000 版		PMBOK® 1996 版
PV	计划值，即在规定时间内计划在某个活动和工作单元（或项目）上的预算成本	BCWS	计划工作预算成本，即根据批准认可的进度计划和预算，到某一时间点应当完成的工作所需投入资金的累计值
EV	挣值，即在规定时间内在已经完成活动和工作单元（或项目）上，按计划应当花费的预算成本	BCWP	完成工作预算成本，即根据批准认可的预算，到某一时点已经完成的工作所需投入资金的累计值
AC	实际成本，是在规定时间内在已经完成活动和工作单元（或项目）上的实际发生的直接与间接成本的总和	ACWP	完成工作实际成本，即到某一时点已完成的工作所实际花费的总金额
BAC	完工预算（Budget at Completion）	BAC	完工预算（Budget at Completion）
EAC	完工估算（Estimate at Completion）	EAC	完工估算（Estimate at Completion）
ETC	完工尚需估算（Estimate to Completion）	ETC	完工尚需估算（Estimate to Completion）

项目投入成本费用的三个基本值实际上是三个关于时间的函数，如图 7－17 所示，即：

PV（t）（$0 \leqslant t \leqslant T$）

EV（t）（$0 \leqslant t \leqslant T$）

AC（t）（$0 \leqslant t \leqslant T$）

其中，t 表示项目进度时间点，T 表示项目进展中的监控测量时间（日期）点。理想状态下，上述三条函数曲线应该重合于 PV（t）（$0 \leqslant t \leqslant T_0$）。如果项目管理不善，AC（t）在 PV（t）曲线之上，说明项目成本已经超支；AC（t）在 EV（t）曲线之下，说明进度已经滞后。

从上述三个基本值可导出以下重要偏差和偏差率。通过比较挣值与实际成本，可以知道项目是否超支。

成本偏差（Cost Variance，CV）＝实际成本－挣值

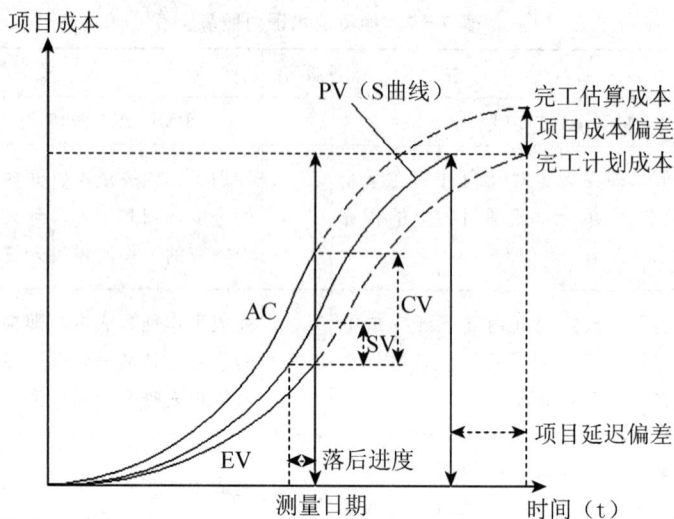

图 7—17　挣值评价曲线图

成本偏差率＝成本偏差/挣值

如果成本偏差为正值，表示项目超支，应要采取适当的措施；如果为负值，表明项目在计划成本之内。

成本偏差能够告诉项目经理和项目管理人员在项目整个实施过程中的任何时间点上，已完成的项目进度实际成本是高于还是低于计划成本。如果人力资源成本与原材料成本没有分开，那么应该认真分析成本偏差是来自人力资源成本还是原材料成本，或两者兼有。

比较挣值与计划成本，可以知道项目是提前还是滞后。

进度偏差（Schedule Variance，SV）＝挣值－计划成本

进度偏差率＝进度偏差/预算成本

如果进度偏差为正值，挣值比计划成本大，表明项目当前进度提前；如果进度偏差为负值，挣值比计划成本小，则表明项目滞后，意味着项目当前进度存在问题。

进度偏差是对到目前为止的所有项目进度工作的全面评估。进度偏差是用货币单位而不是时间单位来衡量项目进度的。经验表明，当项目已经完成了20％以上时，进度偏差（SV）对评估项目进度的发展趋势是十分有效的。特别要注意的是进度偏差不涉及关键路线的信息。

绩效指标的概念一般在成本账户上使用。在项目进度计划控制过程中，项

目经理、项目管理人员和客户也可以用绩效指标的不同角度来评价项目进度的实际绩效。绩效指标 1.00（100%）表明项目按进度计划实施，比 1 大的绩效指标表明好于进度计划，比 1 小的绩效指标表明未达到进度计划要求并应引起注意。从上述三个基本值还可导出以下两个重要绩效指标。

第一个绩效指标是衡量到目前为止项目进度的成本效率。

成本绩效指标（CPI）＝EV（t）/PV（t）

CPI＞1.0 表示成本有节余，CPI＜1.0 表示成本超支。

CPI＝累计挣值（CEV）/累计实际成本（CAC）

成本绩效指标（CPI）是最被广泛接受和最常用的绩效指标，它已经受时间的检验并被发现是最准确，也是最可靠与最稳定的。

第二个绩效指标是衡量当前项目进度的计划效率的。

进度绩效指标 SPI＝EV（t）/ACWP（t）

SPI＞1.0 表示进度超前，SPI＜1.0 表示进度滞后。

表 7－8 对上述绩效指标提供了解释。

表 7－8　绩效指标的解释

绩效指标	成本（CPI）	进度（SPI）
＞1.00	节约	提前
＝1.00	与成本相符	按计划
＜1.00	超支	滞后

值得注意的是，使用上面这些绩效指标有几个暗含的假定：项目外部环境不发生变化，不会采取更改或其他行动，跟踪检测的数据信息是正确的。

在实际执行过程中，最理想的状态是 AC，PV，EV 三条线靠得很近，平稳上升，表示项目按预定计划目标前进。如果三条线离散度不断增加，则预示可能发生关系到项目成败的重大问题，如图 7－17 所示，CV＞0，SV＜0，这表示项目执行效果不佳，即成本超支、进度滞后，应采取相应的补救措施。

在实际项目中，这几种方法是结合在一起交叉使用的。实际上，项目计划和控制密切相关，甚至在实际工作中采用的技术方法也存在一定的一致性。通常，用于项目计划的技术大都可以用于项目控制，如工作分解结构、甘特图、关键路线法、计划评审技术等。

7.5.6 项目进度变更

当项目实际进度偏离计划进度，进而对项目进度计划的总目标或后续工作产生影响时，项目经理和项目管理人员就必须根据项目实施的现有条件和约束，对项目进度计划加以变更调整，以保证进度目标的实现。

项目经理和项目管理人员要有效地进行项目进度变更控制就必须对影响进度的因素加以分析，事先采取措施，尽量缩小计划进度与实际进度的偏差，从而实现对项目的主动控制。在项目的实际进行当中，项目进度变更是很正常的事情。

导致项目进度变更的影响因素有很多，如人为因素、技术因素、财力和设备因素、资金因素、气候因素、环境因素等，一般来说人为因素是最主要的干扰因素。实践表明，项目的原始计划在项目完成之前多少都要发生改变。究其原因主要来自几个方面：

(1) 项目实施过程中对技术要求的不确定性；

(2) 错误估计了项目的特点和项目实现的条件；

(3) 在项目实施过程中对项目范围的修改；

(4) 对项目实施过程和项目输出的可交付物的不断变更；

(5) 项目组织成员的工作失误；

(6) 不可预见事件的发生等。

项目进度计划变更不是一件轻而易举的工作，实际上，项目经理和项目管理人员最头疼或者说是最重要的问题是处理项目进度变更带来的问题或改变优先级排序。因此，应建立一套有效的项目进度变更控制系统以及相应的变更控制程序和制度。

7.5.6.1 项目进度变更控制系统

在整个项目进展中，一些活动会按时完成，一些活动会提前完成，而另一些活动则会延期完成。项目的实际进度，无论是快是慢都会对项目的未完成部分产生影响，特别是已经完成活动的时间不仅决定着网络图中其他未完成活动的开始与结束时间，而且还决定着项目的总时差。

具体说，项目进度计划变更会对项目进度产生如下一些影响：

(1) 项目活动的增加和删除；

(2) 项目活动的重新排序；

（3）项目活动持续时间估算的变更或者项目要求完工时间的更新；

（4）项目活动网络时间的重新计算；

（5）资源（人力、物力、资金等）的重新分配。

基于网络图的项目进度计划安排使得项目进度计划可以动态变更。由于网络图（图解）与进度计划（表）是相互独立的，对它们进行人工更新比甘特图更容易一些。当然也可以使用各种项目管理软件来帮助项目经理和项目管理人员自动更新进度计划、网络图、预算以及网络图与甘特图的转化。

建立项目进度变更控制系统的目的就是在项目实际进度发生偏差时进行有效的控制。即项目进度变更控制系统的主要功能是一旦收集到已经完成活动的实际结束时间和项目变更带来影响的有关数据，就要计算出一个更新的项目进度计划。其计算方法依据如下：

（1）未完成活动的最早开始和结束时间可以沿网络图由顺推法正向推算得出，它们是以已经完成的活动的实际完成时间和未完成活动的持续时间估算为基础的；

（2）未完成活动的最迟开始和结束时间可以沿网络图由逆推法反向推算而得出。

项目经理和项目管理人员在得到项目最新进展情况的跟踪检测数据信息后，应将这些数据信息与进度基准计划相比较，然后分析原因并采取相应措施，制订出新的进度计划。应当注意将这些项目的变更融入新的项目进度计划中，从而获得更新了的项目进度计划。

7.5.6.2 建立进度变更控制程序的目的

建立项目进度变更控制系统，可以大大方便项目经理和项目管理人员对项目进度的控制工作。因此，建立项目进度变更综合控制程序的目的主要在于：

（1）对所有提出的变更要求进行审查；

（2）明确所有活动间的冲突；

（3）将这些冲突转换成项目的质量、成本和进度的控制措施；

（4）评估各变更要求的得与失；

（5）明确结果相同的各替代方案的差异；

（6）接受或否定变更要求；

（7）与所有相关项目干系人就变更进行沟通；

（8）确保变更合理实施；

（9）准备进度报告，按时间顺序总结所有的变更和项目冲突。

7.5.6.3　进度变更控制的基本原则

项目经理和项目管理人员在建立规范的项目进度变更控制系统的过程中，要遵循一些基本的工作原则。这些工作原则如下：

（1）在所有的项目合同里都应该包括有关项目进度计划、成本预算和可交付物变更要求的描述；

（2）提出任何进度变更请求必须提交项目进度变更申请；

（3）所有的进度变更在准备变更申请和评估之前，应与项目经理、项目管理人员及相关项目干系人商讨；

（4）任何进度变更应该经过客户方及上级管理部门的确认和批准，在进度变更申请上签名后生效；

（5）在进度变更申请完成并得到批准之后，必须对项目总进度计划进行更新修改，以反映出项目进度的变更，这样，项目进度变更申请就成了项目总进度计划的一部分。

7.5.7　项目进度控制

随着项目越来越大、越来越复杂，参加实施项目的组织越来越多、不同性质的工作也越来越多、投入资源也越来越多，要在预定的资源约束下按期完成项目目标和计划，项目经理和项目管理人员必须依靠对项目信息和活动有效控制的方法来实现。

项目进度控制的主要方法包括进度控制的行政方法、进度控制的经济方法、进度控制的管理技术方法等，可以根据项目的实际情况采取组织措施、技术措施、合同措施、经济措施以及信息管理措施等。

项目进度控制的方法按是否使用信息技术，可分为传统和计算机辅助控制两种。传统项目进度控制方法是以各种文件、报表、图表等为主要工具，以定期或不定期地召开各类有关人员参加的会议为主要方法，再加上沟通各方面信息通信联系制度。这种方法只能适用于中小型项目管理。而对于投入资源多、内容复杂、约束条件苛刻的大型项目，还需要以计算机为基础的项目信息管理和控制系统，尤其是项目管理软件等工具。下面先介绍项目行政方法中的项目控制文件、项目控制会议和项目控制系统等方法。

7.5.7.1　项目进度控制文件

在项目的工作范围、规模、工作任务、计划进度等明确以后，项目经理和项目管理人员就应准备项目进度控制所需的所有文件。项目进度控制文件主要有：

（1）合同。合同中签订的是在项目实施过程中，各项工作应遵守的标准，它规定了双方的责、权、利等约束，是项目时间管理、跟踪与控制的基本依据，一般是具有法律效应的。尤其是在现代项目管理当中，合同制管理变得越来越重要，它是项目管理的一个值得注意并加以研究的趋向。

（2）工作范围细则。基于项目范围描述的工作范围细则确定了项目实施中每一活动的具体作业内容，它是工作变更的基准。

（3）责任划分细则。基于责任矩阵的责任划分细则指明了项目实施过程中各个部门或个人所应负责的工作，包括工艺、过程设计、采购供应、施工、会计、保险、成本控制等各个方面。

（4）项目程序细则。项目程序细则是规定涉及项目组织、客户以及主要供应商之间关于设计、采购、施工、作业前准备、质量保证以及信息沟通等方面协调活动的程序。

（5）技术范围文件。技术范围文件列出了项目的设备、工具及材料等的清单，制定项目设计依据，将要使用的标准、规范、编码及手续、步骤等信息。

（6）计划文件。项目计划是项目实施工作进行以前预先拟定的具体工作内容和步骤。它包括进度计划、采购计划、人力资源计划、质量和成本等控制计划、报表计划、应急计划等。

当然，根据项目的具体内容，项目经理和项目管理人员还可以适当删减或增加一些特定的项目控制文件。

在项目进度控制活动中，及时获得正确、有效、多方面的信息是非常重要的，因此，为了保障项目进度控制活动的顺利进行，进度控制系统与管理信息系统应建立全面沟通与协调一致的工作联系。当项目中的某项工作发生变动，相应的各有关文件均必须修正后方可投入进度控制工作中，同时应尽早将所有变更事项和变化内容通知有关各方。这方面最有效的工具就是使用同一资源数据库的项目管理软件。

7.5.7.2　项目进度控制会议

项目实施期间的会议很多。有定期例会，如工作小组的每周一次的回顾与展望会议;有非定期特别会议,在必要时随时召开,如订购大型设备会、分包会、意外事故分析会等。但有一些是项目重要的进度控制会议,与项目里程碑计划时间或控制关键检查时间对应。进度控制会议的主要内容是检查、评估上一阶段的工作,分析问题、寻找对策,并布置下一阶段的主要任务和目标。具体包括:

(1) 里程碑完成情况;

(2) 进度计划未实现对后续工作的影响;

(3) 未完成工作何时能完成;

(4) 是否采取纠偏措施;

(5) 何时及怎样才能使项目回到进度计划的轨道;

(6) 下一步活动的里程碑计划。

由于项目会议特别多,项目经理应对会议进行管理和控制,否则,项目组织成员很容易陷入会海之中,从而导致时间的极大浪费。开会前,项目经理和组织者既要做好会前组织和准备工作,例如明确会议目的和内容、定出科学合理的会议议程、参加者的会前准备等;还要做好会上管理与控制,如做好会议记录、确定会议核心人员等,使会议开得既有效果,又有效率。

总之,项目进度控制的方法总是随着具体项目的实际情况而异。对于本项目有效的进度控制方式对于其他项目可能就不适用,所以说和项目信息收集方式一样,项目进度控制也要求项目经理和项目管理人员根据本项目或其实际情况,为项目设计出一个行之有效的项目进度控制系统,直到建立一个有效的项目进度控制机制,这也是项目经理和项目管理人员在项目管理过程中的主要职责和价值所在。

7.5.7.3 项目进度控制系统

项目进度控制的目的是保证项目实施按预定计划进行。因此,项目进度控制关心的是当前项目的实施现状,重点在于查找和识别实施进度与计划进度的偏离,并采取措施确保进度计划的实现。一般来说,要实现项目进度有效控制,进度控制系统至少应包括以下五个要素:

(1) 建立系统(目标)标准;

(2) 及时获得最新进度情况;

(3) 进度偏差分析、评价;

(4) 及时采取纠偏措施;

(5) 及时通知所有相关部门。

项目管理目标主要有进度、质量与成本，因此进度控制系统的标准是关于进度、质量技术性能和成本的指标体系。这就要求项目进度控制在这三大约束要素控制中谋求平衡。除了建立进度控制目标指标值体系外，还要设立各控制指标的允许偏差值。允许偏差值是用来约束进度实施与进度计划轨迹偏离的允许波动范围的指标。

项目进度控制的管理功能是调整活动、资源与事件，以完成项目进度计划中规定的进度、成本和质量目标。要实现这些管理职能，必须对项目进度实施状态有准确的、全面的、深入的了解，以提供控制所需的状态信息。项目跟踪系统的功能就是提供项目进展报告，一般项目最新信息报告来自项目跟踪或管理信息系统，该内容前面已经介绍，这里不再赘述。

偏差是实际进度与计划进度间的偏离程度。一般说来进度偏差越大，纠正难度越大、纠正成本越高，对项目成功的威胁也就越大。在项目进度实施过程中，不仅要不断寻找实际进度与计划进度的偏差，而且要分析它的发展趋势和成因，评价对项目最终目标实现的影响程度以及决定是否要采取纠偏行动。确定偏差是一个技术性、协调性很强的工作，偏差分析前面已经介绍，这里不再赘述。

一旦决定了要对项目采取纠偏行动，这就意味着项目经理和项目管理人员要建立若干个纠偏行动方案，并从中比较选出技术经济效果最佳的方案然后加以实施。纠偏行动包括计划的更改和资源投入的改变。这是一件非常慎重的事，因为涉及的事情较多，其中的协调工作也是非常复杂的。对于实施问题、改变后的行动计划和方案要迅速通知各有关方面，以便各方尽早协调一致地按新文件和新方案行动。

7.5.7.4　进度控制的管理技术

项目进度控制管理技术的基本原理就是缩短项目的时间，其最基本、最常用的方法主要有两种：改变相关活动之间的逻辑关系及压缩相关活动的持续时间。一般情况下，很少有项目经理、项目干系人或客户不愿意缩短完成项目的时间。如前面的内容已介绍，缩短项目中关键活动的持续时间是可以做到的，可以通过给这些活动分配更多的资源或变更它们的范围，来缩短关键路径活动的持续时间。但是缩短的结果几乎总是导致更高的项目直接成本，而且通过增加资源能够获得多快的速度也是存在限制的。例如人力资源，投入的人力资源和进度之间的关系一般不是线性的，加倍投入的人员不一定能使完成时间减半。因此，项目经理和项目管理人员总是面对着一种成本—时间的权衡问题，

笔记栏

成本—时间关系的焦点在于缩短决定项目完成日期的关键路径,但时间上的减少是否值得付出额外的成本呢?

当然,缩短项目时间的另一个原因是意外延迟,例如,不利的天气、设计缺陷以及设备故障,将关键设备和人员重新指派到新项目等,这导致项目进度的显著延迟。要使项目实际进度回到计划进度上来通常需要压缩剩余的一些关键活动的时间,这样做的额外成本需要和项目延误的成本相比较。下面介绍最常用的几种方法:改变活动逻辑关系法、赶工时间压缩法、弹性活动持续时间压缩法和快速跟进法。

(1)改变活动逻辑关系法。各活动之间的逻辑关系与项目作业方法有关,常见的作业方法有串行作业、平行(并行)作业和流水作业等。其中,串行作业所需时间最长,平行作业的时间最短,流水作业居于两者之中。

有时有可能重新安排项目网络的逻辑关系使关键活动平行(同时)进行,而不是串行进行。如果项目经理和项目管理人员经过仔细分析发现项目实施情况适合这种选择时,他们会发现这种选择会有很好的项目时间缩短效果。所以,当需要缩短项目某个阶段的实施时间时,可以通过调整这一阶段各活动的作业方法,即改变各活动之间的逻辑关系来达到此目的。

例如,在居室装修工程项目中,原计划墙面工程和地面工程两个基本活动是串行作业关系,共需时间长度13天。但由于居室有多个房间,因此,为缩短时间长度,可对这两个基本活动的开始时间作调整,可以在不同的房间安排并行的墙面工程和地面工程同时作业,这样,两个活动之间的搭接关系发生变化后,作业时间长度也相应缩短到11天。

这种调整方法,各活动所需资源总量和活动持续时间并无变化,只是各活动的时间安排有所改变,但是,资源分布将会有所变化,即同一时间段内会增加人力资源的投入。

改变项目活动逻辑关系的方法使各活动之间的搭接关系变得较为复杂,对项目实施的组织协调工作要求较高。同时,当原进度计划安排已充分考虑了各活动的合理搭接,其作业方式已接近最短时间长度时,这种调整方法的作用可能会受到限制。

(2)赶工。赶工是项目进度控制的一种平衡成本与进度的技术,项目经理和项目管理人员通过压缩关键路径上那些可以低成本或零成本、更快完成的活动,就可以缩短项目完成的时间,以达到以最低的增加成本进行最大限度的进度压缩的目的,此时,各活动间的逻辑关系并不改变,只是增加一些压缩关键活动的资源投入量,所以,其资源强度要改变。例如,假设在居室装修工程项目的关键路径上的一项活动是综合布线工程，如果装修公司提供一位兼职电工，并且该活动原始估算时间长度为 2 周，那么项目经理可以建议装修公司方面提供一位全职电工，以便使本来两周完成的工作缩短为 1 周的时间。这种变更不会给装修公司增加任何成本，并且可以使项目完成日期提前 1 周。如果装修公司方面不同意该要求，项目经理可能考虑雇一名临时电工来工作 1 周，或采取类似的措施使活动做得更快。

赶工时间压缩法是项目经理、项目管理人员和项目组织经常采用的一种方法，其最大好处在于缩短了完成项目所花费的时间，但其最大不利之处在于，它常常会增加项目的总成本。

（3）弹性活动持续时间压缩法。在介绍弹性活动持续时间压缩法之前，先要明确弹性活动的概念。

典型的弹性活动是指项目的检查、咨询或者管理服务活动，一般弹性活动的直接成本是相对较低的。只要能压缩弹性活动，尤其是项目关键路径上弹性活动的时间，就可缩短项目完成的时间。例如，在居室装修工程项目的关键路径上每个子项目结束时都有一项工程质量验收活动，如果能够压缩该工程质量验收这种弹性活动的时间，或安排该活动与后续子项目同时进行就可缩短项目完成的时间，而这样做一般是不会增加项目直接成本的。

所以，项目经理和项目管理人员应注意识别项目的关键路径上的那些弹性活动。尤其在复杂的大型项目中，由于这些弹性活动可能会有很多，项目经理和项目管理人员使用弹性活动持续时间压缩方法来缩短项目的时间就很有意义，而且弹性活动在分配和控制间接项目成本中也是非常有用的。

（4）快速跟进时间压缩法。缩短项目进度的另一个技术是快速跟进时间压缩法。快速跟进时间压缩法是前面介绍过的搭接网络技术的具体应用，主要涉及那些并行进行的、串行进行，或有轻微重叠的活动。例如，在居室装修工程项目中，原计划门窗工程完成之前，不会开始厨房工程和卫生间工程。替代办法是，项目经理和项目管理人员可以在门窗工程完成之前就开始一些厨房工程和卫生间工程的工作活动。

快速跟进的最大优点在于，像赶工一样，它能缩短完成项目所需要的时间。快速跟进的最大缺点是，由于太早开始某些活动，常常增加项目风险并导致返工，从而可能导致项目进度拖延。

（5）其他方法。缩短项目关键路径上活动持续时间的方法是有限的。降低质量是缩短关键路径上活动持续时间的另一种选择。不过，牺牲质量很少是一种可接受的方法，也很少得到实际的应用。

另一种缩短项目时间的办法是将项目活动任务转包出去。承接项目活动的承包商可能有更好的技术或技能，从而加速活动的完成。转包还可以释放项目的资源，将它们分派到关键活动上，从而导致更短的项目完成时间。不过，这种选择很可能需要在项目的早期计划阶段加以考虑，而此后可能就不是加快进度的可行手段了。

最后，满足关键的最后时间期限还有一种常见方法是缩小项目范围。例如，软件企业发布不满足原始性能规格要求的软件产品，只是在后续版本中才加入遗漏的一些功能。项目经理、项目管理人员和项目组织在缩小项目范围以加速项目进度时必须加以小心，核心的项目要求不能打折扣。

7.5.8 项目管理软件

对项目进度控制过程来说，项目管理软件也是一种非常有效的工具，特别是对一些复杂的大型项目而言。项目管理软件可以绘制网络图、确定项目关键路径、创建甘特图、PERT 视图等，并可用来报告、浏览和筛选具体的项目时间管理信息。项目管理软件的这些特点在前面的内容已作介绍，不再赘述。

综上所述可以发现，项目执行偏差的存在主要是因为事先考虑不周而引起的，而考虑不周的主要原因就是项目相关信息收集不充分，各方面沟通不畅。所以，在项目立项之后与执行之前编制一个好的计划是非常必要的。

总之，对项目进度的实施过程进行有效的控制，使其顺利达到合同所规定的时间长度、质量及成本目标，是项目经理和项目管理人员的中心任务。项目的进度控制涉及项目的整个生命周期，是一件需要常抓不懈的工作。

项目进度计划控制实际上会涉及进度控制、质量控制和成本控制三大约束要素，这三个目标是对立统一的关系，需要项目经理、项目管理人员和项目组织从系统的角度出发，在矛盾中求得目标的统一。同时，具体的项目有其具体的特点，这就需要项目经理和项目管理人员在掌握了项目管理的一般原理之后，积极开动脑筋，发扬创新精神，保证项目目标的成功实现。

7.6 项目进度计划控制输出

项目经理和项目管理人员在进行项目进度控制过程中一般会不断得到以下

进度控制的输出结果。

7.6.1　更新的进度计划

在项目进度计划的实施过程中，几乎没有项目能够完全按照预定的项目进度计划来实施，这就要求项目经理、项目管理人员和项目组织根据进度变化的情况随时更新项目活动清单、活动持续时间估算、活动排序以及进度计划等。这些更新的项目进度计划很有可能不止一个版本，也就是说，会有多次更新的项目进度计划。

项目实践的经验表明，许多不可预见因素的发生几乎是必然的，因此，几乎每一个项目都会留有不可预见的费用和备用资源，因此，项目经理和项目管理人员在进行项目进度计划编制时就要充分为更新项目进度计划留有余地，这就是常说的编制补充计划。

7.6.2　纠偏措施

为了把项目预计的执行情况控制在项目进度计划规定的范围内，必须对项目进度存在的问题进行纠正，这就要根据各种变化和计划采取相应的纠偏措施，对项目的进度计划进行相应的修订、更新，并将更新的项目进度计划分发给有关的项目干系人。如对进度滞后的活动要采取措施加快进度。同样，这些纠偏措施也会不止一个方案，很有可能是一系列的方案。

7.6.3　经验教训

有关项目进度控制方面的各种经验教训一定要形成文档，使之成为本项目后续阶段或其他类似项目可以利用的数据库的资料来源。

· 本章案例 ·

省财政学校校园网系统项目进度计划控制（接第 3、4、5、6 章案例）

在省财政学校校园网系统开发项目实施过程中，硬件体系的工作如综合布线、连接正确性测试、水平布线系统性能测试、5 台主干交换机、50 台交换机、3000 个左右信息节点等的工程实施都基本按计划进行，但由于供货商的问题，7 台 IBM eServer iSeries 服务器延迟了 25 天才到货，使得 7 台服务器

笔记栏

配备在主教学楼、教学楼、图书馆、实验楼及宿舍楼的工作以及设备的调试工作不得不向后推迟。因此，项目负责人李磊不得不对原项目进度计划进行调整，好在服务器配备和调试工作基本不影响学校的正常教学活动，否则就会很麻烦。

项目负责人李磊的麻烦还不止这些，在省财政学校校园网系统开发项目的软件体系——省财政学校综合管理系统各模块的开发过程中，由于他是新手，工作经验不足，软件工程师倪文佳和罗南金负责的会议管理模块和公文管理模块软件功能和稳定性测试达不到设计要求，需要重新开发。因此，李磊不得不抽调有工作经验的软件工程师董烨宸去帮助他们分析问题，这样安排使李磊感到人手就很紧了，但还有什么好的办法吗？

在校园网系统开发项目完工验收时李磊还遇到了麻烦，由于在签订协议时事先没有将一些项目验收标准细化，省财政学校对一些验收标准有疑义，如设备的使用手册、说明书的齐备性，软件全部技术文档的完整性等，校方声称不完成这些工作，将拒绝支付项目的尾款，李磊只好尽力满足校方的合理要求并给校方做耐心的解释，这样当然会增加项目的成本和时间。同时这也给李磊和公司一些经验教训，签订协议时应该把一些验收标准尽量细化，否则遇到这样认真的用户就很麻烦。

讨论题

1. 项目负责人李磊是怎样发现项目的这些问题的？

2. 对于7台服务器的延迟交货，李磊是如何调整项目进度计划的？

3. 对于需要重新开发的管理模块，李磊又是怎样解决和调整项目进度计划的？

· 本章小结 ·

由于项目进度计划是对未来项目活动做出的事先确定和安排，它就必然具有一定的假设性和预测性前提。另外，在项目进度计划的实施过程中，由于外部环境和条件总是会不断变化，项目的实际进度经常会与项目的计划进度发生偏差。因此，项目进度控制就是根据项目进度计划与项目的实际进展情况不断进行对比、分析和调整，从而确保项目目标的实现。项目进度控制的关键是如何有效地利用一切可行的工具和方法，达到实现项目计划的目的，即实现项目进度过程控制。具体来说就是，利用一定的组织和手段跟踪核查项目的实际进度；利用一定的工具和方法分析比较项目的实际进度与计划进度是否发生了偏差变化，找出偏差变化的原因，如有必要就及时对影响项目进度偏差变化的因素进行控制，从而确保这种偏差变化朝着有利于项目目标实现的方向发展。项目经理及项目管理人员对项目进度计划进行有效控制管理，对于项目最终获得成功意义重大，它能协助项目组织在计划的时间和费用要求下，得到符合质量要求的项目交付物。

·**关键概念**·

项目进度计划控制概念　项目进度计划控制目标　进度跟踪系统　项目跟踪对象　偏差分析技术　项目进度变更　项目进度控制

·**思考题**·

1. 为什么要建立项目进度跟踪系统？
2. 简述项目跟踪的一般过程。
3. 简述保存项目进度基准计划的重要性。
4. 跟踪和确定进度偏差和成本偏差的重要意义是什么？
5. 挣值的重要意义是什么？

附　录

居室装修合同

委托方（甲方）：（房屋业主）　　　　　　身份证号：

承接方（乙方）：（企业代表）　　　　　　身份证号：

工程项目：甲、乙双方经友好洽谈和协商，甲方决定委托乙方进行某住宅小区1栋5单元12号的居室装修，为保证居室装修工程顺利进行，根据国家有关法律规定，特签订本合同（包括本合同附件和所有补充合同），以便共同遵守。

第一条：工程概况

1. 工程地址：锦华路1号小区1栋5单元12号。

2. 居室房型规格：跃层（式）3室3厅1厨2卫带屋顶花园，以下面积单位均为建筑面积平方米：

（1）总面积：135.6平方米；

（2）上层主卧室，计20.16平方米；下层主卧室，计17.55平方米；下层客卧室，计10.89平方米；

（3）客厅，计20.16平方米；餐厅，计12.87平方米；休息厅，计12.87平方米；

（4）厨房，计6.93平方米；

（5）下层客卫生间，计5.04平方米；上层主卫生间，计6.93平方米；

（6）阳台，计3.74平方米；

（7）过道，计2.8平方米；

（8）屋顶花园，计33.64平方米。

施工总面积以实测总面积平方米计算。

3. 单元项目施工内容：详见本合同附件（一），附件（二）居室平面图和附件（三）新房装修项目明细。

4. 委托方式：

（1）包清工方式，即甲方提供居室装修所需全部材料，乙方提供居室装修全部人工、工具及辅助器械并负责进行装修施工。

（2）单元项目采用滚动施工方式，即居室装修工程按附件（一）的单元项目菜单，甲方确认一项，乙方装修施工一项。

5. 工程开工日期：2005 年 7 月 9 日；工程竣工日期：2005 年 8 月 31 日。

6. 工程总天数：52 天。

第二条：工程价款

工程价款以人工费现金结算，计算方式为每平方米施工单价（元）×实测施工总面积（平方米）。

1. 居室装修设计：人工费 15 元/平方米×135.6 平方米；

2. 综合布线工程：人工费 500 元；

3. 门窗工程：人工费：100 元/门，70 元/窗；

4. 墙面工程：无缝及有缝墙砖，人工费 10 元/平方米；

5. 地面工程：无缝及有缝墙砖，人工费 10 元/平方米；

6. 墙面腻子和底漆工程：人工费 5 元/平方米；

7. 卫生间及厨房 3 层防水处理：人工费 15 元/平方米；

8. 客卫生间炉灰打垫层：人工费 18 元/平方米；

9. 吊顶工程：人工费 20 元/平方米；

10. 其他费用（注明内容）：　　　元。

第三条：质量要求

1. 居室装修应保证建筑工程质量和房室结构安全，符合物业管理、消防、供水、供电、燃气、环境保护等有关规定和标准，严禁拆改和损坏主体及承重结构。

2. 居室装修不得涉及公共设施、公共空间，不得因装修影响相邻房的安全及使用环境。居室装修不得改变给排水、供电、电信、煤气等原管线系统。

3. 居室工程验收标准，双方同意参照××市地方标准《住宅装饰装修验收标准》规定。甲方若验收认定不符合居室工程验收标准，可拒绝乙方继续进行本单元项目和后面单元项目的施工。

4. 施工中，甲方如有特殊施工项目或特殊质量要求，双方应确认增加的费用并另签订补充合同。因小区停水停电原因工期顺延。

5. 凡由甲方自行采购的材料，材料质量由甲方自负；施工质量由乙方负责。

6. 甲方如自聘工程监理，须在单元项目工程开工前通知乙方，以便于工作衔接。

第四条：材料供应

1. 甲方所提供的居室装修材料均应用于本合同规定的装修工程，非经甲方同意不得挪作他用。乙方如果挪作他用，应按挪用材料的双倍价款补偿给甲方。非经甲方同意且情节严重的挪作他用甲方可向公安部门报案。

2. 甲方负责采购供应的材料应按时供应到现场，如延期到达，居室装修施工期顺延。材料经乙方验收后由乙方负责保管，乙方由于保管不当而造成损失由乙方负责赔偿。

第五条：付款方式（注：施工人工费按百分比付款）

1. 合同一经签订乙方应按合同规定的日期进入居室装修现场施工，在规定的工期进度内完成装修工作内容。甲方在乙方各单元项目竣工验收后结算支付该单元项目施工人工费的 90%；当居室装修全部竣工验收 7 天后甲方最后支付剩余施工人工费的 10%。

2. 各单元项目竣工验收未合格，甲方有权拒绝支付乙方施工人工费并要求乙方对未合格处进行整改直到合格。

3. 工程施工中如有项目增减或需要变动，双方应签订补充合同。增减项目的价款当场结清。

4. 各单元项目竣工验收后及居室装修全部竣工验收 7 天后甲方未按本合同规定支付施工人工费的，每逾期一天按未付施工人工费额的 1‰ 支付给乙方。

第六条：工程工期

1. 如果因乙方原因而延迟完工，每日按施工人工费的 1‰ 作为违约金罚款支付给甲方，直至工费扣完为止。

2. 由甲方自行挑选的材料因质量不合格而影响工程质量和工期进度的由甲方负责，工期进度顺延。由乙方施工原因造成质量事故并造成返工，由乙方承担责任，其返工费用由乙方承担，工期不变。

3. 施工中如果因甲方原因要求更改施工内容而延误工期的，由甲方负责，工期进度顺延。

4. 施工中，甲方未经乙方同意，私自通知施工人员擅自更改施工内容所引起的质量问题和延误工期，甲方自负责任。

第七条：工程验收

1. 工程质量验收：待各单元项目工程全部结束后及居室装修全部竣工后，乙方和甲方进行竣工验收，合格后双方办理工程结算和移交手续。

2. 乙方应在 3 天前通知甲方进行各单元工程验收及居室装修竣工验收。

甲方逾期未验收则视为甲方自动放弃权利并视为验收合格，如有问题，甲方自负责任。甲方自行搬进入住，视为验收合格。

3. 甲方如不能在乙方指定时限内前来验收，应及时通知乙方，另定日期。但甲方应承认工程的竣工日期。

第八条：其他事项

甲方：

（1）提供经物业管理部门认可的居室装修许可证、房屋平面图，并向乙方进行现场交底。

（2）提供大门钥匙1把，消防灭火器1个。

（3）居室装修期间应向邻里打好招呼。

乙方：

（1）遵守小区物业管理部门的相关管理规定，不得在居室内过夜住宿、煮饭等。

（2）为其施工人员办理小区出入证件，督促施工人员主动出示出入证件。

（3）乙方应为其工作人员提供居室装修期间的各种劳动保险，在居室装修期间的工伤事故由乙方全部负责。

（4）负责合同履行并按合同要求组织施工，保质保量地按期完成施工任务。

（5）负责施工现场的安全，严防火灾，不得在居室装修期间在屋内吸烟，佩证上岗，文明施工。每天完成施工后关闭总电源开关，关闭总水管开关，并防止因施工造成的管道堵塞、渗漏水、停电、物品损坏等事故发生而影响他人。万一发生事故必须尽快负责修复或赔偿。

（6）严格履行合同，实行信誉工期，不得故意窝工或借故窝工。

（7）在装修施工范围内承担保修责任，保修期自工程竣工甲方验收合格之日算起，为12个月。

第九条：违约责任

合同生效后在合同履行期间，无正当理由擅自解除合同方，应按合同总金额的5％作为违约金付给对方。因擅自解除合同，使对方造成的实际损失超过违约金的应进行补偿。

第十条：争议解决

1. 本合同履行期间双方如发生争议，在不影响工程进度的前提下，双方应协商解决。或凭本合同和乙方开具的收款凭证向××市室内装饰行业协会家庭装修专业委员会投诉请求解决。

2. 当事人不愿通过协商、调解解决，或协商、调解解决不成时，可以按照本合同的约定向仲裁委员会申请仲裁，或向人民法院提起诉讼。

第十一条：合同的变更和终止

1. 合同经双方签字生效后，双方必需严格遵守。任何一方需变更合同的内容应经双方协商一致后重新签订补充协议。如需终止合同，提出终止合同的一方要以书面形式提出，经双方同意后办理终止合同手续。

2. 施工过程中任何一方提出终止合同，须向另一方以书面形式提出。经双方同意办理清算手续订立终止合同协议后，可视为本合同解除。

第十二条：合同生效

1. 本合同和合同附件双方盖章签字后生效。

2. 补充合同与本合同具有同等的法律效力。

3. 本合同（包括合同附件，补充合同）一式两份。甲乙双方各执一份。

甲方（业主）：（签章）　　　　　　乙方：（签章）

住所地址：　　　　　　　　　　　　企业地址：

邮政编码：　　　　　　　　　　　　邮政编码：

工作单位：　　　　　　　　　　　　法人代表：

电话：　　　　　　　　　　　　　　电话：

签约地址：　　　　　　　　　　　　签约日期：

附件（一）

单元项目施工内容（每项甲方签字）：

1. 综合布线工程：电话线、视频线、音频线、网络线及监控线，工期3天。

2. 门窗工程：卧室门、窗；大书房门、窗；小书房门、窗；厨房门，主卫生间门，屋顶门，客厅门，屋顶窗及休息厅窗，工期12天。

3. 屋顶花园：屋顶上地面铺装地砖和墙面铺装墙砖施工工程，工期3天。

4. 厨房：防水层处理，地面铺装地砖和墙面铺装墙砖施工工程，工期10天。

5. 下层客卫生间：回填炉灰，安装蹲式便池及冲水管具，防水层处理，安装门及门套，地面铺装地砖和墙面铺装墙砖施工工程，工期13天。

6. 上层主卫生间：防水层处理，地面铺装地砖和墙面铺装墙砖施工工程，工期15天。

7. 下层小书房门、墙面抹腻子和刷底漆施工工程，工期5天。

8. 下层大书房门、墙面抹腻子和刷底漆施工工程，工期 7 天。

9. 上层主卧室、墙面抹腻子和刷底漆施工工程，工期 10 天。

10. 客厅、餐厅、过道及休息厅墙面抹腻子和刷底漆施工工程，工期 15 天。

11. 客厅、餐厅、过道、休息厅及阳台地面铺装地砖施工工程，工期 15 天。

12. 厨房、下层客卫生间和上层主卫生间吊顶工程，工期 3 天。

13. 楼梯工程，工期 2 天。

上述单元项目装修基本要求及检查方法：

1. 卫生间，厨房必须做防水、防漏处理，防水涂层应均匀。卫生间墙面防水层应比地面高不低于 300mm。防水涂层干透后，应做渗水试验。

2. 墙面抹腻子质量允许尺寸偏差：

项目	允许偏差（mm）	验收	
		量具	测量方法
表面平整度	≤3	2m 靠尺和楔形塞尺	每室测量不少于二处，取最大值
立面垂直度	≤4	2m 托线板	每室随机选一面墙测量不少于三处，取最大值
阴阳垂直度	≤3		
阴阳角方正度	≤4	用方尺和楔形塞尺	每室随机测量一阴阳角

墙面腻子干燥后，应打磨平整清理干净。

3. 地砖平面及墙砖平面的允许偏差和验收方法

项目	允许偏差（mm）	检验方法
表面平整度	≤2	用 2m 靠尺和楔形塞尺检查，观感平整
接缝高度	≤0.5	尺量检查
踢脚线上口平直	≤3	拉 5m 线，不足 5m 拉通线和尺量检查
砖面拼缝平直	≤2	同上
接缝宽度	≤0.2	尺量检查

地砖及墙砖铺设应平整牢固，接缝平直，无歪斜，地砖平面及墙砖平面空鼓面积不超过施工总面积的 3%，单块空鼓面积不超过 15%。地砖及墙砖在阴阳角处铺设时应作碰角处理。

附件（二）居室平面图

（略）

附件（三）新房装修项目明细

（略）

参考文献

[1] 赵涛，潘欣朋．项目时间管理．中国纺织出版社，2005

[2] 朱宏亮．项目进度管理．清华大学出版社，2002

[3] Harold Kerzner．项目管理．杨爱华，杨磊等译．电子工业出版社，2004

[4] Harold Kerzner．项目管理案例与习题集．杨爱华，杨磊等译．电子工业出版社，2004

[5] Clifford Gray，Erik Larson．项目管理教程．黄涛，张会等译．人民邮电出版社，2003

[6] 左美云，周彬．实用项目管理与图解．清华大学出版社，2002

[7] Milton Rosenau．成功的项目管理．苏芳译．清华大学出版社，2004

[8] 白思俊．项目管理案例教程．机械工业出版社，2004

[9] 骆珣．项目管理教程．机械工业出版社，2005

[10] 许江林，刘景梅．IT 项目管理最佳历程．电子工业出版社，2004

[11] Patricia Ensworth．从技术主管到项目经理．王雷，孙宝成译．电子工业出版社，2002

[12] Kathy Schwalbe．IT 项目管理．王金玉，时彬译．机械工业出版社，2002

[13] 刘丽文．生产与运作管理．清华大学出版社，2004

[14] 周小桥．项目管理工具与模板．清华大学出版社，2005

[15] 杨志波编．基于 Project 2003 的项目管理．电子工业出版社，2005

[16] 赵杰，李涛．Project 2003 企业项目管理．清华大学出版社，2005

[17] 谭术魁．房地产项目管理．机械工业出版社，2004

[18] 纪燕萍，王亚慧，李小鹏．中外项目管理案例程．人民邮电出版社，2002